Main-Radweg

Von Bayreuth nach Mainz

Ein original *bikeline*-Radtourenbuch

Esterbauer

bikeline®-Radtourenbuch Main-Radweg

A-3751 Rodingersdorf, Hauptstr. 31
Tel.: +43/2983/28982-0, Fax: -500
E-Mail: bikeline@esterbauer.com
www.esterbauer.com

11., überarbeitete Auflage 2009

ISBN: 978-3-85000-023-9

Bitte geben Sie bei jeder Korrespondenz die Auflage und die ISBN an!

Erstellt in Kooperation mit dem Tourismusverband Franken e. V.

Dank an alle, die uns bei der Erstellung dieses Buches tatkräftig unterstützt haben, auf Seite 155

Das *bikeline*-Team:
Heidi Authried, Beatrix Bauer, Michael Bernhard, Michael Binder, Veronika Bock, Karin Brunner, Sandra Eisner, Roland Esterbauer, Angela Frischauf, Gabi Glasstetter, Dagmar Güldenpfennig, Carmen Hager, Heidi Huber, Martina Kreindl, Eveline Müllauer, Gregor Münch, Niki Nowak, Julia Pelikan, Petra Riss, Erik Schmidt, Gaby Sipöcz, Matthias Thal, Claudia Tscheuschner, Martin Wischin, Wolfgang Zangerl.

Umschlagbilder: Archiv
Bildnachweis: Archiv: 53L, 78, 80, 82, 88, 89, 92, 94, 127; Birgit Albrecht: 43, 46, 72, 76; Bamberg Tourismus: 50R; FVA Bamberg: 50L; FW Bayreuth: 18, 20; H. Ramming: 38; Kongress- u. Touristikbetriebe Aschaffenburg: 108, 109, 110, 111; Kur u. Tourismus GmbH Bad Berneck: 30; Landratsamt Kulmbach: 26, 28; Paul Fröhlich: 90; Stadtverwaltung Offenbach: 117; Stadt Baunach: 48; Stadt Eltmann: 53R; Stadt Freudenberg: 98; Stadt Haßfurt: 58; Stadt Kitzingen, Gunter Kittel: 70; Stadt Lichtenfels: 40, 42; Stadt Mainz: 126; Stadt Obernburg a. Main: 106; Stadt Ochsenfurt, Konrad Grimm: 74; Stadt Schweinfurt: 62; TI Hanau: 116; TI Karlstadt: 84; Tourismus&Veranstaltungsservice Kulmbach: 27; Tourismus + Congress GmbH Frankfurt a. Main: 118, 120; Tourist-Information Schweinfurt: 60; Tourist-Information Wertheim: 97; Touristikgemeinschaft „Liebliches Taubertal“: 96; Touristinformation Gemünden a. Main: 86; Touristinformation Miltenberg: 100, 101, 103; Verkehrsamt Volkach: 66; Veronika Bock, 24, 31, 32

Kartografie erstellt mit axpand
(www.axes-systems.com)

bikeline

Was ist bikeline?

Wir sind ein Team von Redakteuren, Kartografen, Geografen und anderen Mitarbeitern, die allesamt begeisterte Radfahrerinnen und Radfahrer sind. Ins „Rollen" gebracht hat das Projekt 1987 eine Wiener Radinitiative, die begonnen hat Radkarten zu produzieren. Heute tun wir dies als Verlag mit großem Erfolg. Mittlerweile gibt's bikeline® und cycline® Bücher in fünf Sprachen und in vielen Ländern Europas.

Um unsere Bücher immer auf dem letzten Stand zu halten, brauchen wir auch Ihre Hilfe. Schreiben Sie uns, wenn Sie Unstimmigkeiten oder Änderungen in einem unserer Bücher entdeckt haben.

Wir freuen uns auf Ihre Rückmeldung (redaktion@esterbauer.com),

Ihre bikeline-Redaktion

Vorwort

Lernen Sie auf rund 530 Kilometern Main-Radweg und verschiedenen Ausflügen die landschaftlichen Reize und die kulturellen Sehenswürdigkeiten entlang des Mains kennen: die Festspielstadt Bayreuth, die alte Residenzstadt Würzburg, das romantische Wertheim an der Taubermündung und vieles andere mehr. Die ausgedehnten Wälder der Fränkischen Schweiz, des Spessarts und des Odenwaldes begleiten Sie auf Ihrer Reise ebenso wie die süffigen Frankenweine aus dem Bocksbeutel.

Präzise Karten, genaue Streckenbeschreibungen, zahlreiche Stadt- und Ortspläne, Hinweise auf das kulturelle und touristische Angebot der Region und ein umfangreiches Übernachtungsverzeichnis – in diesem Buch finden Sie alles, was Sie zu einer Radtour entlang des Mains brauchen – außer gutem Radlwetter, das können wir Ihnen nur wünschen.

Kartenlegende

Radrouten

Hauptroute, wenig KFZ-Verkehr
- asphaltiert (main cycle route, low motor traffic)
- nicht asphaltiert (main cycle route, unpaved road)
- schlecht befahrbar (main cycle route, bad surface)

Radweg / Hauptroute, autofrei
- asphaltiert (cycle path, without motor traffic, paved road)
- nicht asphaltiert (cycle path, unpaved road)
- schlecht befahrbar (cycle path, bad surface)

Ausflug od. Variante
(excursion or alternative route, low motor traffic)
- asphaltiert (excursion or alternative route, paved road)
- nicht asphaltiert (excursion, unpaved road)
- schlecht befahrbar (excursion, bad surface)

Ausflug od. Variante, autofrei / Radweg
(excursion or alternative route, without motor traffic /cycle path)
- asphaltiert (excursion or alternative route, paved road)
- nicht asphaltiert (excursion, unpaved road)
- schlecht befahrbar (excursion, bad surface)

- sonstige Radrouten (other cycle routes)
- Radweg in Planung (planned cycle path)
- Radweg gesperrt (closed cycle path)
- Fährverbindung (ferry connection)

KFZ-Verkehr (vehicular traffic)

- Radroute auf mäßig befahrener Straße (cycle route with moderate motor traffic)
- Radroute auf stark befahrener Straße (cycle route with heavy motor traffic)
- Radfahrstreifen (cycle lane)
- mäßig befahrene Straße (road with motor traffic)
- stark befahrene Straße (road with heavy motor traffic)

Steigungen / Entfernungen (gradient / distance)

- starke Steigung (steep gradient, uphill)
- leichte bis mittlere Steigung (light gradient)
- 3,2 Entfernung in Kilometern (distance in km)
  Durch Rundungen können Differenzen zu den tatsächlich gefahrenen Kilometern entstehen.
- Routenverlauf (cycle route direction)
- UTM-Gitter (2km) (UTM-grid)
- Tunnel (Tunnel)
- Stadt- /Ortsplan (city map)

Radinformationen

- Fahrradwerkstatt* (bike workshop*)
- Fahrradvermietung* (bike rental*)
- überdachter Abstellplatz* (covered bike stands*)
- abschließbarer Abstellplatz* (lockable bike stands*)
- Gefahrenstelle (dangerous section)
- Text beachten (read text carefully)
- Treppe* (stairs*)
- Engstelle* (narrow pass, bottleneck*)

Nur in Ortsplänen

- Parkplatz* (parking lot*)
- Parkhaus* (garage*)
- Post* (post office*)
- Apotheke* (pharmacy*)
- Krankenhaus* (hospital*)
- Feuerwehr* (fire-brigade*)
- Polizei* (police*)
- Theater* (theatre*)

* Auswahl (* selection)

Maßstab 1 : 75. 000

1 cm ≙ 750 m   1 km ≙ 13,3 mm

0 1 2 3 4 5 6 7 8 9 10 11 12 13 14 15 km

Wichtige bzw. sehenswerte thematische Informationen

- Schönern sehenswertes Ortsbild (picturesque town)
- Einrichtung im Ort vorhanden (facilities available)
- Hotel, Pension (hotel, guesthouse)
- Jugendherberge (youth hostel)
- Campingplatz (camping site)
- Naturlagerplatz* (simple tent site*)
- Tourist-Information (tourist information)
- Einkaufsmöglichkeit* (shopping facilities*)
- Kiosk* (kiosk*)
- Gasthaus (restaurant)
- Rastplatz* (resting place*)
- Unterstand* (covered stand*)
- Freibad (outdoor swimming pool)
- Hallenbad (indoor swimming pool)
- Kirche, Kloster (church, monastery)
- Schloss, Burg (palace, castle)
- Ruine (ruins)
- Museum (museum)
- Ausgrabungen (excavation)
- andere Sehenswürdigkeit (other place of interest)
- Tierpark (zoo)
- Naturpark, -denkmal (nature reserve, monument)
- Aussichtspunkt (panoramic view)
- Fähre (ferry)

Topographische Informationen

- Kirche (church)
- Kapelle (chapel)
- Kloster (monastery)
- Schloss, Burg (castle)
- Ruine (ruins)
- Turm (tower)
- Funk- und Fernsehanlage (TV/radio tower)
- Kraftwerk (power station)
- Umspannwerk (transformer)
- Windmühle (windmill)
- Windkraftanlage (windturbine)
- Wegkreuz (wayside cross)
- Gipfel (peak)
- Bergwerk (mine)
- Leuchtturm (lighthouse)
- Sportplatz (sports field)
- Denkmal (monument)
- Flughafen (airport, airfield)
- Schiffsanleger (boat landing)
- Quelle (natural spring)
- Kläranlage (purification plant)

- Staatsgrenze (international border)
- Landesgrenze (country border)
- Kreisgrenze, Bezirksgrenze (district border)
- Wald (forest)
- Felsen (rock, cliff)
- Vernässung (marshy ground)
- Weingarten (vineyard)
- Friedhof (cemetary)
- Gewerbe-, Industriegebiet (commercial area)
- Dünen (dunes)
- Gletscher, Watt (glacier, shallows)
- Damm, Deich (embankment, dyke)
- Staumauer (dam, groyne)
- Autobahn (motorway)
- Hauptstraße (main road)
- untergeordnete Hauptstraße (secondary main road)
- Nebenstraße (minor road)
- Fahrweg (carriageway)
- Fußweg (footpath)
- Straße in Bau (road under construction)
- Eisenbahn m. Bahnhof (railway with station)
- Schmalspurbahn (narrow gage railway)
- Höhenlinie 100m/50m (contour line)

Inhalt

Main-Radweg

In großen Schleifen windet sich der Main 524 Kilometer lang durch die abwechslungsreichen Landschaften Frankens und Hessens, bis er bei Mainz in seinen großen Bruder, den Rhein, mündet.

In der Fränkischen Schweiz am Tannenberg im Lindenhardter Fort bei Creußen entspringt der Rote Main, aus dem Fichtelgebirge stammt der Weiße Main. Die beiden Flüsschen vereinen sich bei Kulmbach, um sich gemeinsam einen Weg durch die Waldgebiete Bierfrankens und hinter Bamberg durch die Gärten des weithin bekannten Frankenweins zu bahnen.

Hinter Würzburg nehmen dann die Wälder des Spessarts und der Buntsandstein die Fluten des Mains in ihre Obhut und begleiten ihn bis ins hessische Land des „Ebbelwoi" (Apfelwein). Hier muss sich der Main dann durch das Häusermeer und die Industriegebiete Frankfurts hindurchkämpfen, was eine Beeinträchtigung der Wasserqualität unweigerlich mit sich bringt.

Diese ist generell nicht besonders gut, da er aufgrund der trockenen Region relativ wenig Wasser führt. So konnte der Main die starken Verschmutzungen besonders in den 1970er Jahren aufgrund dieses Wassermangels nicht genügend verdünnen. Die Wassergüte hat sich seitdem schon etwas verbessert, lässt aber immer noch zu wünschen übrig.

Aber Sie wollen ja nicht im Main baden, sondern an dessen Ufern gemütlich entlangradeln, wozu sich dieser Fluss hervorragend eignet. Meist in nächster Nähe zum Wasser fahren Sie auf gut ausgebauten Fahrradwegen oder auf ruhigen Landstraßen von der Quelle in der Nähe von Bayreuth über das historische Bamberg in die Barockstadt Würzburg. Weiter geht es dann zur Taubermündung bei Wertheim und über Aschaffenburg in die Kulturmetropolen Frankfurt und Mainz.

Fairerweise muss hier noch festgehalten werden, dass in diesem Flusstal fast immer Wind herrscht und fast immer von West nach Ost, d. h. wenn Sie die Tour, so wie von uns beschrieben, flussabwärts fahren, müssen Sie diesen wetterbedingten Einfluss bei Ihrer Fahrt berücksichtigen.

Streckencharakteristik

Länge

Die Länge des Main-Radweges beträgt von Bayreuth bis nach Mainz rund 530 Kilometer.

Klassifizierung durch ADFC

Mit dem Prädikat „ADFC-Qualitätsradroute" werden Radrouten ausgezeichnet, die von ADFC-Routeninspektoren komplett mit dem Fahrrad befahren wurden. Bewertet wird die Qualität der Befahrbarkeit, Sicherheit, Wegweisung und weiterer Kriterien wie Unterkünfte, Gastronomie, Erreichbarkeit mit der Bahn. Alle Daten zusammengefügt ergeben dann eine Einstufung zwischen einem und fünf Sternen für die jeweilige Route.

Der Main-Radweg wurde im August 2008 als erster deutscher Radfernweg mit fünf Sternen ausgezeichnet; er bietet also höchsten Genuss für Radfahrer.

Wegequalität und Verkehr

Meist verläuft die Route des Main-Radweges auf seperaten Radwegen direkt am Mainufer oder entlang ruhiger Landstraßen. Nur selten gibt es auch unbefestigte Feld- und Waldwege. Auch wirklich verkehrsreiche Strecken begegnen Ihnen äußerst selten und sind dann auch nur kurze Verbindungsstücke.

Beschilderung

Der Main-Radweg ist seit 2006 durchgehend von den Quellen bis zur Mündung mit dem Logo des Main-Radweges ausgeschildert.

Die Qualität und Vollständigkeit liegt jedoch nicht in unserem Bereich, Anregungen und Beschwerden können wir nur an die zuständigen Tourismusverbände und Kommunen weiterleiten.

Roter und Weißer Main

Diese beiden Flüsse bilden ab Kulmbach den Main. Wir haben in unserem Buch Ausflüge zu beiden Quellen des Mains dargestellt. Einerseits der Rote Main, dessen Quelle sich im Lindenhardter Forst bei Creußen befindet. Als Ausgangspunkt für diesen Abschnitt haben wir Creußen gewählt, denn es empfiehlt sich, dorthin mit der Bahn anzureisen und dann dem Verlauf des Rotmains zu folgen.

Die Quelle des Weißen Mains hingegen befindet sich am Ochsenkopf in der Nähe von Bischofsgrün. Der Ausgangspunkt für diese Tour ist Bad Berneck, wohin Sie ab Kulmbach mit Bahn und Bus anreisen können. Von hier können Sie dann nach Kulmbach bzw. zur Quelle am Ochsenkopf radeln.

Die Strecken entlang von Weißem und Rotem Main sind mit dem neuen Logo des Main-Radweges ausgeschildert.

Tourenplanung

Zentrale Infostelle

Main-Radweg, c/o Tourismusverband Franken e. V., Wilhelminenstr. 6, 90461 Nürnberg, ✆ 0911/94151-0, Fax: 0911/94151-10, www.mainradweg.com

Weitere Infostellen

Tourismusverband Franken e. V. Wilhelminenstraße 6, 90461 Nürnberg, ✆ 0911/94151-0, Fax -10, info@frankentourismus.de, www.frankentourismus.de

Tourist Information Fichtelgebirge, Gablonzer Straße 11, 95686 Fichtelberg, ✆ 09272/969030, Fax 9690366, info@ti-fichtelgebirge.de, www.ti-fichtelgebirge.de

Tourismusverband Fränkisches Weinland, Am Congress Centrum, 97070 Würzburg, ✆ 0931/372335, Fax 373652, tourismus@fraenkisches-weinland.de, www.fraenkisches-weinland.de

Tourismuszentrale Fränkische Schweiz, Oberes Tor 1, 91320 Ebermannstadt, ✆ 09194/797779, Fax 797776, info@fraenkische-schweiz.com, www.fraenkische-schweiz.com

Frankenwald Tourismus Service Center, Adolf-Kolping-Straße 1, 96317 Kronach, ✆ 01805/366398, Fax: 01805/329398, mail@frankenwald-tourismus.de, www.frankenwald-tourismus.de

Tourist-Information Schweinfurt, Brückenstr. 20, 97421 Schweinfurt, ✆ 09721/51498, Fax: 09721/51588, tourismus@schweinfurt.de, www.schweinfurt.de

Tourist Information Hassberge, Obere Sennigstraße 4, 97461 Hofheim i. Ufr., ✆ 09523/92290, Fax 267, E-Mail: info@hassberge-tourismus.de, www.hassberge-tourismus.de

Touristikgemeinschaft „Liebliches Taubertal", Gartenstraße 1, 97941 Tauberbischofsheim, ✆ 09341/825806, Fax 825700, E-Mail: touristik@liebliches-taubertal.de, www.liebliches-taubertal.de

Tourist Information Oberes Maintal – Coburger Land, Kronacher Straße 30, 96215 Lichtenfels, ✆ 09571/18283, Fax 18288, info@ObieresMaintal-CoburgerLand.com, www.ObieresMaintal-CoburgerLand.com

Tourist Information Spessart-Mainland, Bayernstraße 18, 63739 Aschaffenburg, ✆ 06021/394271, Fax 394258, E-Mail: tourist-info@lra-ab.bayern.de, www.spessart-touristinfo.de

Tourismusverband Steigerwald, Hauptstraße 1, 91443 Scheinfeld, ✆ 09162/

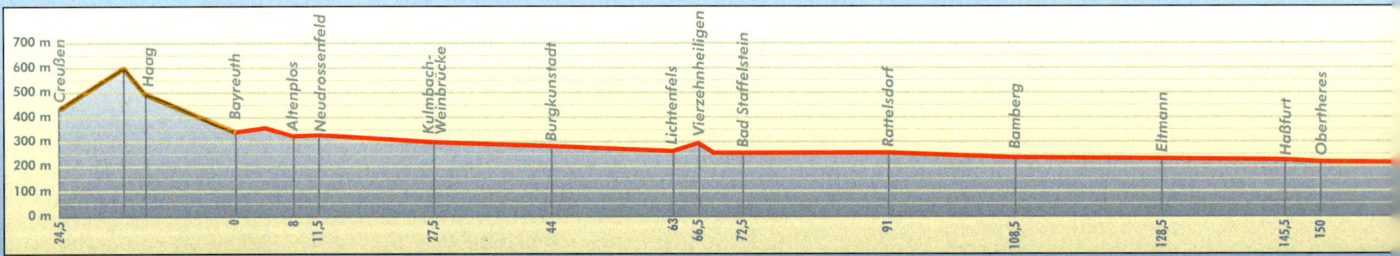

12424, Fax 12433, E-Mail: info@steigerwald-info.de, www.steigerwald-info.de
Kongress- und Tourismus-Zentrale Bayreuth, Luitpoldpl. 9, D-95444 Bayreuth, ✆ 0921/88588, www.bayreuth.de
Tourismus & Kongress Service Bamberg, Geyerswörthstr. 3, D-96047 Bamberg, ✆ 0951/2976200, www.bamberg.info
Congress Tourismus Wirtschaft Würzburg, Am Congress Centrum, D-97070 Würzburg, ✆ 0931/372335, www.wuerzburg.de
Tourismus+Congress GmbH Frankfurt, Kaiserstr. 56, D-60329 Frankfurt am Main, ✆ 069/21238800, www.frankfurt-tourismus.de
Tourist-Information Aschaffenburg, Schlosspl. 1, 63739 Aschaffenburg, ✆ 06021/395800, www.aschaffenburg.de
HA Hessen Agentur GmbH, Hessen Touristik Service, Abraham-Lincoln-Straße 38-42, 65189 Wiesbaden, ✆ 0611/774-8091, www.hessen-tourismus.de

An- & Abreise mit der Bahn

Bahnauskünfte Deutschland:
Radfahrer-Hotline Deutschland:
✆ 01805/151415 (€ 0,14/Min.), Mo-So 8-20 Uhr, Infos über Fahrradmitnahme, -vermietung oder -versand
Reise Service: ✆ 0180/5996633 (€ 0,14/Min. aus dem Festnetz, Tarif bei Mobilfunk ggf. abweichend), Mo-So 8-20 Uhr, Auskünfte über Zugverbindungen, Fahrpreise, Fahrpreise im In- und Ausland, Buchung von Tickets und Reservierungen, www.bahn.de/bahnundbike.
Automatische DB-Fahrplanauskunft:
✆ 0800/1507090 (gebührenfrei aus dem Festnetz), ✆ 01805/221100 (€ 0,14/Min. aus dem Mobilfunknetz).
ADFC: weitere Infos und aufgeschlüsselte Einzelverbindungen unter www.adfc.de/bahn
Hermes-Privat-Service:
(✆ 0900/1311211 € 0,60/Min.), www.hermes-logistik-gruppe.de, unter der Rubrik Paketservice erfahren Sie die genauen Zustellzeiten und die aktuellen Preise.
Weitere Informationen erhalten Sie auch bei der **Bayerischen Eisenbahngesellschaft** unter www.bayern-fahrplan.de und dem **Rhein-Main-Verkehrsverbund** unter www.rmv.de
Der Startpunkt Bayreuth lässt sich von jeder größeren Stadt aus problemlos in 3-6 Stunden

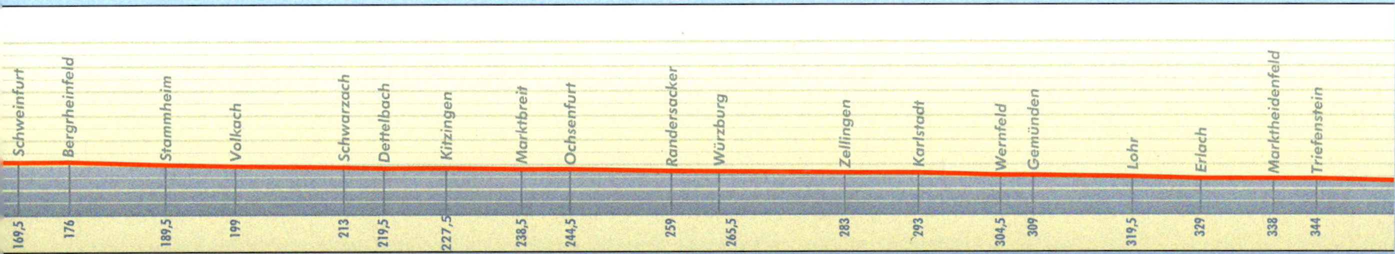

mit ein- bis zweimaligem Umsteigen erreichen. Auch vom Zielort aus lassen sich alle größeren Städte gut erreichen, dazu muss eine Fahrzeit von rund 5 Stunden und ein- bis zweimaliges Umsteigen eingeplant werden.

Fahrradtransport

Es gibt täglich mehrere Abfahrten von verschiedenen deutschen Bahnhöfen mit Fernverkehrszügen, viele davon bieten den Service der Fahrradmitnahme an. Diese Züge sind in Fahrplänen, Kursbüchern etc. entsprechend gekennzeichnet.

In vielen **InterCity (IC), EuroCity (EC) und D-Zügen** ist der Transport im Tagesreiseverkehr problemlos. Im **DBNachtZug (NZ)** ist die Mitnahme auf den meisten Linien ebenfalls möglich (gegen Kauf einer Fahrradkarte). Eine Stellplatzreservierung ist erforderlich, diese ist kostenlos.

Die **CityNightLine (CNL)** bietet auf allen Linien eine Fahrradbeförderung an. Räder aller Art werden (auch ohne spezielle Verpackung) gegen einen Preis von € 10,– (innerdeutsch € 9,–, für BahnCard-Besitzer € 6,–) mitgenommen. Ausnahme: Tandemräder nur auf Anfrage und für Fahrradanhänger müssen Sie einen eigenen Stellplatz buchen. Die Reservierung ist kostenlos, muss jedoch im Voraus erfolgen.

Fahrradversand: In Deutschland funktioniert der Versand über den KurierGepäck-Service. Er bringt Ihr Fahrrad und auch ihr Gepäck, von Haus zu Haus, d. h. Sie benötigen für die Abholung und Zustellung eine Privatadresse. Dieser Service kann vor der Hinreise bei allen DB-Verkaufsstellen gebucht werden.

Der Rückreisetransport kann aber auch schon beim Kauf des Hintransportes mitgebucht werden. Die Zustellung erfolgt innerhalb von Deutschland binnen zwei Werktagen. Das KurierGepäck-Ticket kaufen Sie am besten gleich mit Ihrer Fahrkarte oder Sie bestellen es beim Hermes-Privat-Service (s. Infostellen).

Sonderräder wie Tandems, Liege- oder Dreiräder können wegen ihrer größeren Abmessungen nicht transportiert werden. Zustellung bzw. Abholung: Mo-Fr 8-18 Uhr (Spätservice 17-21 Uhr), Sa 8-18 Uhr.

Bei Abholung muss das Fahrrad transportgerecht verpackt sein. Der Kurierfahrer bringt

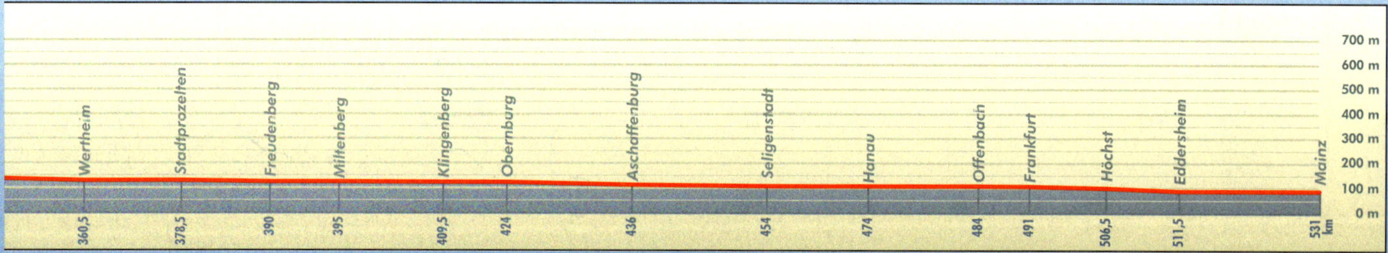

Ihnen auf Wunsch eine Mehrwegverpackung zum Preis von € 5,10 gerne mit.

KurierGepäck-Preise innerhalb Deutschlands:

erstes und zweites Rad	je € 24,90
drittes und viertes Rad	je € 18,90
(bei gleicher Abhol- und Lieferadresse)	
Aufpreis für Spätservice	€ 6,30

Wenn Sie Ihr Fahrrad mit dem Hermes-Privat-Service unabhängig von einem Bahnticket versenden möchten, dann kostet das € 39,90.

Der Fahrradversand wird auch in die Länder Luxemburg, Österreich, Schweiz und nach Südtirol angeboten.

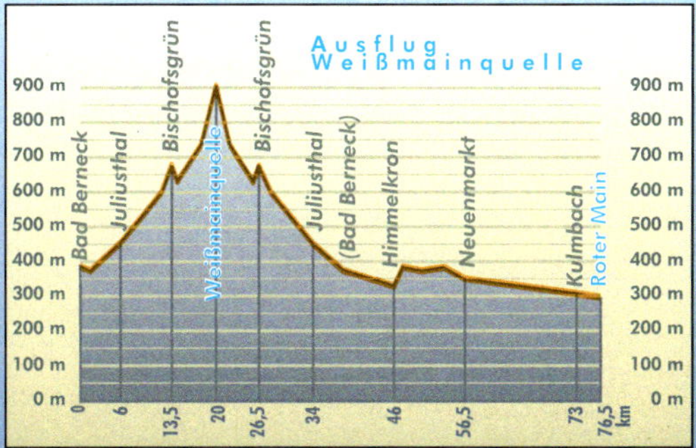

Für den internationalen Zugverkehr zwischen Deutschland und Österreich benötigen Sie eine Internationale Fahrradkarte zum Preis von € 10,–.

Rad & Bahn

Entlang des Mains gibt es fast durchgehend parallel verlaufende Bahnlinien, so dass Sie immer wieder auch alternativ auf die Bahn umsteigen können. Ausgenommen sind dabei nur die Strecken zwischen Schweinfurt und Marktbreit, sowie zwischen Lohr und Wertheim.

Rad & Schiff

Es gibt zwei Schifffahrtslinien, die längere Strecken auf dem Main zurücklegen und Fahrräder kostenfrei mitnehmen. Das sind die **Wertheimer Personenschifffahrt/Reederei Henneberger** (✆ 09371/3330), die von Wertheim nach Miltenberg fährt sowie die **Main-Spessart Schifffahrt** in Gemünden (✆ 09351/1770) welche von Gemünden nach Marktheidenfeld bzw. zwischen Würzburg und Gemünden fährt. Falls Sie des Radfahrens müde werden sollten, können Sie auf diesen Strecken aufs Schiff umsteigen. Es empfiehlt sich, die Fahrzeiten direkt bei den Schifffahrtslinien nachzufragen.

Übernachtung

Die Mainregion ist ein beliebtes Feriengebiet, so dass vielfältige Unterkunftsmöglichkeiten vorhanden sind. Besonders gut ausgestattet sind die Weinbaugebiete, die aufgrund ihres milden Klimas und des guten Weines beliebte Ferienziele sind. Im Hochsommer kann es hier mit den Zimmern schon mal knapp werden. Zu solchen Zeiten empfiehlt es sich, Zimmer vor Antritt der Reise zu reservieren. Besonders schwierig kann es im Einzugsbereich von Frankfurt werden, da hier durch die Messen Zimmer oft bis in die weitere Umgebung der Stadt schon ausgebucht sind.

Bei unseren Recherchen haben wir natürlich versucht eine größtmögliche Auswahl für Sie zusammenzustellen. Für alle, die Alternativen oder einfach noch mehr Anbieter suchen, gibt es nachfolgende Internet-Adressen, die auch Beherbergungen der etwas anderen Art anbieten:

Der ADFC-Dachgeber: Funktioniert nach dem Gegenseitigkeitsprinzip: Hier bieten Radfreunde anderen Tourenradlern private Schlafplätze an. Mehr darüber unter www.dachgeber.de.

Das **Deutsche Jugendherbergswerk** stellt sich unter www.djh.de mit seinen vierzehn Landesverbänden vor.

Auch die **Naturfreunde** bieten mit ihren **Naturfreundehäusern** eine Alternative zu anderen Beherbergungsarten, mehr unter www.naturfreunde.de.

Unter www.camping-in.de oder www.campingplatz.de finden Sie flächendeckend den **Campingplatz** nach Ihrem Geschmack.

Und zuletzt bietet **Bett & Bike** unter www.bettundbike.de zusätzliche Informationen zu den beim ADFC gelisteten Beherbergungsbetrieben in ganz Deutschland.

Mit Kindern unterwegs

Der Main-Radweg ist in seiner ganzen Länge auch für Kinder geeignet, denn die Tour verläuft, mit einigen wenigen Ausnahmen, immer auf Radwegen direkt an den Ufern des Mains, auf kleinen und ruhigen Landstraßen oder auf Radwegen, die eine Hauptstraße begleiten. Stark befahrene Strecken gibt es praktisch gar nicht, da fast immer die Möglichkeit besteht, auf ruhigere Wege auszuweichen. Zudem kommen Steigungen auf der Route nur ganz selten vor.

Das Rad für die Tour

Grundsätzlich ist der Main-Radweg mit jedem funktionstüchtigen Fahrrad zu bewältigen. Mit dem Rennrad kann es zeitweise schwierig werden, da manche Wegstücke einen unbefestigten Bodenbelag aufweisen. Parallel dazu gibt es natürlich immer die vielbefahrenen Autostraßen als Ausweichmöglichkeit.

Den besten Komfort bieten Reiseräder mit einer auf Ihre Körpergröße abgestimmten Rahmenhöhe. Diese Räder gewährleisten auch bei großer Beladung des Rades einen ruhigen Lauf und sind mit sehr guten Bremsen, einer Schaltung mit einem großen Übersetzungsbereich und stabilen Gepäckträgern vorne und hinten zur gleichmäßigeren Gewichtsverteilung ausgestattet. Auch ein stabiler Fahrradständer ist wichtig, vor allem wenn Sie Gepäck auf dem Fahrrad mitführen. Es kann manchmal nervenaufreibend werden, wenn beim Abstellen des Fahrrades immer die Gefahr des Umkippens besteht.

Für einen unbeschwerten Radurlaub sollte auf jeden Fall ein Fahrradcheck vor der Tour erfolgen. Versuchen Sie, vor der Abreise eine bequeme Sitzposition auf Ihrem Rad zu finden, wobei Sie dem Sattel besonderes Augenmerk schenken sollten. Bei richtiger Sattelneigung und Sitzposition können schmerzvolle Erfahrungen vermieden werden.

Sie sollten die Bereifung der Tour entsprechend anpassen. Je mehr unbefestigte Wege zu bewältigen sind, desto breiter und profilierter sollte die Bereifung ausfallen. Viele asphaltierte Strecken erlauben hingegen auch schmalere Reifen. Hinweise zur Oberfläche der Wege und zu den Steigungen finden Sie in diesem bikeline-Radtourenbuch in der Einleitung und auf den Abschnittsseiten.

Auch einen Kartenhalter oder eine Lenkertasche werden Sie auf Ihrer Tour sehr gut brauchen können. Wasserdichte und somit auch staubdichte Hinterradtaschen mit einem unkomplizierten Befestigungssystem erweisen sich bei längerer Fahrt als zweckmäßig. Achten Sie auch auf genügend Möglichkeiten Trinkflaschen an Ihrem Rad zu befestigen.

Und da selbst das beste Fahrrad vor Pannen nicht gefeit ist, empfiehlt es sich, immer eine kleine Fahrradapotheke mitzuführen. Eine Grundausstattung an Werkzeug und Zubehör sollte folgende Teile beinhalten: Ersatzschlauch und/oder Flickzeug, Kompaktwerkzeug, Luftpumpe, Brems- und Schaltseil, Öl, Ersatzkettenniete und einen Putzlappen.

Details zu all diesen Fragen klären Sie am besten mit Ihrem Fahrradhändler und überlassen den Service im Zweifelsfall dem Profi. Allgemeine Infos rund um das Fahrrad finden Sie auf diversen Seiten im Internet (z. B. www.adfc.de/142_1, www.adfc.de/1665_1, www.bikeboard.at), sowie bei Ihrem örtlichen Fahrradverein.

Radreiseveranstalter/Gepäcktransport

Von folgenden Radreiseveranstaltern wird ein Gepäcktransport am Main-Radweg angeboten:

Eurobike, A-5162 Obertrum/See, Mühlstr. 6, ✆ 0043/6219/7444, www.eurobike.at

Velociped Fahrradreisen, Alte Kasseler Str. 43, D-35039 Marburg, ✆ 06421/88689-0, Fax: 88689-11, info@velociped.de, www.velociped.de

Pedalo Touristik, Kickendorf 1a, A-4710 Grieskirchen, ✆ (0043) 07248/63584-0, www.pedalo.com

TS Touristik Service e.K., Am Hofacker 15, 63840 Hausen im Spessart, ✆ 06022/2654744, info@ts-touristikservice.de, www.ts-touristikservice.de

Rad-Touren-Teufel, D-97042 Würzburg, ✆ 09333/9045970, RadTouren.Teufel@t-online.de, www.radtourenteufel.de

Rad & Reisen, 1220 Wien, ✆ 01/40538730, www.radreisen.at

Rad- und Freizeittouristik M. Skazel, Postfach 1373, 97933 Tauberbischofsheim, ✆ 09341/89693-96, Fax: -97, info@skazel.de, www.skazel.de

Die Mecklenburger Radtour, Zunftstr. 4, D-18437 Stralsund, ✆ 03831/280220, www.mecklenburger-radtour.de

maintour.de, Am Setzen 104, D-97469 Gochsheim; ✆ 09721/791414 www.maintour.de; info@maintour.de

Minotel Deutschland, St.-Paul-Str. 9, D-80336 München, ✆ 0180/5646683
Velotours Touristik, Fritz-Arnold-Str. 2d, D-78467 Konstanz, ✆ 07531/98280
Tourismusverband Steigerwald, Hauptstr. 1, D-91443 Scheinfeld, ✆ 09162/124-24
Reise Karhu Aktivreisen, Bahnhofstr. 14, D-07545, ✆ 0365/5529670, info@reise-karhu.de, www.reise-karhu.de

Zu diesem Buch

Dieser Radreiseführer enthält alle Informationen, die Sie für einen Radurlaub entlang des Mains benötigen: Exakte Karten, eine detaillierte Streckenbeschreibung, ein ausführliches Übernachtungsverzeichnis, Stadt- und Ortspläne und die wichtigsten Informationen zu touristischen Attraktionen und Sehenswürdigkeiten.
Und das alles mit der ***bikeline*-Garantie**: jeder Meter in unseren Büchern ist von einem unserer Redakteure vor Ort auf seine Fahrradtauglichkeit geprüft worden!

Die Karten

Eine Übersicht über die geographische Lage des in diesem Buch behandelten Gebietes gibt Ihnen die Übersichtskarte auf der vorderen inneren Umschlagsseite. Hier sind auch die Blattschnitte der einzelnen Detailkarten eingetragen.
Diese Detailkarten sind im Maßstab 1 : 75.000 erstellt. Dies bedeutet, dass 1 Zentimeter auf der Karte einer Strecke von 750 Metern in der Natur entspricht. Zusätzlich zum genauen Routenverlauf informieren die Karten auch über die Beschaffenheit des Bodenbelages

(befestigt oder unbefestigt), Steigungen (leicht oder stark), Entfernungen sowie über kulturelle und gastronomische Einrichtungen entlang der Strecke. Durch Rundung der Kilometerangaben auf halbe Kilometer, können Differenzen zu den tatsächlich gefahrenen Kilometern entstehen.

Allerdings können selbst die genauesten Karten den Blick auf die Wegbeschreibung nicht ersetzen. Komplizierte Stellen werden in der Karte mit diesem Symbol ⚠ gekennzeichnet, im Text finden Sie das gleiche Zeichen zur Kennzeichnung der betreffenden Stelle wieder. Beachten Sie, dass die empfohlene Hauptroute immer in Rot und Violett, Varianten und Ausflüge hingegen in Orange dargestellt sind. Die genaue Bedeutung der einzelnen Symbole wird in der Legende auf Seite 4 und 5 erläutert.

Höhen- und Streckenprofil

Das Höhen- und Streckenprofil gibt Ihnen einen grafischen Überblick über die Steigungsverhältnisse, die Länge und die wichtigsten Orte entlang der Radroute. Es können in diesem Überblick nur die markantesten Höhenunterschiede dargestellt werden, jede einzelne kleinere Steigung wird in dieser grafischen Darstellung jedoch nicht berücksichtigt. Die Steigungs- und Gefälleverhältnisse entlang der Route finden Sie im Detail mit Hilfe der Steigungspfeile in den genauen Karten.

Der Text

Der Textteil besteht im Wesentlichen aus der genauen Streckenbeschreibung, welche die empfohlene Hauptroute enthält. Stichwortartige Streckeninformationen werden, zum leichteren Auffinden, von dem Zeichen ~ begleitet.

Unterbrochen wird dieser Text gegebenenfalls durch orange hinterlegte Absätze, die Varianten und Ausflüge behandeln.

Ferner sind alle wichtigen **Orte** zur besseren Orientierung aus dem Text hervorgehoben. Gibt es interessante Sehenswürdigkeiten in einem Ort, so finden Sie unter dem Ortsbalken die jeweiligen Adressen, Telefonnummern und Öffnungszeiten.

Die Beschreibung der einzelnen Orte sowie historisch, kulturell oder naturkundlich interessanter Gegebenheiten entlang der Route tragen zu einem abgerundeten Reiseerlebnis bei. Diese Textblöcke sind kursiv gesetzt und unterscheiden sich dadurch auch optisch von der Streckenbeschreibung.

Textabschnitte in Violett heben Stellen hervor, an denen Sie Entscheidungen über Ihre weitere Fahrstrecke treffen müssen z. B. wenn die Streckenführung von der Wegweisung abweicht, oder mehrere Varianten zur Auswahl stehen u. ä.

Sie weisen auch auf Ausflugstipps, interessante Sehenswürdigkeiten oder Freizeitaktivitäten etwas abseits der Route hin.

Übernachtungsverzeichnis

Auf den letzten Seiten dieses Radtourenbuches finden Sie zu fast allen Orten entlang der Strecke eine Vielzahl von Übernachtungsmöglichkeiten vom einfachen Zeltplatz bis zum 5-Sterne-Hotel.

Von Bayreuth nach Bamberg

108,5 km

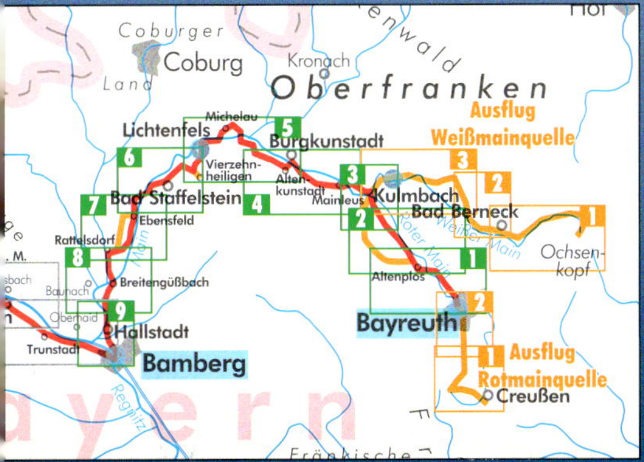

In den Wäldern südlich der Festspielstadt Bayreuth entspringt aus einer unspektakulär kleinen Quelle der Rote Main. Hier noch ein kleines, manchmal sogar wieder versiegendes Rinnsal, hat er sich, bis er die Stadt erreicht, immerhin schon zu einem Flüsslein gemausert. Dieses fließt zielstrebig seiner Vereinigung mit dem Weißen Main in der Nähe von Kulmbach entgegen. Um ein ganzes Stück gewachsen, windet sich der Main von da an munter durch sein breites Tal, das von der sanften Hügellandschaft Bierfrankens gesäumt wird.

Auf Fahrradwegen und ruhigen Landstraßen führt Sie die Route von der Quelle des Roten oder des Weißen Mains oder von Bayreuth aus über Kulmbach und Lichtenfels nach Bamberg. Hinter Lichtenfels erheben sich auf den Hügeln die markanten Türme der Klöster Banz und Vierzehnheiligen. Hier werden Ihnen die einzigen ernst zu nehmenden Steigungen dieses Abschnitts begegnen.

Bayreuth, Festspielhaus

In Bayreuth beginnen Sie Ihre Radreise entlang des Mains, die Sie bis zu seiner Mündung in den Rhein bei Mainz führen wird.

Tipp: Wenn Sie in der Festspielstadt Bayreuth am Bahnhof angelangt sind, sollten Sie natürlich, bevor Sie sich auf den Weg nach Bamberg machen, noch einen Abstecher in die Altstadt unternehmen.

Vom Bahnhof aus ins Zentrum die **Bahnhofsstraße**, die bis zum **Luitpoldplatz** verkehrsreich und ohne Radweg verläuft ~ am **Luitpoldplatz** beginnt ein Radweg, dieser führt bis zur **Kanalstraße**. Hier nach links wenden, rechter Hand ist schon das historische Zentrum zu sehen.

Bayreuth

PLZ: 95444; Vorwahl: 0921

- **Kongress- und Tourismus-Zentrale**, Luitpoldpl. 9, ✆ 88588, www.bayreuth.de
- **Richard-Wagner-Museum**, Haus Wahnfried, Richard-Wagner-Str. 48, ✆ 7572816, ÖZ: April-Okt., tägl. 9-17 Uhr, Di u. Do-20 Uhr; Nov.-März, 10-17 Uhr. Musik 10, 12 Uhr und 14 Uhr, Video 11 und 15 Uhr. Leben und Werk Richard Wagners, Wandel des Bühnenbildes, im Garten die Grabstätte von Richard und Cosima Wagner.
- **Jean-Paul-Museum**, Wahnfriedstr. 1, ✆ 5071444, ÖZ: Sept.-Juni, Mo-So 10-12 Uhr und 14-17 Uhr, Juli, Aug., 10-17 Uhr. Es wird eine Privatsammlung zum Leben und Wirken des Dichters mit Originalschriftstücken ausgestellt.
- **Franz-Liszt-Museum**, Wahnfriedstr. 9, ✆ 5166488, ÖZ: Sept.-Juni, tägl. 10-12 Uhr und 14-17 Uhr, Juli-Aug., 10-17 Uhr. Private Sammlung über Leben und Wirken des Komponisten.
- **Brauerei- und Büttnereimuseum**, Kulmbacher Str. 40, ✆ 401234, ÖZ: Mo-Sa 10 Uhr. Führungen: tägl. 14 Uhr durch die alte Brauerei mit Bierprobe.
- **Kunstmuseum**, Maximilianstr. 33, ✆ 7645310, ÖZ: Sept.-Juni, Di-So 10-17 Uhr, Juli-Aug., tägl. 10-17 Uhr. Moderne Kunst und Tabakhistorische Sammlung der British American Tobacco.
- **Deutsches Freimaurermuseum**, Im Hofgarten 1, ✆ 69824, ÖZ: Di-Fr 10-12 Uhr und 14-16 Uhr, Sa 10-12 Uhr, während der Festspielzeit tägl. 10-16 Uhr.
- **Schreibmaschinenmuseum**, Bernecker Str. 11, ✆ 23445, ÖZ: Mo-Fr n. V. Entwicklung der Schreibmaschine von 1864 bis heute.
- **Historisches Museum**, Kirchpl. 6, ✆ 7640111, ÖZ: Sept.-Juni, Di-So 10-17 Uhr; Juli-Aug., tägl. 10-17 Uhr.
- **Iwalewa Haus**, Münzg. 9, ✆ 553681, ÖZ: Di-So 14-18 Uhr. Afrika-Zentrum der Universität Bayreuth.
- **Kleines Plakatmuseum**, Friedrich-Puchta-Str. 12, ✆ 1507269, ÖZ: Di, Do 16-18 Uhr u. n. V.
- **Neues Schloss** mit **Museum Bayreuther Fayencen** und **Markgräfin-Wilhelmine-Museum**, Ludwigstraße, ✆ 7596921, ÖZ: April-Sept., 9-18 Uhr, Okt.-März, 10-16 Uhr. In den Jahren 1749-53 vom Architekten Saint-Pierre als langgezogener, dreigeschossiger Gebäudetrakt mit einem reich gegliederten Mittelbau errichtet, die Innenräume sind in schönem Spätrokoko gestaltet.
- **Festspielhaus**, Festspielhügel 1-2, ✆ 78780, Führungen: 10, 11, 14 und 15 Uhr, montags geschlossen, im November geschlossen, in der Probenzeit ab Ende Mai geschlossen sowie während der Festspiele Ende Juli und im August nur nach Möglichkeit. Gebaut nach den Vorstellungen von Richard Wagner in den Jahren 1872-76; das Innere ist einem klassischen Amphitheater nachempfunden.
- **Markgräfliches Opernhaus**, Opernstraße, ✆ 7596922, ÖZ: April-Sept., Di-So 9-18 Uhr, Okt.-März, Di-So 10-16 Uhr. Ton- und Lichtshow alle 45 Min. Von der Markgräfin Wilhelmine in

Herzogkeller in Bayreuth

Auftrag gegeben und 1746-48 von Saint-Pierre erbautes, prächtiges Barocktheater.

- ✲ **Richard-Wagner-Festspiele**, letztes Drittel Juli-Ende Aug., Werke von Richard Wagner, 30 Aufführungen pro Saison.
- **Lohengrin Therme**, Kurpromenade 5, ✆ 792400, ÖZ: Thermenwelt tägl. 9-22 Uhr, Sauna und Wellness-Oase tägl. 10-22 Uhr.
- **Zweirad Schröck**, ✆ 64877
- **RAD Koller**, ✆ 721489
- **H. Hensel GmbH**, ✆ 64944

Im 12. Jahrhundert wurde die Siedlung Bayreuth von den Grafen von Andechs angelegt und erhielt schon im 13. Jahrhundert das Stadtrecht. Noch im selben Jahrhundert gelangte die Stadt aus dem Besitz der Andechser an die Burggrafen von Nürnberg, unter deren Herrschaft Bayreuth bis 1806 blieb. Im 16. Jahrhundert begann die eigentliche Blütezeit der Stadt, als 1542 die Grafen ihre Hofkanzlei von Kulmbach nach Bayreuth verlegten. Zu Beginn des 17. Jahrhunderts verließen jene dann die Plassenburg in Kulmbach gänzlich, um von da an Bayreuth als Residenzstadt auszubauen. Mit großem Aufwand und viel Geschmack gelang es dem Markgrafen Friedrich und vor allem seiner Frau Wilhelmine während dem 18. Jahrhundert, ihre Residenzstadt mit reichen Barockbauten auszustatten.

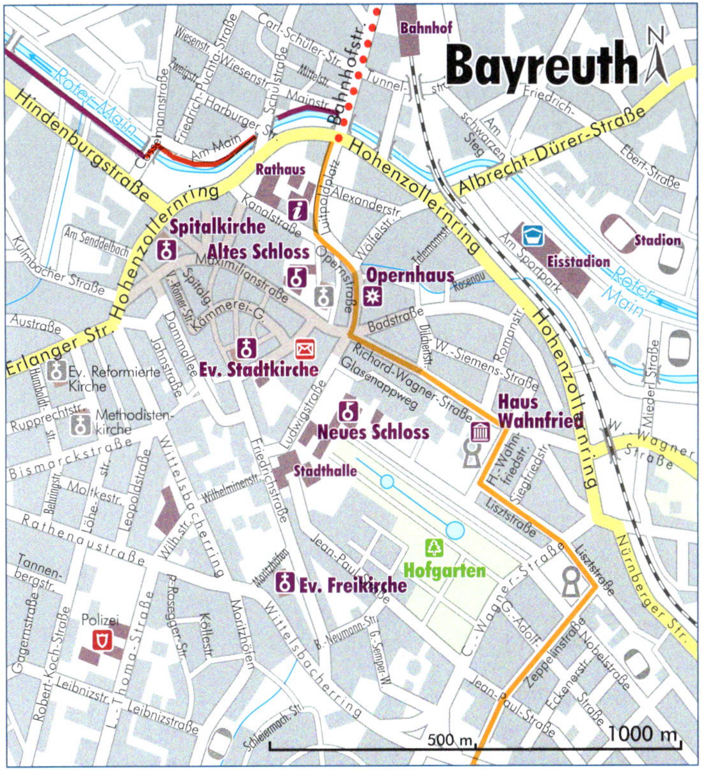

Nachdem Bayreuth 1806 dem Bayerischen Staat zugewiesen worden war, hatte die Stadt schon wieder an Glanz verloren, da die Markgrafen sich mit dem Ausbau der Stadt finanziell übernommen hatten. Das änderte sich jedoch schlagartig, als Richard Wagner sich 1872 in der ehemaligen Residenzstadt niederließ. Der beinahe 60-jährige Komponist stand damals auf dem Höhepunkt seines Schaffens. Er wurde in seinem Vorhaben beim Bau des Festspielhauses von Ludwig II. unterstützt und ließ es nach seinen Vorstellungen errichten. Hier wurde „Der Ring des Nibelungen" bei den ersten Bayreuther Festspielen (1876) uraufgeführt. Die zweiten Festspiele fanden 1882 statt und veröffentlichten den kurz vorher fertiggestellten Parsifal. Ein Jahr später starb Richard Wagner dann in Venedig. Begraben wurde er in Bayreuth beim Haus Wahnfried neben seiner Frau Cosima.

Aber Wagner war nicht der einzige Künstler, der in Bayreuth gelebt und gewirkt hat. Der Dichter Jean Paul, mit richtigem Namen Johann Paul Friedrich Richter, verbrachte in der Stadt seine letzten 20 Jahre (1804-25), das Jean-Paul-Museum berichtet von seinem Leben und Schaffen. Und auch dem ungarischen Komponisten Franz Liszt war die Stadt nicht fremd, dessen Tochter

Cosima mit Richard Wagner verheiratet war. Der Dichter Theodor Fontane gelangte nur einmal kurz in die Festspielstadt, und er beschreibt seinen Eindruck aus dem Jahr 1889 folgendermaßen: „... vergorene Residenz, malerisches Drecknest und dazwischen das denkbar feinste und intelligenteste Publikum".

Heutzutage ist die Stadt am Roten Main der Regierungssitz Oberfrankens und wird von rund 74.000 Einwohnern bevölkert. Knapp 8.000 davon sind Studierende der Universität Bayreuth, die 1975 eröffnet wurde. Die erste Universität der Stadt war zwar bereits 1741 vom Markgrafen Friedrich gegründet worden, sie wurde aber schon zwei Jahre später nach Erlangen verlegt.

Tipp: Wenn Sie die Radreise entlang des Mains direkt von einer seiner Quellen aus beginnen möchten, so bietet sich Ihnen dazu der Bahnhof Creußen als Startpunkt an. Für diesen Ausflug zur Quelle des Roten Main besteigen Sie den Zug in Richtung Nürnberg und fahren eine Station bis nach Creußen. Vergewissern Sie sich jedoch vorher, ob der Zug dort auch hält. Die Züge des „Sachsen-Franken-Express" fahren ohne Halt bis Nürnberg. Zur Weißmainquelle können Sie von Kulmbach aus starten.

Zur Rotmainquelle 24 km

Creußen

PLZ: 95473; Vorwahl: 09270

🏛 **Krügemuseum**, Torwächterstube des Hinteren Tores, ✆ 9890 od. 5805, ÖZ: Ostern-Okt., Mi, Sa, So 10-12 Uhr und 14-17 Uhr, Nov.-Ostern, Sa 14-17 Uhr, So 10-12 Uhr und 14-17 Uhr. Werke der hiesigen Töpfer werden im Hinteren Tor der nur zum Teil erhaltenen Befestigung gezeigt.

Knapp 5.000 Einwohner zählt das kleine Städtchen Creußen am Ostufer des Roten Mains. Schon 1358 erhielt die im 11. Jahrhundert entstandene Siedlung das Stadtrecht. Im 17. und 18. Jahrhundert erlebte der Ort eine Blütezeit mit seinen weithin bekannten

Töpferwaren, dem „Creußener Steinzeug". In Form der wertvollen „Apostelkrüge" waren die Creußener Töpferwaren bis nach Böhmen und Polen verbreitet.

Vom Bahnhof kommend bis zur Vorfahrtsstraße fahren, an dieser nach rechts wenden und mit Blick auf den Kirchberg in den Ort hinein ~ bei der Raiffeisenbank und den Telefonzellen rechts in die **Sperkengasse** ~ auf der Hauptstraße den Roten Main überqueren ~ gleich nach der Brücke links ~ die Route macht einen kleinen Bogen über Bühl und führt dann wieder an die Vorfahrtsstraße heran, hier links ~ kurz darauf rechts von der Straße weg ~ an den beiden T-Kreuzungen links und kurz darauf rechts in die Straße ~ am Waldrand entlang ~ weiter den Schildern des Main-Radweges folgen.

Eine kleine gemütliche Straße führt nun durch die Wiesen, und bald taucht vor Ihren Augen der bewaldete Hügel auf, in dem sich einer der beiden Ursprünge des Mains verbirgt ~ nachdem Sie, bergauf tretend, die Straße nach Hörlasreuth links liegen gelassen haben, kurz darauf in den zweiten Weg nach links abzweigen ~ weiter auf einer unbe-

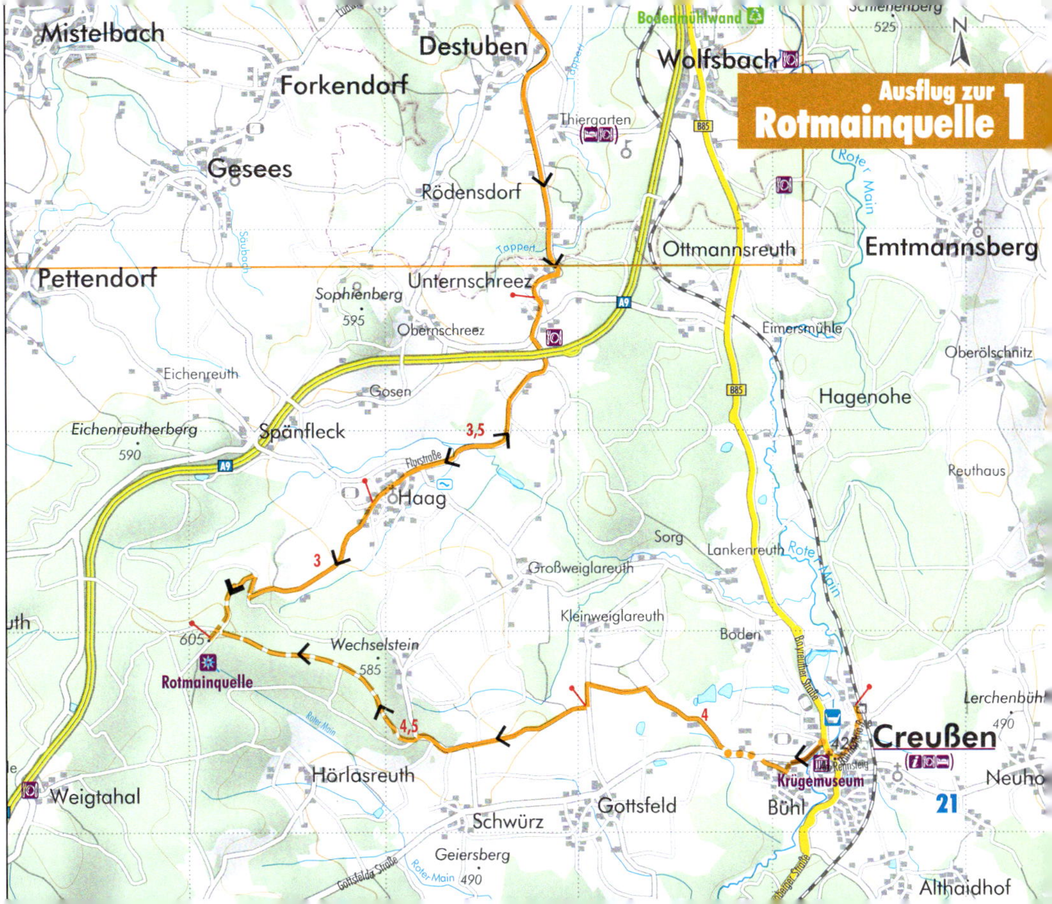

2 Ausflug zur Rotmainquelle

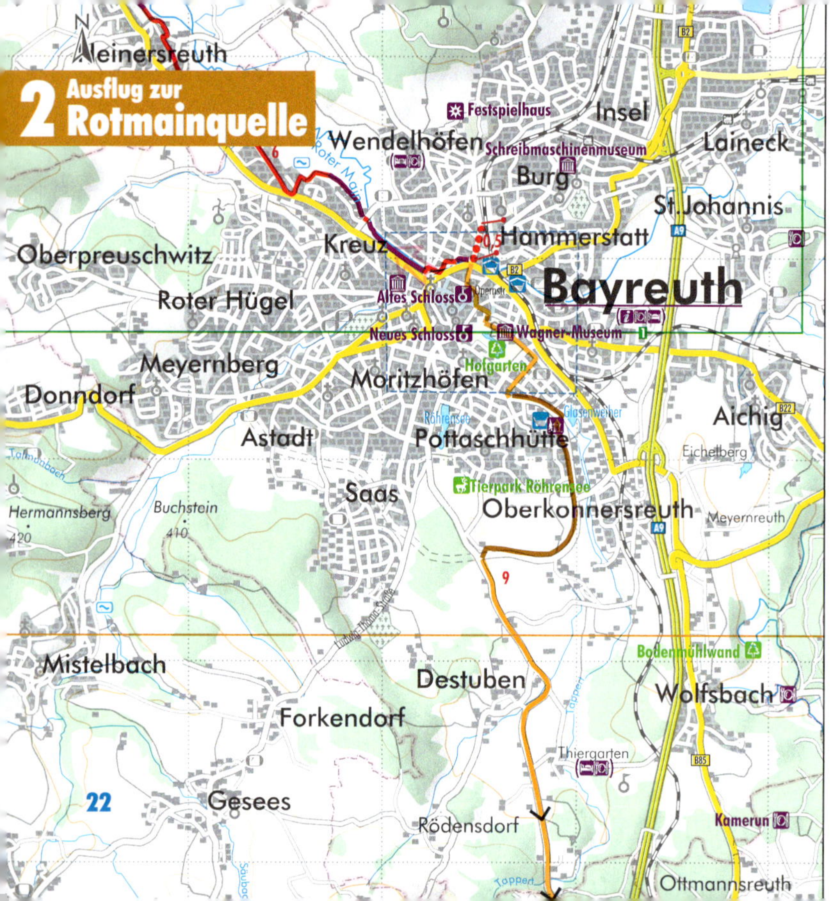

festigten Forststraße ~ an der nächsten Weggabelung rechts ~ auf einem teilweise etwas holprigen Wiesenweg geht es immer tiefer in einen angenehm schattigen Wald hinein.

Anfangs ist die Steigung recht stark, dauert jedoch nicht lange und geht bald in eine ganz sanfte Steigung über, die sich bis zur Quelle hinzieht ~ an der Kreuzung links ~ von hier aus trennen Sie noch 400 Meter von der Quelle.

Rote Mainquelle

Erwarten Sie jedoch nicht zu viel von dieser **Mainquelle.** Sie werden sich sicher fragen, wie aus so wenig Wasser ein so großer Fluss werden soll. Lassen Sie sich überraschen ...!

Von der Quelle geht's erstmal wieder zurück bis zur Kreuzung, an dieser nun geradeaus weiter ~ ein Wiesenweg, der später in einen gepflasterten Weg übergeht, schlängelt sich in Kurven ins Tal hinunter ~ mit Ausblick auf die hügeligen Wiesen rundherum nach Haag hinein.

Haag

An der Vorfahrtsstraße dann geradeaus weiter in die **Flurstraße** und an der Kirche vorbei ~ am Ortsausgang geradeaus weiter nach Unterschreez ~ auf hügeligen Straßen geht's durch grüne Wiesen auf die Autobahn zu, diese unterqueren und nach 3 Kilometern ist die Ortschaft Unterschreez erreichen.

Unterschreez

Durch den Ort hindurchschlängeln ~ auf Thiergarten und Destuben zusteuern ~ **Destuben** umrunden, Sie nähern sich immer mehr der Stadt Bayreuth, die noch 3 Kilometer entfernt liegt.

Sie überqueren die Vorfahrtsstraße und biegen dann rechts ab auf den Radweg ~ an der Straße entlang weiter ~ der Radweg führt dann auf die andere Straßenseite ~ am Frei-

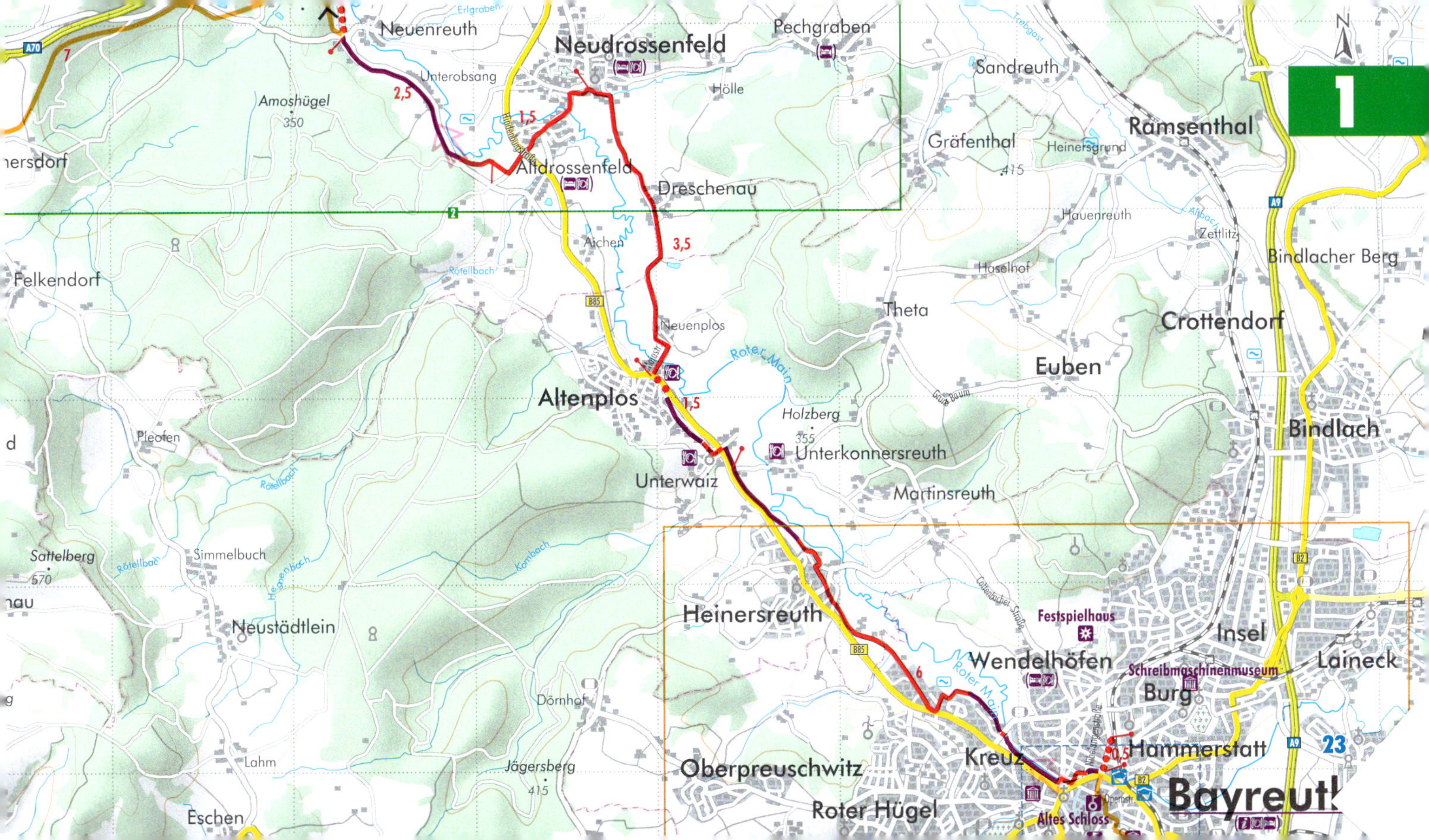

1
Neuenreuth
Neudrossenfeld
Pechgraben
Sandreuth
Unterobsang
Amoshügel
350
Hölle
Ramsenthal
Gräfenthal
Heinersgrund
415
ersdorf
Altdrossenfeld
Dreschenau
Hauenreuth
Zettlitz
Aichen
Bindlacher Berg
Haselhof
Felkendorf
Theta
Neuenplos
Crottendorf
Roter Main
Euben
Altenplos
Holzberg
355
Bindlach
Pleofen
Unterkonnersreuth
Unterwaiz
Martinsreuth
Sattelberg
570
Simmelbuch
Heinersreuth
Festspielhaus
Insel
Neustädtlein
Wendelhöfen
Laineck
Schreibmaschinenmuseum
Burg
Dörnhof
Hammerstatt
Kreuz
Oberpreuschwitz
Lahm
Jägersberg
415
Bayreuth
Eschen
Roter Hügel
Altes Schloss
2,5
1,5
3,5
1,5
6
0,5
23
A70
A9
B85
B2

bad vorbei ~ rechts in die **Zeppelinstraße** ~ an der T-Kreuzung links in die **Lisztstraße** ~ rechts auf die **H.-Wahnfriedstraße** und links in die **Richard-Wagner-Straße** ~ rechts in die **Opernstraße**, vorbei an der Oper ~ weiter auf den **Luitpoldplatz**, diese Straße führt nun zum **Hohenzollernring**, wo Sie auf die Route, die vom Bahnhof in Bayreuth startet, treffen.

Bayreuth s. S. 18

Von Bayreuth nach Kulmbach 27,5 km

Um die Tour weiterzuführen, den **Hohenzollernring** sowie den **Roten Main** überqueren ~ gleich danach links, es geht nun direkt entlang des Roten Mains dahin ~ die **Schulstraße** unterqueren und an der **Casselmannstraße** den Roten Main nach links überqueren ~ gleich danach rechts, es geht nun wieder direkt am Fluss dahin ~ den **Nordring** überqueren und auf dem Radweg gegenüber weiter ~ Sie kommen auf die Straße **Am Bauhof**, auf dieser vor zur B 85 ~ vor der Bundesstraße rechts auf die **Drossenfelder Straße** ~ neben der B 85 dahin ~ den Main-Schildern folgend durch Heinersreuth hindurch.

Heinersreuth

Weiter den Schildern bis Unterwaiz folgen ~ links die Bundesstraße überqueren.

Unterwaiz

Gleich wieder nach rechts in die **Alte Dorfstraße** wenden ~ auf dem Radweg rechts am Supermarkt vorbei und nach Altenplos hinein.

Altenplos

Auf die Hauptstraße hinauf und hinterm Biergarten rechts in die **Mainstraße** Richtung Dreschenau und Neuenplos ~ mit Blick auf eine Mühle den Main überqueren, nach **Neuenplos** hinein und der Beschilderung nach Dreschenau linksherum folgen ~ am rechten Talrand nach **Dreschenau** und dort weiter nach Neudrossenfeld.

Neudrossenfeld

Durch einen Hof in die Ortschaft und dem Straßenverlauf entlang der **Bergmühlgasse** folgen ~ an der Vorfahrtsstraße links in die **Bayreuther Straße** ~ eine Steinbrücke über den Main und schöne Fachwerkhäuser weisen hier den Weg nach **Altdrossenfeld** ~ beim

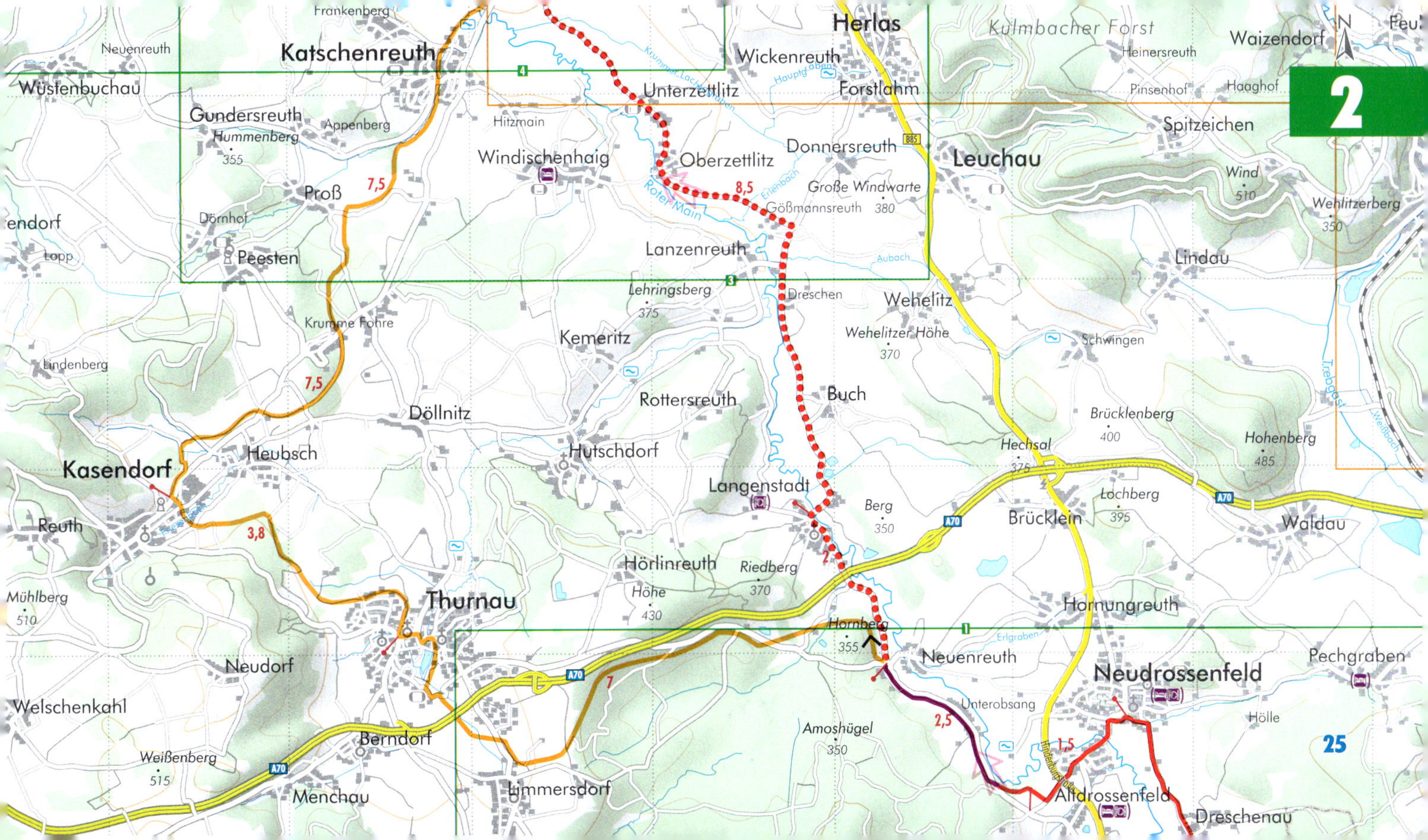

Frankenberg
Neuenreuth
Katschenreuth
Herlas
Kulmbacher Forst
Waizendorf
Wickenreuth
Heinersreuth
Wüstenbuchau
Unterzettlitz
Forstlahm
Pinsenhof
Haaghof
2
Gundersreuth
Hummenberg
355
Appenberg
Hitzmain
Spitzeichen
Windischenhaig
Oberzettlitz
Donnersreuth
B85
Leuchau
Proß
7,5
8,5
Große Windwarte
380
Wind
510
Roter Main
Gößmannsreuth
Wehlitzerberg
350
Dörnhof
Peesten
Lopp
Lanzenreuth
Aubach
Lindau
Lehringsberg
375
Dreschen
Wehelitz
Krumme Föhre
Kemeritz
Wehelitzer Höhe
370
Schwingen
Lindenberg
7,5
Rottersreuth
Buch
Döllnitz
Brücklenberg
400
Hohenberg
485
Heubsch
Hutschdorf
Hechsal
375
Kasendorf
Langenstadt
Lochberg
395
Reuth
3,8
Berg
350
A70
Brücklein
Waldau
Hörlinreuth
Riedberg
370
2
Mühlberg
510
Höhe
430
Thurnau
Hornungreuth
Hornberg
355
Neuenreuth
Pechgraben
Neudorf
Neudrossenfeld
7
Unterobsang
Welschenkahl
Hölle
2,5
Amoshügel
350
1,5
25
Berndorf
Weißenberg
515
Limmersdorf
Altdrossenfeld
Menchau
Dreschenau

Plassenburg in Kulmbach

Gasthof Schnupp in die zweite Gasse nach rechts, die **Lange Gasse**, abzweigen ~ in der Rechtskurve geradeaus in die asphaltierte Forst- und Landwirtschaftsstraße hinein.
Kurz nachdem Sie die B 85 gequert haben, folgen Sie der Beschilderung des Main-Radweges nach rechts in Richtung Kulmbach ~ weiter nach **Unterobsang** und geradeaus hindurch bis zur nächsten Kreuzung, wo der straßenbegleitende Radweg wieder endet.
Tipp: Hier beginnt der ausgebaute Rotmainradweg, der Sie auf der alten Bahntrasse über die Hügel hinweg via **Thurnau** mit seinem Schloss bis nach **Melkendorf** führt. Diese Variante ist beschildert und rund 19 Kilometer lang.

Die Hauptroute verläuft über wenig befahrene Straßen im Tal; dazu an **Neuenreuth** vorbeifahren, weiter geradeaus auf der Landstraße ~ unter der A 70 hindurch nach Langenstadt.

Langenstadt

Die Hauptstraße im Ort führt Richtung Kulmbach wieder über den Main ~ vorbei an **Buch am Sand** auf dieser Straße **KU 16** ~ bei **Gößmannsreuth** links ab über **Ober-** und **Unterzettlitz** bis Melkendorf.

Melkendorf

Tipp: Von Melkendorf aus können Sie den Zusammenfluss von Rotem und Weißem Main am Schloss Steinenhausen besuchen.

Rot-Weiße Vereinigung 1 km

Wenn Sie die **Mündung** des Weißen und des Roten Mains interessiert, wenden Sie sich nach links auf den Radweg entlang der **Staatsstraße 2190** ~ zum **Schloss Steinenhausen**, in dem die Bayerische Landesanstalt für Umweltschutz beherbergt ist ~ das Barockschloss liegt auf dem Sporn, unterhalb dessen sich die beiden Flussarme des Mains treffen.
Der Main-Radweg zweigt in Melkendorf an der **St 2190** rechts ab ~ vor Ortsende links in die **Theodor-Heuss-Allee** Richtung Burghaig ~ nach gut einem Kilometer knickt der nun „vereinigte" Main-Radweg zwischen Bahnlinie und B 289 nach links ab.
Tipp: Vor der Weiterfahrt flussabwärts sollten Sie aber auf dem **Main-Radweg** der sehenswerten Stadt Kulmbach einen Besuch abstatten. Auf dieser beschilderten Radroute können Sie auch einen Ausflug nach Bad Berneck und bis hinauf zur Weißmainquelle im Fichtelgebirge unternehmen.

Ins Zentrum von Kulmbach 3,5 km

Hierzu zwischen Bahnlinie und B 289 rechts auf die **Vorwerkstraße** ~ nach der Unterführung nun dem Verlauf der **E.-C.-Baumann-Straße** bis zur B 85 folgen ~ kurz rechts und an der Gabelung halblinks durch die **Kronacher Straße** in die **Altstadt** von **Kulmbach** hinein, über deren Dächern die Plassenburg thront.

Kulmbach

PLZ: 95326; Vorwahl: 09221

- **Tourismus & Veranstaltungsservice der Stadt Kulmbach**, Sutte 2, ✆ 95880, www.kulmbach.de
- **Bayerisches Brauerei- und Bäckereimuseum**, Hofer Str. 20, ✆ 80514, ÖZ: Di-Fr 10-17 Uhr, Sa, So 9-17 Uhr. In dem Mu-

seum in der „Bierstadt Kulmbach" wird Ihnen die Kunst des Bierbrauens nähergebracht.

Deutsches Zinnfigurenmuseum, Plassenburg, ✆ 947505. Über 200 kulturhistorische Schaubilder zur Thematik der gesamten Menschheitsgeschichte, 57 militärische und 153 genrehafte Szenenbilder; mit dem größten Diorama der Welt im Guiness-Buch der Rekorde vertreten.

Landschaftsmuseum Obermain, Plassenburg, ✆ 947505. Zu sehen sind u. a. die Ebstorfer Weltkarte, große Daubenkrügesammlung, Hügelgrab u. v. m. mit Computeranimation, ein Museum zum Anfassen.

Staatliche Sammlung der Plassenburg mit dem Armeemuseum „Friedrich der Große", ✆ 822020. Herrschaftliche Markgrafenzimmer, Schlosskapelle, schöner Schlosshof.

Plassenburg Museen, ✆ 95880, ÖZ: April-Okt., tägl. 9-18 Uhr, Nov.-März, tägl. 10-16 Uhr.

St. Petri, im 15. Jh. als spätgotische Hallenkirche wieder aufgebaut und im 19. Jh. im neugotischen Stil gestaltet.

Historische Altstadt von Kulmbach mit dem Rokoko-Rathaus, den gut erhaltenen Fachwerkhäusern und dem neu restaurierten Badhaus.

Zweiradhaus Bohl KG, Von-Linde-Str. 10, ✆ 75710

Eldorado, Fa. Kretschmann, ✆ 64779

Die Plassenburg ist das Wahrzeichen von Kulmbach. 1135 wurde sie erstmalig urkundlich erwähnt. Durch Heirat kam die Plassenburg 1248 nach dem Aussterben der Andechser an die Thüringer Grafen von Orlamünde. Der Besitz am Obermain ging durch Erbvertag an den Nürnberger

Kulmbach, Rathaus

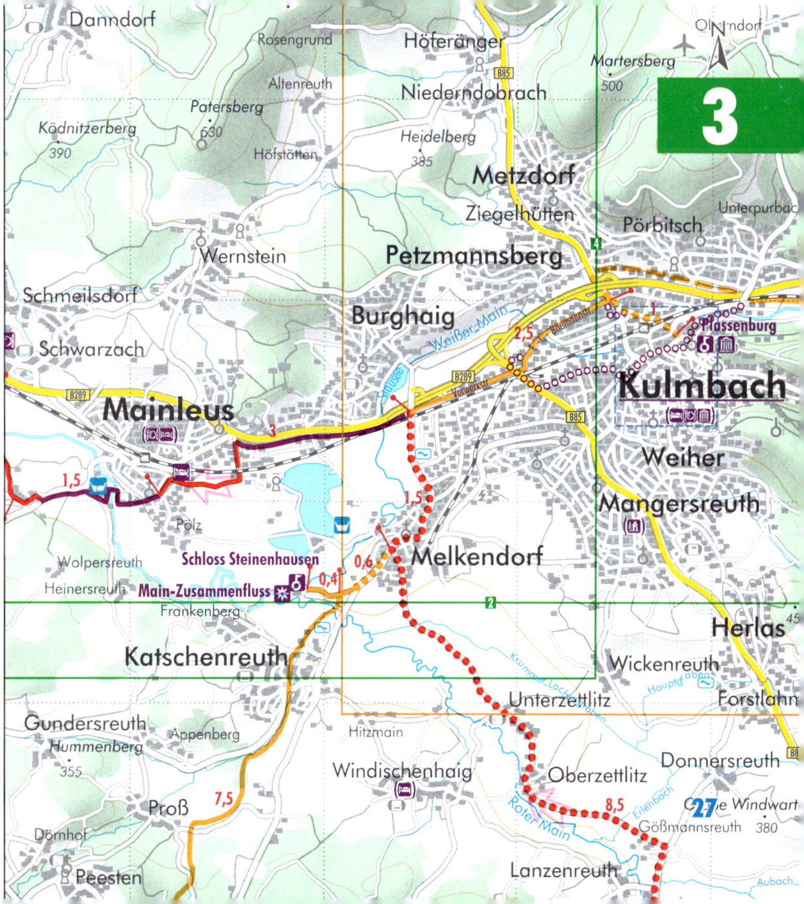

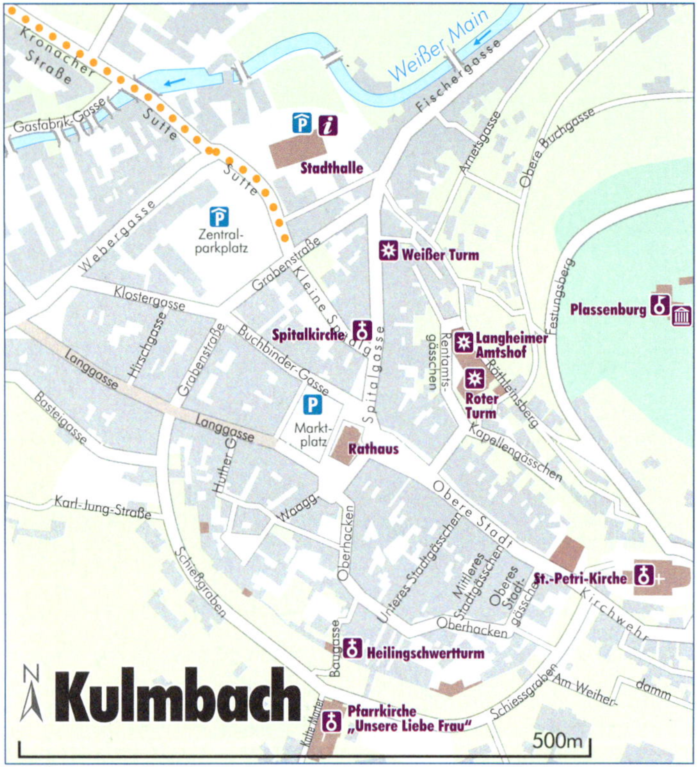

Zollern-Burggrafen Johann II. Der Herrschaftswechsel spiegelt sich in der Sage von der „Weißen Frau“. Es ist dies die unglückliche Kunigunde von Orlamünde, die aus Liebe zum Zollern-Burggrafen Albrecht ihre beiden Kinder ermorden ließ und seither als Unglücksbotin in den Zollern-Schlössern umhergeht.

Zur Weißmain-Quelle

Tipp: Um zur Weißmain-Quelle zu kommen, gibt es verschiedene Möglichkeiten: Sie können mit der Bahn (Richtung Hof) nach Marktschorgast fahren und dann nach einem kurzen Anstieg nach Bad Berneck hinunterrollen, allerdings haben Sie dann noch jede Menge Höhenmeter zu bewältigen, ehe Sie bei der Quelle ankommen. Eine andere Möglichkeit wäre, bis Bad Berneck zu radeln – der Höhenunterschied zwischen Kulmbach und Bad Berneck ist nur gering –, um dann mit dem Bus nach Bischofsgrün zu fahren und von dort zu Fuß zur Quelle zu wandern. Wenn Sie starke Steigungen nicht scheuen, können Sie natürlich auch die ganze Strecke mit dem Fahrrad zurücklegen.

Bad Berneck i.F.

PLZ: 95460; Vorwahl: 09273

i **Kur und Tourismus GmbH**, Bahnhofstr. 77, ✆ 574374, www.badberneck.de

Plassenburg in Kulmbach

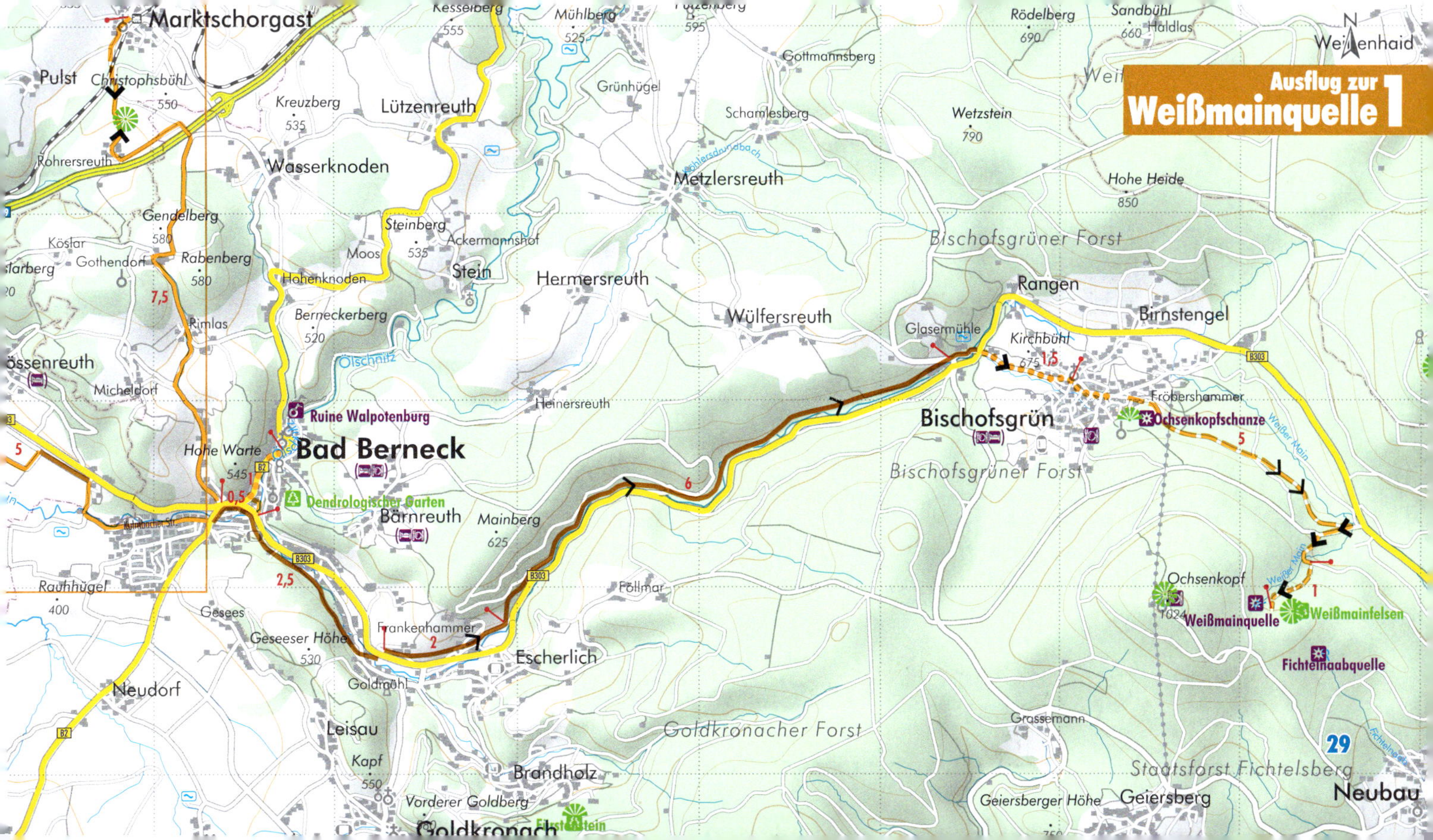
Ausflug zur
Weißmainquelle 1
Marktschorgast
Pulst
Christophsbühl
550
Rohrersreuth
Kreuzberg
535
Lützenreuth
Wasserknoden
Mühlberg
525
Grünhügel
Gottmannsberg
Schamlesberg
Metzlersreuth
Rödelberg
690
Sandbühl
660
Haldlas
Weißenhaid
Wetzstein
790
Hohe Heide
850
Gendelberg
580
Köslar
Gothendorf
Rabenberg
580
7,5
Rimlas
Steinberg
535
Moos
Ackermannshof
Stein
Hohenknoden
Hermersreuth
Bischofsgrüner Forst
Berneckerberg
520
Ölschnitz
Wülfersreuth
Rangen
Birnstengel
Glasermühle
Kirchbühl
675
1,5
B303
Micheldorf
Heinersreuth
Fröbershammer
Ruine Walpotenburg
Bad Berneck
Bischofsgrün
Ochsenkopfschanze
Weißer Main
5
Hohe Warte
545
B2
0,5
Dendrologischer Garten
Bärnreuth
Mainberg
625
6
Bischofsgrüner Forst
Kulmbacher Str.
B303
2,5
Rauhhügel
400
Föllmar
Ochsenkopf
1024
Weißmainquelle
Weißmainfelsen
1
Gesees
Geseeser Höhe
530
Frankenhammer
2
Escherlich
Goldmühl
Fichtelnaabquelle
Neudorf
B2
Leisau
Grassemann
Goldkronacher Forst
29
Kapf
550
Brandholz
Staatsforst Fichtelsberg
Vorderer Goldberg
Geiersberger Höhe
Geiersberg
Neubau
Goldkronach

6 **Ruine Walpotenburg mit Schlossturm.** Der Turm, der im 12. Jh. erbaut wurde, gilt als Wahrzeichen der Stadt.

Hotel Zur Mühle, ✆ 500650

Bad Berneck im Fichtelgebirge mit seinem romantischen Marktplatz, dem Kurpark und den engen mittelalterlichen Gässchen hat sich sowohl als Kneippheilbad als auch als Luftkurort einen Namen gemacht.

Von Bad Berneck zur Weißmainquelle 18 km

In Bad Berneck den **Marktplatz** auf der **Rotherstraße** verlassen ~ am Kurhaus vorbei weiter geradeaus und der Straße folgen ~ links auf den Großparkplatz vor dem Einkaufszentrum ~ am Feuerwehrhaus linker Hand vorbei ~ die Ölschnitz auf der Holzbrücke queren, rechts die Straßenbrücke der B 303 unterqueren ~ unmittelbar nach der Brücke auf den ausgeschilderten Radweg Richtung Goldmühl-Bischofsgrün auffahren ~ **Frankenhammer** auf dem neu asphaltierten Radweg umfahren ~ danach nähert sich der Radweg – nun auf der alten Bahntrasse – der Bundesstraße und führt links neben dem Weißen Main entlang ~ Sie fahren schon bald unten im Tal, die Bundesstraße befindet sich rechts oberhalb ~ nach 8 Kilometern endet der Radweg bei Glasermühle.

Glasermühle

An der T-Kreuzung rechts ~ in der Rechtskurve der Straße weiter geradeaus halten und erst nach gut 300 Metern an der Tankstelle die B 303 kreuzen ~ stark bergauf geht es nach Bischofsgrün ~ immer geradeaus haltend auf dieser Straße auf die Kirche zu.

Bischofsgrün

Rieß und Unglaub, ✆ 09276/232

Halbrechts herum durch den Ort auf der **Ochsenkopfstraße** ~ rechts aus Bischofsgrün hinaus und diesem Weg nun folgen ~ an der Querstraße rechts und weiter zum Rasthaus **Karches.**

⚠ Hier haben Sie nun die Möglichkeit, das letzte Stück zur Quelle zu Fuß zurückzulegen oder den Schildern des Main-Radweges auf dem Rad zu folgen. Dazu einfach geradeaus auf dem Weg bleiben und an den beiden Kreuzungen rechts halten. Kurz darauf ist dann bereits die Quelle erreicht.

Um die Quelle zu Fuß zu erreichen, links auf den unbefestigten Weg, dann ist auch schon bald das weiße Fußwegschild, welches auf den Ochsenkopf weist, zu sehen – ergänzt mit der Beschriftung **Weißmainquelle.** Nach einigen mühevollen Minuten erreichen Sie die Quelle.

Die knapp 20 Kilometer zurück Richtung Bad Berneck fahren Sie denselben Weg auf dem Sie gekommen sind.

Von Bad Berneck nach Kulmbach 31 km

Der Startpunkt befindet sich in Bad Berneck am **Marktplatz** ~ hinter Ihnen thront der Schlossturm ~ den Kurort auf der **Rotherstraße** verlassen, diese geht über in die **Bahnhofstraße** ~ dabei am Kurhaus zur Linken und am Kurhausfelsen zur Rechten vorbeifahren ~ die Straße macht einen leichten Linksbogen zur Ampelkreuzung

Weißmainbrücke bei Bischofsgrün

mit der B 303 hin ~ hier rechts Richtung Autobahn und Bayreuth ~ gleich bei der nächsten Ampelkreuzung links – weiterhin Richtung Bayreuth – auf die **B 2** ~ den Weißen Main überqueren und sofort nach der Brücke rechts in die **Kulmbacher Straße** einbiegen ~ an der Vorfahrtsstraße geradeaus weiter parallel des Flusses ~ nach einer scharfen Rechtskurve über den Main und unter dem Bahndamm hindurch ~ links neben der **Bundesstraße 303** auf dem Radweg weiter Richtung Kulmbach ~ nach ca. 500 Metern weist ein Schild erneut nach links ~ an der nächsten Kreuzung rechts weiter auf dem asphaltierten Weg ~ im Gewerbegebiet im Wesentlichen geradeaus halten, immer auf die neue Autobahn zu ~ dahinter nach links auf den Radweg entlang der Straße, hinein nach Lanzendorf.

Lanzendorf

Im Ort auf der Durchfahrtsstraße bleiben ~ die Bahn überqueren und den Schildern des Main-Radweges auf der Bahnhofstraße folgen ~ vor dem Weißmain rechts halten ~ nun wieder direkt neben dem Weißen Main entlang ~ auf diesem Weg **Lanzendorf** verlassen, vorbei am Sportplatz ~ die Bahn wird nochmals überquert, nach Himmelkron hinein ~ gleich nach

der Bahnüberquerung nach links in die **Maintalstraße**.

Himmelkron

Geradeaus weiter auf der Straße **Klosterberg** ~ rechts in die Straße **Häfnershügel** ~ rechts in die **Markgrafenstraße** und schließlich links in die **Ringstraße** ~ rechts auf den **Wirsberger Weg** und nach der Linkskurve rechts in den Weg hinein ~ später am Waldrand entlang und schon nach kurzer Zeit auf einem Forstweg in den Wald hinein ~ nach ca. 2 Kilometern – im leichten Bogen immer links der B 303 und der **Schiefen Ebene** der Bahn bleibend – nach gut 2 Kilometern wieder den Wald verlassen ~ schließlich in einer Rechtskurve auf einer Brücke über die Gleise ~ kurz danach ist der Weg wieder asphaltiert, es geht nach Neuenmarkt hinein.

Neuenmarkt

PLZ: 95339; Vorwahl: 09227

🏛 **Deutsches Dampflokomotiv-Museum**, Birkenstr. 5, ✆ 5700, ÖZ: Di-So 10-17 Uhr.

Durch die neue Wohnsiedlung bis zur T-Kreuzung ~ dort links in den **Schmellerweg** und weiter geradeaus den Schildern folgend in die **Laubenstraße** ~ an der Vorfahrtsstraße rechts halten ~ am Ortsende von Neuen-

Brücke in Lanzendorf

markt beginnt links neben der Straße ein Rad- und Fußweg Richtung Wirsberg (2 km) ~ an der Ampelkreuzung die Bundesstraße überqueren ~ direkt nach der Kreuzung links auf den Mainradweg Richtung Kulmbach ~ dann wieder links und weiter auf dem Radweg rechts neben der **B 303** ~ nach 4 Kilometern zweigt die Route nach Kulmbach am Rand von Ludwigschorgast an der Ampelkreuzung nach links ab.

Ludwigschorgast

Die Bahn überqueren und sofort danach rechts ~ der Radweg verläuft nun neben den Gleisen ~ ab der nächsten Kreuzung ist der Weg für den Verkehr gesperrt und führt weiter Richtung Untersteinach.

Untersteinach

Hier dem Asphaltband nach links folgen, weiterhin dicht neben der Bahnlinie ~ die Vorfahrtsstraße überqueren und weiter geradeaus ~ dann auf eine Brücke über den Bach ~ es geht nun auf dem **Willy-Schreiber-Weg**, der weiterhin neben den Bahngleisen verläuft, dahin ~ die nächste Ortschaft ist Kauerndorf.

Kauerndorf

An der Querstraße geradeaus und dem Schild Forstlasmühle sowie dem Radschild folgen ~ schon nach ca. einem Kilometer sehen Sie die wunderschönen alten Gebäude der **Forstlasmühle** aus nächster Nähe ~ zur Rechten verläuft die B 289 ~ in der Ferne ist schon die **Plassenburg** zu erkennen, das Wahrzeichen Kulmbachs, bald ist wieder der Stadtrand erreicht ~ unter der Straßenbrücke gabelt sich der Weg, mit dem Main-Radweg auf die andere Seite von Bahn und Bundesstraße wechseln im Laufe des Jahres 2009 ist von hier an eine andere Streckenführung durchs Zentrum von Kulmbach geplant ~ bis das soweit ist, geradeaus weiter direkt am kleinen Kanal entlang ~ an der Kreuzung kurz links und auf der **Saalfelder Straße** unter der Schnellstraße (B 289) hindurch.

Ausflug zur
Weißmainquelle 3
N
Lehenthal
Spiegel
485
Eichberg
530
Hermes
Ebenberg
475
Eichberg
460
Baumgarten
Oberberg
470
Ziegelhüttener Forst
Ramscheid
Kupferberg
Gaumpersdorf
Neufang
Oberndorf
Untersteinach
Höferänger
Martersberg
500
Würmberg
555
Birkenhof
Cottenau
B85
Niederndobrach
Oberpurbach
Unterbirkenhof
Eggenreuth
B303
Ludwigschorgast
Heidelberg
385
B289
5
Neufang
Weißenbach
Metzdorf
Kesselbach
Strengleinsberg
430
Osserich
Ziegelhütten
Mühlberg
Unterpurbach
Pörbitsch
Kauerndorf
Schorgast
4
Aichig
Etzmannsberg
5
Kauernburg
Weißer Main
Fölschnitz
B303
Unterlangenroth
1
Plassenburg
See
Wirsberg
Weißer Main
2,5
Oberlangenroth
Baumannstr.
1,5
B289
Kulmbach
Kulmberg
455
Deutsches Dampflokmuseum
Vorwerkstr.
B85
Ebersbach
Weißer Main
Weiher
Reulashof
Neuenmarkt
Ködnitz
Mangersreuth
Hegnabrunn
Melkendorf
Maierhof
Listenberg
Kienberg
430
Tennach
Reisighof
Zettmeisel
Schrothberg
455
2
Herlas
Kulmbacher Forst
Feuln
Waizendorf
Eichberg
395
Schlömen
Wickenreuth
Heinersreuth
Haagmühle
Krummer Lach
Hauptgraben
Unterzettlitz
Forstlahm
Pinsenhof
Haaghof
5,5
B303
A9

Tipp: Wenn Sie das Zentrum Kulmbachs besichtigen wollen, fahren Sie weiter geradeaus, dann halblinks in die **Kronacher Straße**.

Kulmbach s. S. 25

Zur Weiterfahrt auf dem Main-Radweg von der **Saalfelder Straße** rechts in die **E.-C.-Baumann-Straße** ~ diese geht hinter der Unterführung geradewegs in die **Vorwerkstraße** parallel der Bahn über ~ an deren Ende geradeaus auf den Main-Radweg.

Von Kulmbach nach Lichtenfels 35,5 km

Nun gut 1,5 Kilometer linksseitig an der **B 289** entlang ~ dann vor der großen Straßengabelung links ab und die Bahn queren ~ an der T-Kreuzung rechts ~ am Ortsrand von Mainleus links auf die Kirche zu.

Mainleus

An der Vorfahrtstraße kurz links, dann direkt rechts auf die **Eugen-Ritter-Straße** ~ es geht an Kirche, Friedhof und in weiterer Folge am Sportplatz vorbei ~ im Bogen über den Fluss ~ auf dem Radweg den Spielplatz und das Bad hinter sich lassen ~ weiterhin auf dem Radweg neben der größeren Straße bleiben und an der Vorfahrtsstraße links abbiegen ~ noch immer auf diesem Radweg auf Willmersreuth zu.

Willmersreuth

Der Radweg führt in die Ortschaft hinein in den **Auweg** ~ weiter in die Sackgasse, das ist der mittlere der drei Wege an der Kreuzung ~ ab dem Ortsende auf einem asphaltierten Landwirtschaftsweg weiter ~ auf einer Holzbrücke den Main überqueren ~ auf dem Asphaltweg bleiben ~ vor den Gleisen links ~ dem Verlauf des beschilderten Main-Radweges folgen ~ der Weg entfernt sich an der Querstraße links von den Gleisen, nähert sich diesen aber bald darauf wieder an ~ die Route führt nun wieder entlang der Gleise dahin und vorbei am **Haltepunkt** ~ nun auf einem asphaltierten Weg vorbei am Fußballplatz, zur Linken fließt der Main ~ nach einiger Zeit die Mainecker Straße überqueren und weiter nach **Mainklein**.

Tipp: Hier besteht auch die Möglichkeit, die Alternativroute über Maineck-Prügel und

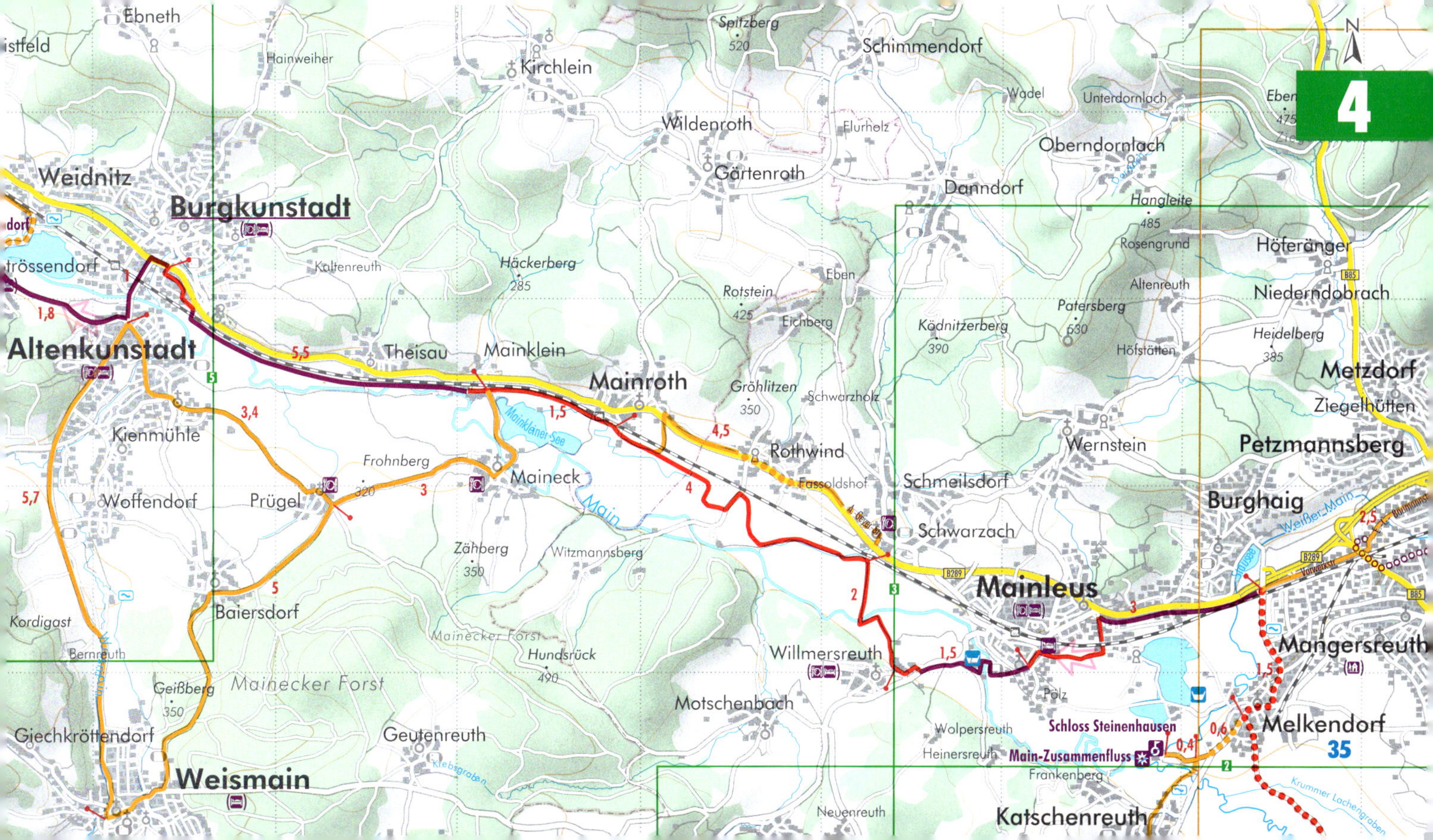
4
Ebneth
Hainweiher
Kirchlein
Spitzberg
520
Schimmendorf
Wadel
Unterdornlach
Wildenroth
Flurholz
Oberndornlach
Gärtenroth
Danndorf
Weidnitz
Burgkunstadt
Hangleite
485
Rosengrund
Höferänger
B85
Kaltenreuth
Häckerberg
285
Rotstein
425
Eben
Altenreuth
Niederndobrach
Patersberg
530
Ködnitzerberg
390
Eichberg
Heidelberg
385
Höfstätten
1,8
Altenkunstadt
5,5
Theisau
Mainklein
Mainroth
Gröhlitzen
350
Schwarzholz
Metzdorf
Ziegelhütten
3,4
1,5
Mainkleiner See
4,5
Rothwind
Wernstein
Petzmannsberg
Kienmühle
Frohnberg
Maineck
320
3
Fassoldshof
Schmeilsdorf
5,7
Woffendorf
Prügel
4
Main
Burghaig
Weißer Main
2,5
Schwarzach
Zähberg
350
Witzmannsberg
B289
Mainleus
5
2
3
Kordigast
Baiersdorf
Mainecker Forst
Hundsrück
490
Willmersreuth
1,5
Mangersreuth
Bernreuth
Geißberg
350
Mainecker Forst
Motschenbach
1,5
Pölz
Schloss Steinenhausen
Melkendorf
0,6
35
Giechkröttendorf
Geutenreuth
Wolpersreuth
0,4
Heinersreuth
Main-Zusammenfluss
Krebsgraben
Frankenberg
Weismain
Neuenreuth
Katschenreuth
Krummer Lachengraben

Von Mainklein nach Weismain, circa 7 km und zurück nach Altenkunstadt, Burgkunstadt, etwa die gleichen Kilometer.
Von Mainklein über Maineck-Prügel-Baiersdorf durch den Mainecker Forst bietet sich auf wenig befahrenen Straßen ein Abstecher zum staatlich anerkannten Erholungsort Weismain an. Das reizvolle Städtchen besitzt eine gepflegte Gastlichkeit mit Hotels und Gasthöfen und gilt als Eingangstor zur Fränkischen Schweiz.
Beeindruckend das mittelalterliche Stadtbild mit gut erhaltenen Befestigungsanlagen, Umweltstation, Nordjura-Museum, Stadtpfarrkirche St. Martin, historisches Rathaus; sehenswert das Kleinziegenfelder Tal, der Görauer Anger und das romantische Bärental. Die Stadt hat eine Reihe bedeutender Söhne hervorgebracht. Zu ihnen zählt Abt Mauritius Knauer, der Verfasser des „Hundertjährigen Kalenders".
Vom Marktplatz führt entlang der Staatsstraße eine Radweg nach Altenkunstadt oder Burgkunstadt zum Main-Radweg.

Altenkunstadt zu wählen. Die Alternativroute kann in Prügel noch über Baiersdorf und Weismain ausgedehnt werden und trifft in Altenkunstadt wieder auf die Hauptroute.

Weismain

PLZ: 96260

- **NordJURA-Museum** im Kastenhof, Am Markt 19, ✆ 09575/921329, ÖZ: Mo-Do 9-12 Uhr und 13-16 Uhr, Fr 9-12 Uhr, So/Fei 14-17 Uhr.
- **Spätgotische Stadtkirche** (15. Jh.)
- **Oberes Stadttor.** Das südliche Stadttor ist das einzige, das erhalten geblieben ist.
- **Wehrturm mit Stadtmauer**

Durch den Ort hindurch und danach weiter auf dem Rad- und Fußweg direkt links der Bahngleise.

Theisau

Auch an diesem Ort vorbei, auf dem Radweg weiter nach Burgkunstadt ~ hier nach Überquerung der Bahn wie ausgeschildert nach links ins Gewerbegebiet ~ rechtsherum geht es zur Ampelkreuzung mit der B 289.

Burgkunstadt

PLZ: 96224, Vorwahl: 09572

- **Deutsches Schustermuseum**, ✆ 4703, ÖZ: Mi-Sa 10-12 Uhr, Mi-Fr 14-16 Uhr
- **sehenswerte Altstadt mit Rathaus**

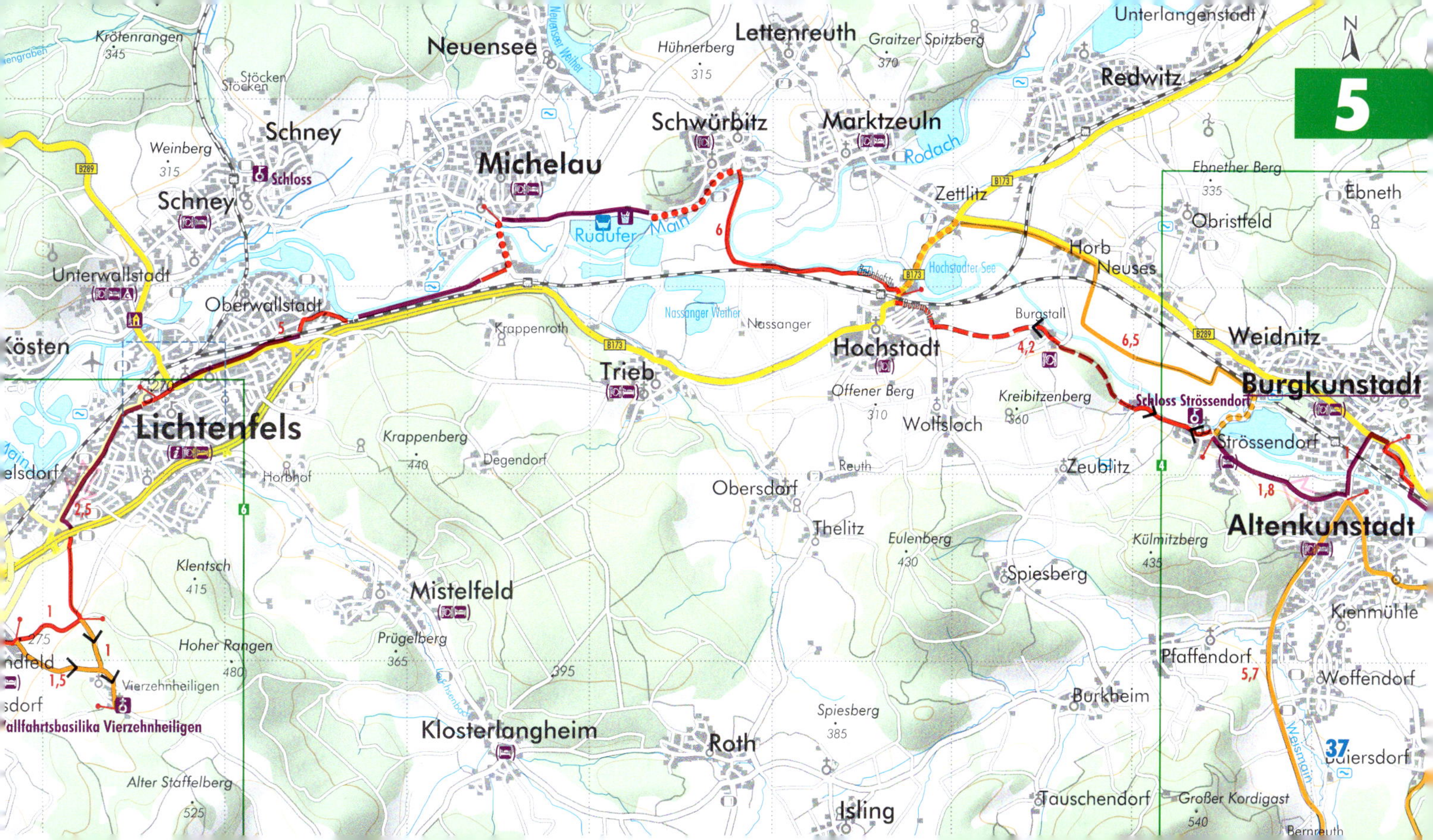
5
Neuensee
Lettenreuth
Unterlangenstadt
Krötenrangen
345
Hühnerberg
315
Graitzer Spitzberg
370
Redwitz
Stöcken
Schney
Schwürbitz
Marktzeuln
Rodach
Weinberg
315
Schloss
Michelau
Schney
Zettlitz
Ebnether Berg
335
Ebneth
Obristfeld
Ruduferr
Main
6
Horb
Neuses
Unterwallstadt
Oberwallstadt
Hochstadter See
Nassanger Weiher
Nassanger
Burgstall
Krappenroth
Kösten
5
Trieb
Hochstadt
4,2
6,5
Weidnitz
Burgkunstadt
Schloss Strössendorf
Lichtenfels
Offener Berg
310
Kreibitzenberg
360
Wolfsloch
Strössendorf
Krappenberg
440
Degendorf
Horbhof
Reuth
Zeublitz
1,8
2,5
Obersdorf
Thelitz
Eulenberg
430
Külmitzberg
435
Altenkunstadt
Klentsch
415
Mistelfeld
Spiesberg
Kienmühle
1
275
1
Hoher Rangen
480
Prügelberg
365
395
Pfaffendorf
5,7
Woffendorf
1,5
Vierzehnheiligen
Burkheim
Wallfahrtsbasilika Vierzehnheiligen
Spiesberg
385
Weismain
37
Klosterlangheim
Roth
Alter Staffelberg
525
Tauschendorf
Großer Kordigast
540
Isling
Bernreuth
B289
B173
6
4

Wenn Sie das Zentrum der Stadt sehen wollen, fahren Sie an der Ampelkreuzung geradeaus ~ der Main-Radweg biegt hier jedoch links ab ~ es beginnt auf der rechten Seite sofort ein Rad- und Fußweg neben der Straße ~ bei der nächsten Ampel die B 289 überqueren und links entlang der **St 2191**.

Altenkunstadt

kath. Pfarrkirche, ✆ 09572/387-0

Ehemalige Synagoge, Judenhof 3, ✆ 09572/38711

Nach der Mainüberquerung an der Ampelkreuzung rechts Richtung Strössendorf ~ weiterhin geht's am linken Rand des Maintals auf dem Radweg neben der Straße dahin.

Strössendorf

Fachwerk und Sandstein ergänzen sich hier auf eigentümliche Weise. Und direkt daneben heißt Sie eine Kirche in freundlichem Gelb willkommen.

Kirche in Strössendorf

In Strössendorf auf der Straße den Schlossberg hinauf ~ am Schloss oben nach links und bald darauf wieder nach rechts zur Trebitzmühle Richtung Zeublitz ~ in **Trebitzmühle** an einem langgestreckten Holzgebäude entlang ~ dahinter nach rechts in einen geschotterten Weg nach Burgstall und Hochstadt ~ kurzzeitig durch einen dunklen Wald, der bald nach oben ausweicht, und es geht wieder in den lichteren Auwald des Mains.

Mit leichtem Auf und Ab nach **Burgstall** ~ bei der Gastwirtschaft an der Bushaltestelle vorbei ~ das Dorf umrunden und weiter auf den Weg nach Hochstadt, das noch 1,5 Kilometer entfernt ist ~ kurz vor Hochstadt von der Vorfahrtsstraße rechts in die **Bayernstraße** ~ neben der Lärmschutzmauer bis zur Vorfahrtsstraße ~ hier rechts über die Bahn.

Hochstadt a. Main

Gleich hinter der Bahn links Richtung Schwürbitz in die **Bahnhofstraße** ~ vom Parkplatz aus rechts in den **Grubener Weg**, hier begegnet Ihnen auch wieder die Beschilderung des regionalen Radwanderweges R 8.

Sie bleiben immer in Blickkontakt mit dem Main und folgen seinem Schlenker nach rechts ~ dann auf den weithin sichtbaren Kirchturm von Schwürbitz zusteuern.

Nachdem der Main überquert wurde, gehts in den hübschen Ort, aber schon bei der ersten Straße wieder links abbiegen.

Schwürbitz

Tipp: Weiter geradeaus geht es in die Ortsmitte, wo buntgeschmückte Fachwerkhäuser die Gassen säumen.

Am Ortsende von Schwürbitz beginnt entlang der Straße ein Radweg nach Michelau.

Tipp: Auf halbem Weg nach Michelau kommen Sie am idyllischen Rudufersee vorbei.

Michelau

- **Deutsches Korbmuseum**, Bismarckstr. 4, ✆ 09571/83548, ÖZ: April-Okt., Di-So 10-16.30 Uhr, Nov.-März, Mo-Do 10-16.30 Uhr, Fr 10-12 Uhr. In diesem Wohn- und Geschäftshaus eines Michelauer Korbhändlers sind etwa 2.000 Exponate mit Bild- und Texttafeln ausgestellt. Flechtvorführungen.

Am Ortsbeginn links über die Mainbrücke Richtung Bahnhof ~ noch vor der Bahn in die erste Straße nach rechts auf einen kleinen Damm, einen wunderschönen Fuß- und Radweg ~ der Weg entfernt sich beim Umspannwerk von **Oberwallenstadt** wieder vom Main ~ an der nächsten Kreuzung ganz links halten ~ nachdem die Bahn überquert wurde, auf den Fahrradweg nach rechts einschwenken ~ nun immer geradeaus direkt ins verkehrsberuhigte Zentrum von Lichtenfels, dem Marktplatz mit seinem imposanten Rathaus.

Lichtenfels

PLZ: 96215; Vorwahl: 09571

- **Tourist-Information**, Marktpl. 10, ✆ 795101, www.lichtenfels-city.de
- **Museum Klosterlangheim**, Abt-Mösinger-Str. 4, ✆ 795-134, ÖZ: April-Okt., Di-So 14-17 Uhr.
- **Stadtmuseum**, Bamberger Str. 3a, ✆ 739422, 795134, ÖZ: April-Sept., Di-So 14-1 7 Uhr, Okt.-März, Di, Do, So 14-17 Uhr.
- **Sammlung Fossilien des Jura**, Marktpl. 1 (Rathaus), ✆ 795134, ÖZ: April-Okt., Mo-Do 8-17 Uhr, Fr 8-12 Uhr
- **Kath. Pfarrkirche Maria Himmelfahrt**, Turm und Chor erbaut im 14./15. Jh., das Langhaus stammt aus dem 16. Jh., die Innenausstattung aus der ersten Hälfte des 18. Jhs.
- **Evangel. Martin-Luther-Kirche** (1902/03) erbaut nach Plänen von Gustav Haeberle
- Die **Kapelle St. Jakob** stammt vermutlich im Kern aus dem 14 Jh. und lag außerhalb der Stadtbefestigung. Sie ist der Startpunkt des fränkischen Teilstücks des Jakobsweges von Lichtenfels nach Nürnberg.
- **Kastenboden**, auch Knopsbergschloss oder Stadtschloss, im 16. Jh. als Schloss errichtet, im 17. Jh. als Getreidespeicher verwendet, 1970 Restaurierung des Schlosses. Heute werden darin kulturelle Veranstaltungen abgehalten.
- **Kostenloser Fahrradtransport** am Bahnhof
- **Gleitsmann**, Friedrich-Ebert-Str. 70, ✆ 2816
- **Fahrrad-Treff Nawrocki**, Dr.-G. Rossbach-Str. 11, ✆ 2096
- **Mr. Bike**, Kronacher Str. 24, ✆ 757428

Lichtenfels, 1142 erstmals urkundlich erwähnt, wurde von Otto I. Herzog von Mera-

Lichtenfels

nien 1231 zur Stadt erhoben. In der zweiten Hälfte des 19. Jahrhunderts entwickelte sich Lichtenfels zum Zentrum der **Korbindustrie.** *Noch heute sind die Korbwaren – und die aus ihr erwachsene Polstermöbelindustrie – ein bedeutender Wirtschaftsfaktor in Lichtenfels.*

Die **Deutsche Korbstadt Lichtenfels** *ist außerdem Sitz der einzigen Staatlichen Berufsfachschule für Flechtwerkgestaltung. Jährlich, zum dritten Sonntag im September, feiert die Stadt ihren berühmten Korbmarkt.*

Von Lichtenfels nach Rattelsdorf 28 km

Im Ort der Verlängerung des Marktplatzes durch das Bamberger Tor in die **Bamberger Straße** folgen ~ nach der 2. Ampelanlage beginnt auf der linken Straßenseite der Radweg, diesem bis an das Ortsende von Lichtenfels folgen ~ vor Einmündung in die Schnellstraße links ab und unter ihr hindurch, dann den **Pilgerweg** hinauf bis zu einer kleinen Kreuzung unweit des Waldrandes, hier biegt der Main-Radweg rechts ab Richtung Grundfeld.

Tipp: Wenn Sie hier geradeaus weiterfahren, kommen Sie nach einem Kilometer bergauf zur Wallfahrtsbasilika **Vierzehnheiligen.** Bänke am Wegesrand laden zur Rast ein und der Wald bietet Schutz vor Sonne und Regen.

Abstecher zur Wallfahrtsbasilika Vierzehnheiligen

Aus dem Wald kommend noch einmal nach links wenden, nach wenigen Metern ist die Basilika erreicht.

Basilika Vierzehnheiligen

Barockbasilika Vierzehnheiligen, ✆ 09571/95080, ÖZ der Kirche: Nov.-Palmsonntag, 7.30-17 Uhr, Palmsonntag-Okt., 6.30-19 Uhr. Führungen n. V.

Die Legende erzählt, dass im 16. Jahrhundert ein Schäfer des in der Nähe gelegenen Klosters Langheim genau an dieser Stelle dreimal ein Kind erblickte, das wie ein Kristall leuchtete und von 14 weiteren kleinen Kindern begleitet wurde, die ihn alle beschworen, an diesem Ort eine Kapelle zu errichten. Kurz nach dieser Erscheinung, so heißt es, wurde im Kloster eine kranke Magd nach Anrufen der 14 Nothelfer geheilt, und so nahm man an, dass die 14 kleinen Kinder jene Nothelfer gewesen sind. Die Kapelle wurde also errichtet und bald zu einem vielbesuchten Wallfahrtsort.

Im 18. Jahrhundert erwies sich der Bau jedoch als zu klein, so dass der Abt des Klosters Langheim beschloss, eine neue, größere

Lichtenfels

Kirche zu errichten, und den Baumeister G. H. Krohne damit beauftragte.

Dies gefiel dem Bischof Friedrich Carl von Schönborn, der um Finanzierung gebeten wurde, jedoch weniger, denn er hatte ehrgeizigere Pläne und wollte das Bauwerk von dem damals berühmtesten Baumeister Frankens, von ***Balthasar Neumann,*** *gestalten lassen. 1741 wurde dann nach Plänen dieses Meisters der barocken Baukunst der Grundstein gelegt. Die Bauleitung unterstand jedoch dem Weimarer Baumeister Krohne, der in dieser Funktion die Pläne zum Teil nach seinen Vorstellungen modifizierte. Als Neumann dies bemerkte, musste Krohne seine Stellung verlassen. Balthasar Neumann blieb vor seinem Tod jedoch nicht genug Zeit, das Werk zu Ende zu führen. Aber J. J. M. Küchel, ein ehemaliger Schüler Neumanns, brachte dieses Meisterwerk des Barock, wie von Neumann geplant, zu Ende.*

Die Innenausstattung wurde jedoch erst nach dem siebenjährigen Krieg gegen Ende des 18. Jahrhunderts fertiggestellt und lässt schon eindeutige Merkmale des Rokoko erkennen. Die ***Wallfahrtskirche Vierzehn-***

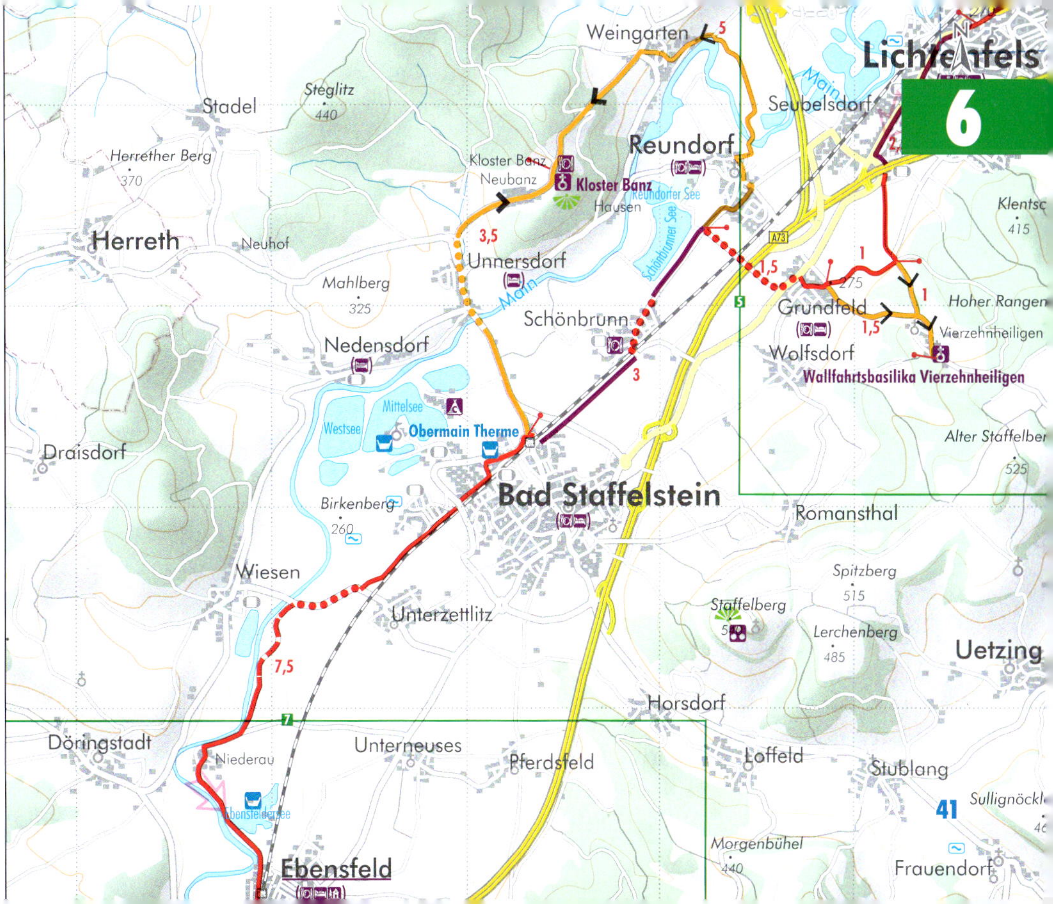

heiligen kann als ein Meisterwerk des späten Barock und frühen Rokoko angesehen werden.

Nun nicht ganz denselben Weg hinunterfahren, der heraufgeführt hat, sondern der Straße bis hinunter nach **Grundfeld** folgen, wo sie geradeaus wieder auf die Hauptroute mündet.

Grundfeld

Der Main-Radweg biegt aber vor dem Anstieg nach Vierzehnheiligen rechts ab, direkt nach **Grundfeld** ~ am Ortsrand geradeaus in die Dorfstraße ~ an der T-Kreuzung rechts in die **Schönthalstraße** und vor bis zur Staatsstraße ~ links halten und die Staatsstraße nach rechts wieder verlassen ~ die A 73 und die Eisenbahn mittels der Brücke überqueren ~ links weiter nach Schönbrunn.

Lichtenfels

Tipp: Hier können Sie sich entscheiden, ob Sie dem Kloster Banz hoch oben am Berg einen Besuch abstatten möchten und hierfür beachtliche Höhenmeter und gut 4 zusätzliche Streckenkilometer überwinden oder lieber gemütlich im Tal weiter nach Bamberg radeln möchten.

Variante Kloster Banz 8,5 km

Um zum Kloster Banz zu kommen, rechts nach Reundorf radeln ~ links zur Kirche, dann gerade ~ rechts abbiegen und weiter linksherum auf die Straße nach Kösten ~ beim Spielplatz auf die Brücke über den leicht überwucherten Main und mitten hinein in die saftigen grünen Wiesen ~ hier geht's leider nun etwas holprig zu, und Sie müssen schon mal ein paar Schlaglöchern ausweichen ~ an dem asphaltierten Weg nach links.

Und dann beginnt schon die erste Steigung, die auf der „Pilgerfahrt" zu überwinden ist, um nach **Weingarten** zu gelangen ~ ab hier einfach den Schildern zum Kloster folgen.

Blick auf die Wallfahrtsbasilika Vierzehnheiligen

Kloster Banz

Kloster Banz, ✆ 09573/33744, ÖZ: Mai-Okt., Mo-Sa 9-12 u. 14-16 Uhr, So 10-12 u. 14-17 Uhr; Petrefaktensammlung: März-Okt., Di-So 10.15-17 Uhr.

Hochseilklettergarten

*Das **Kloster Banz** ist noch um einiges mächtiger als sein Geselle auf dem gegenüberliegenden Hügel, aber es erstrahlt in demselben sanften Ockergelb. Ein anheimelnder Biergarten lädt zu einem Schlückchen kühler Erfrischung ein.*

Kloster Banz und die Kirche Vierzehnheiligen sind trotz ihrer Lage nicht aufeinander ausgerichtet. Das Kloster Banz blickt

Kloster Banz

mit seiner Kirchenfassade nach Südwesten auf die Stadt Bamberg. Aber gewisse Ähnlichkeiten sind natürlich nicht von der Hand zu weisen. Der Baustil ist bei beiden Bauwerken dem Barock zuzuordnen, und die Bauherren stammen aus demselben Geschlecht. Kloster Banz ließ der Onkel aus dem Hause Schönborn, Bischof Lothar Franz, errichten, die Wallfahrtskirche entstand unter der Schirmherrschaft seines Neffens Carl Friedrich.

Der Standort des Klosters hoch oben über dem Maintal war schon in früheren Zeiten ein von der Kirche begehrter Platz. Banz wurde schon 1069 von der Tochter des letzten Markgrafen zu Schweinfurt, der Gräfin Alberada, als Benediktinerkloster innerhalb der Burg gegründet und ging nur zwei Jahre später an den Bischof von Bamberg über.

In der Zeit zwischen dem 12. Jahrhundert und dem Ende des Dreißigjährigen Krieges wurde das Kloster mehrmals zerstört und geplündert, aber gegen Ende des 17. Jahrhunderts entstand der Plan für eine prächtige Klosteranlage durch den Baumeister Leonhard Dientzenhofer. Das Bauwerk erstrahlt in den Formen des frühen Barock, nur die Wirtschaftsgebäude sind dem späten Barock zuzuordnen, wie dies auch bei der Wallfahrtskirche Vierzehnheiligen zu sehen ist. Diese Gebäude wurden anfangs von Balthasar Neumann und nach dessen Tod wiederum von Küchel gestaltet.

So hat auch dieser sakrale Bau etwas von dem leichten und luftigen Stil des Rokoko mitbekommen und gibt dem Bauwerk ein beinahe schlossartiges Aussehen. Das Stilelement des Rokoko gefiel dem Herzog Wilhelm von Bayern zu Beginn des 19. Jahrhunderts anscheinend so, dass er das Kloster nach der Säkularisation aufkaufte und es zu seinem Wohnsitz ausbaute. Heute ist Kloster Banz Eigentum der CSU-nahen Hanns-Seidel-Stiftung und dient seit 1978 als Bildungszentrum.

Besonders sehenswert ist die ehemalige Klosterkirche St. Peter und Dionysius, die mit ihrer Fassade und den beiden Türmen weit ins Umland hinausgrüßt. Bei der Innenausstattung sollten Sie sich die meisterhaften Intarsien des Chorgestühls nicht entgehen lassen.

Es geht nun wieder ins Tal hinunter, und zwar links der Straße auf einem Fahrradweg, der in **Unnersdorf** sein Ende findet.

Unnersdorf

Nach links in den Ort hinein ~ hinter der Mainbrücke beginnt rechter Hand ein Fahrradweg, der nach Bad Staffelstein geleitet ~ kurz vor der Bahnunterführung stoßen Sie wieder auf die Hauptroute und wenden sich nach rechts.

Kurz nach dem Ortsbeginn von Schönbrunn endet der Radweg und es geht auf der Straße durch den Ort.
Über eine Brücke an die Vorfahrtsstraße ~ hier rechts Richtung Staffelberg und auf den unterhalb gelegenen Ort auf dem linksseitigen Fahrradweg bis nach Bad Staffelstein ~ bei der nächsten Bahnunterführung führt die Radroute nach rechts.
Tipp: Für einen Ortsbesuch in Bad Staffelstein biegen Sie hier stattdessen links ab.

Bad Staffelstein

PLZ: 96231, Vorwahl: 09573

Basilika Vierzehnheiligen, ✆ 09571/95080

Klosterkirche Banz, ✆ 7311 od. 5992, Kirchenführungen.

Klosteranlange Banz, ✆ 3370, Führungen Mi, Do 15 Uhr. Petrefaktensammlung.

Städtisches Museum, Am Kirchplatz, ✆ 331030 od. 33120, ÖZ: April-Okt., Di-Fr 10-12 Uhr und 14-17 Uhr, Sa, So/Fei 14-17 Uhr; Nov.-März, Di, Sa 14-17 Uhr, So/Fei 14-16 Uhr. Neben Ausstellungen zur Stadtgeschichte – inklusive Adam-Rieses Rechenbücher – finden Sie hier auch eine Fossilien- und Mineraliensammlung.

Rathaus

Obermain Therme, Am Kurpark 1, ✆ 96190, ÖZ: tägl. 8-21 Uhr, Do, Fr, Sa bis 23 Uhr. Modernes Thermalbad mit mehreren Innen- und Außenbecken, Sauna, Solarien.

Radsport Höppel, Am Hochgericht 10, ✆ 6022

Zweirad Müller, Horsdorfer Str. 2, ✆ 5360

Freizeitanlage „Aqua Riese", Seestr. 3, ✆ 222996

Der imposante Dolomitkalkstein des Staffelberg stammt aus der Zeit des Fränkischen Jura. Im Ortskern, der zu Ihrer Linken liegt, empfängt Sie ein stattliches Rathaus von 1686/87, halb aus Stein, halb aus Fachwerk erbaut, und einige ansehnliche Bürgerhäuser. Eine Tafel am Rathaus informiert Sie, dass in diesem Ort 1492 der Rechenmeister Adam Riese geboren wurde.

Nachdem die Gleise unterquert wurden, sofort nach links abbiegen ~ die Obermain-Therme passieren, nach dem Parkplatz links abbiegen.
Die Route führt zu Bahngleisen, diesen bis zur **Siedlung Auwald** und noch weiter bis nach **Unterzettlitz** folgen ~ geradeaus auf die Vorfahrtsstraße hinauffahren, immer weiter der Beschilderung des **R 8** und dem **Main-Radweg** folgen ~ zum Main hin und dann kurz vor der Brücke in den Weg nach links ~ eine breite unbefestigte Straße geleitet – immer in Blickweite des Mains – durch den weitläufigen Talboden.
Nach 500 Metern wechselt die Straße jedoch schon wieder zum Asphalt ~ auch an der nächsten Kreuzung weiterhin dem Main und der Straße rechtsherum Richtung Ebensfeld folgen ~ die Wiesen und ein paar Obstbäume flankieren den Weg nach **Niederau**, das Sie mit schönem Fachwerk und einem alten Brunnen begrüßt ~ immer parallel zum Main, vorbei an dem **Badesee**, nach Ebensfeld.

Ebensfeld

Karl Kiesler, Hauptstr. 6, ✆ 09573/950321

Dem **R 8** folgend, stoßen Sie nach einem Schlenker auf den Bahnhof, diesen hinter sich lassen und rechts in die Straße **Gries** hineinfahren ~ auf einem kleinen asphaltierten

Sträßlein Ebensfeld verlassen und wieder dem Main annähern ~ die Brücke muss auf einem kleinen, schmalen Weg erklommen werden.

Tipp: Sie können sich hier entscheiden, ob Sie dem Main-Radweg folgen und auf dem streckenweise unbefestigten Weg neben der Bahn weiterfahren oder die Variante über Oberbrunn wählen, welche auf asphaltierten Landstraßen verläuft und gut 2 Kilometer kürzer ist.

Asphalt-Variante über Oberbrunn 6 km

An der Kreuzung rechts ~ nach der Mainbrücke links nach **Oberbrunn**; eine massige Sandsteinkirche befindert sich dort ~ eine Landstraße führt links ab entlang der Hügel am rechten Talrand nach Unterbrunn.

Unterbrunn

Etwa 3 Kilometer hinter dem Ort stoßen Sie bei der Kreuzung nach Ebing auf den Main-Radweg ~ dieser führt hier halblinks nach Ebing.

Der Main-Radweg verläuft am Ortsende von **Ebensfeld** geradeaus über die Vorfahrtsstraße hinweg auf dem Wirtschaftsweg Rich-

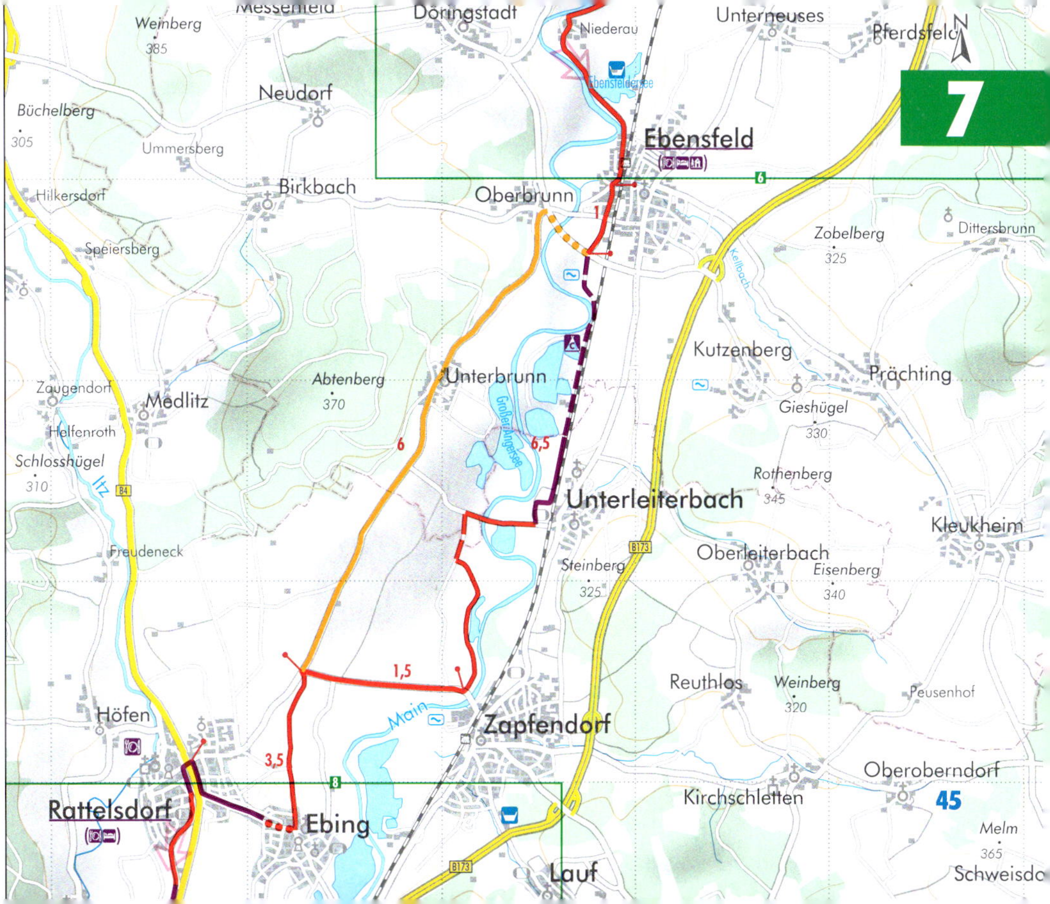

tung Campingplatz ~ der löchrige Sandweg verläuft zwischen Eisenbahn und Main ~ nach etwa einem Kilometer am Abzweig zum Campingplatz weiter geradeaus entlang der Gleise ~ kurz nach dem Glashaus zur Rechten ist der Weg wieder asphaltiert ~ an den beiden Fußballplätzen von **Unterleiterbach** vorbei ~ der Main wird nach rechts überquert ~ an der nächsten Kreuzung links in den geschotterten Weg ~ an der Weggabelung links weiter auf dem asphaltierten Weg ~ dieser führt nach **Zapfendorf**.

Zapfendorf

Valentinskapelle, ✆ 09547/879-0

Vronis Museumsstube, Schlossstr. 13, OT Unterleiterbach, ✆ 09547/1896, ÖZ: April-Dez., Fr-So 13-22 Uhr, Mo-Mi 13-18 Uhr. Landwirtschafts- und Haushaltsgeräte

Fahrrad Wunner, Laufer Str. 19, ✆ 09547/5228

Vor der Ortschaft an der Vorfahrtsstraße rechts ~ immer geradeaus bis zur Vorfahrtsstraße (hier mündet die Variante über Oberbrunn von rechts ein) ~ noch vor der Straße links in den Weg nach Ebing.

Ebing

Im Ort an der Hauptstraße rechts abbiegen ~ kurz darauf beginnt auf der rechten Straßenseite ein Rad- und Fußweg nach Rattelsdorf.

Rattelsdorf

Marienstatue von Ferdinand Tietz aus dem Jahre 1765

Von Rattelsdorf nach Bamberg — *17,5 km*

In Rattelsdorf zunächst nicht bis zur Kreuzung mit der **B 4** fahren, sondern schon vorher dem Schild folgend rechts in den Rad- und Fußweg einbiegen ~ sofort links und weiter neben der Hauptstraße ~ dann rechts und wieder links über die Brücke ~ nach der Brücke gleich wieder links (ein gelbes Radschild weist Richtung Bamberg/Breitengüßbach und Richtung Rathaus) ~ an der Kreuzung rechts Richtung Sportplatz ~ an der Weggabelung vor dem Sportplatz führt der Weg nach links ~ es geht dann weiter auf dem Rad- und Fußweg entlang der **B 4** ~ dieser führt bis Breitengüßbach.

Kurz vor der Ortschaft durch eine Unterführung hindurch die Straßenseite wechseln ~ den Main überqueren und gleich danach die B 173 unterqueren ~ an der Ampelkreuzung geradeaus weiter auf dem Radweg ~ auf diesem nach Breitengüßbach, wo der Radweg endet.

Breitengüßbach

Sie befahren den Ort auf der **Lichtenfelser Straße** ⇝ an der Ampelkreuzung (Ortsmitte) rechts in die **Baunacher Straße** und gleich wieder links in die **Bachstraße** ⇝ rechts in die **Austraße**, dann gleich nach links in die **Bühlstraße** ⇝ weiter in die **Brunnenstraße** und danach in den **Kemmerer Weg** ⇝ kurz nach Ortsende unter der B 173 hindurch ⇝ nach der Unterführung wechselt der Belag von Asphalt zu Sand ⇝ darauf nur für 500 Meter, denn dann beginnt schon die nächste Ortschaft.

Kemmern

Am Ortseingang rechts, dann gleich nach links in die **Schlehenstraße** ⇝ an der Vorfahrtsstraße rechts (**Breitengüßbacher Straße**) ⇝ es geht an der Kirche vorbei, dann rechts in die **Mainstraße** ⇝ zwischen Friedhof und Damm den Ort wieder verlassen, rechts befindet sich der Main, und ein kleiner ruhiger und asphaltierter Radweg führt nun bis an den Stadtrand von Hallstadt.

Bamberg-Hallstadt

Kurz vor dem kleinen Bach dem Schild nach rechts folgen ⇝ den Bach auf diesem neu gepflasterten Radweg entlangradeln ⇝ dem Wegeverlauf in der Linkskurve über den Bach folgen ⇝ weiter bis zur Vorfahrtsstraße ⇝ hier geradeaus ⇝ an der Kreuzung mit Stoppschild links ⇝ wieder geradeaus ⇝ von der Straße rechts in den Weg **Tiergarten** ⇝ weiter in der **Bachgasse** bis zur nächsten Vorfahrtsstraße ⇝ hier geradeaus durch die **Seebachstraße** ⇝ in der Linkskurve auf der Vorfahrtsstraße bleiben ⇝ vor der Ampel rechts hinein direkt neben der Autobahnauffahrt in die **Bamberger Straße** (gelbes Radschild Richtung Bamberg/

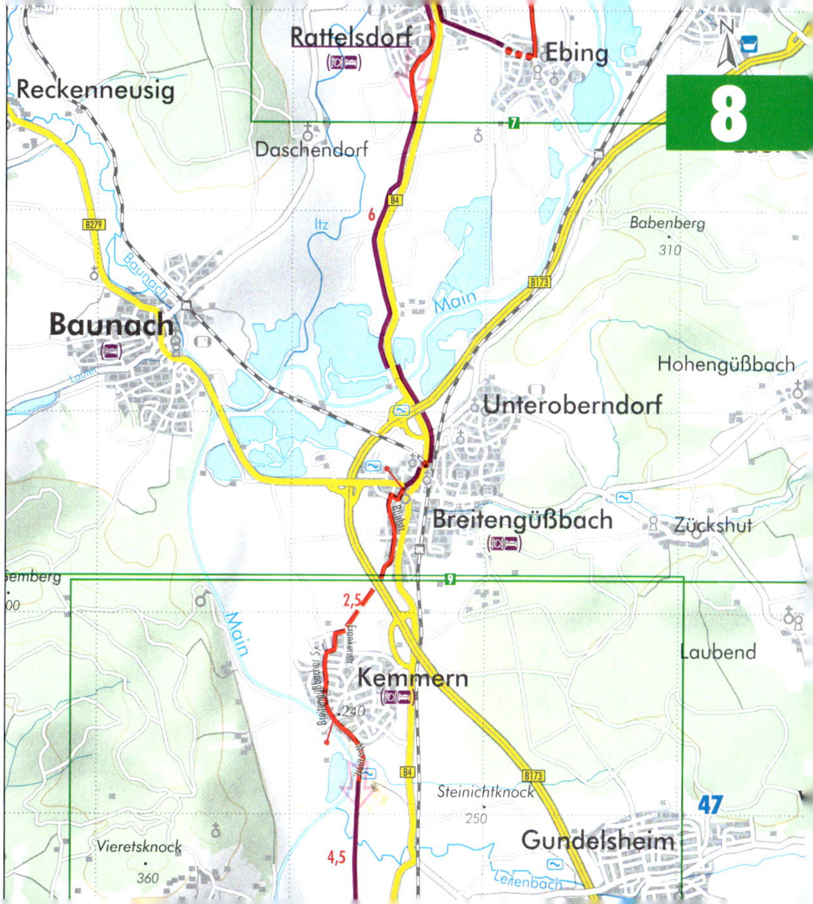

Zum Main-Radweg) ~ der Weg führt links unter der Unterführung hindurch ~ dann rechts und gleich wieder rechts unter der Brücke der A 70 hindurch Richtung Bamberg.

Baunach

Quer durch die Gärten geht's nun auf die Bahn zu ~ kurz vor den Bahngleisen links, und beim Bahnübergang über die Gleise ~ gleich danach wiederum nach rechts ~ dem Straßenverlauf über eine zweite Bahnlinie folgen und an der Vorfahrtsstraße links Richtung Innenstadt auf dem straßenbegleitenden Radweg ~ zur Linken befinden sich Schrebergärten und die Bahnlinie ~ vorbei am Rangierbahnhof zur Linken und am Friedhof zur Rechten ~ an der Kreuzung mit der Vorfahrtsstraße geradeaus weiter auf der **Ludwigstraße** ~ der Radweg endet und kurz vor dem Bahnhof rechts in die **Klosterstraße** ~ an der **Heiliggrabstraße** nach rechts und dann gleich wieder nach links in die **Spitalstraße** ~ an der **Mittelstraße** rechts, dann links in die **Letzengasse** ~ an der **Unteren Königstraße** nach rechts ~ an der nächsten Kreuzung links in die **Äußere Königstraße** ~ rechts auf den **Margaretendamm.**

Tipp: Wenn Sie geradeaus weiterfahren und sowohl den Main-Donau-Kanal als auch die Regnitz überqueren, kommen Sie ins Stadtzentrum. Hier wird's dann erst so richtig schön – alt und romantisch. Dieser andere Teil der Regnitz ist noch nicht kanalisiert, und von der alten Steinbrücke, die durch das im Fluss stehende Alte Rathaus führt, können Sie einen genüsslichen Blick auf das Fischerviertel ***Klein-Venedig*** werfen. Am anderen Ufer liegt die geistliche Altstadt von Bamberg mit ihren verwinkelten Gassen, den alten Häusern und den sieben Hügeln.

Bamberg

PLZ: 96047-96052; Vorwahl: 0951

Bamberg Tourismus & Kongress Service, Geyerswörthstr. 3, ✆ 2976200, www.bamberg.info

Schiffsrundfahrten, Personenschifffahrt Kropf (Anlegestelle Am Kranen), Kapuzinerstr. 5, ✆ 26679, Rundfahrten auf Main-Donau-Kanal und Regnitz.

Diözesan-Museum, Domkapitelhaus, Dompl. 5, ✆ 502316, ÖZ: Di-So/Fei 10-17 Uhr. Die ausgestellten goldbestickten Mäntel Heinrichs II. gehören zu den herausragendsten Exponaten mittelalterlicher Textilkunst. Der alte Domschatz, die wertvolle Skulpturensammlung im Lapidarium und Reste der barocken Domausstattung runden die Ausstellung ab.

E. T. A. Hoffmann-Haus, Schillerpl. 26, ÖZ: Mai-Okt., Di-Fr 15-17 Uhr, Sa-So/Fei 10-12 Uhr. Sammlungen und Wohnstübchen des Dichters in seiner Bamberger Zeit (1808-13).

Fränkisches Brauereimuseum, Michaelsberg 10f, ✆ 53016, ÖZ: April-Okt., Mi-So 13-17 Uhr; Nov.-März, n. V. Historische Braugegenstände, Informationszentrum rund ums Bier.

Gärtner- und Häckermuseum, Mittelstr. 34, ÖZ: Mai-Okt., Mi, So 14-17 Uhr. Altes eingerichtetes Gärtnerhaus mit Hausgarten im Stil der Jahrhundertwende. Brauchtum, Lebensweise und Arbeitswelt der Bamberger Gärtner und Häcker.

Historisches Museum, In der Alten Hofhaltung, Dompl. 7, ✆ 871142, ÖZ: Mai-Okt., Di-So 9-17 Uhr, Nov.-April, bei Sonderausstellungen. Kunst- und kulturhistorische Sammlung zur Geschichte der Stadt Bamberg und zu Oberfranken.

Sammlung Ludwig, im Alten Rathaus, ✆ 871871, ÖZ: Di-So 9.30-16.30 Uhr. Barockes Porzellan und Straßburger Fayence.

Naturkundemuseum, Fleischstr. 2, ✆ 8631248, ÖZ: April-Sept., Di-So 9-17 Uhr, Okt.-März, Di-So 10-16 Uhr. Große naturwissenschaftliche Sammlung aus den Themenbereichen Zoologie, Paläontologie, Geologie und Mineralogie in einem der schönsten frühklassizistischen Museumsräume Europas (1793-95).

Kaiserdom, ✆ 502330. Von Kaiser Heinrich II. 1012 gegründet, 1237 nach Bränden im romanischen und frühgotischen Stil wieder aufgebaut; weltberühmte abendländische Plastiken wie der Bamberger Reiter; Hochgrab Heinrichs II. von Tilman Riemenschneider.

Benediktinerabtei, von Heinrich II. 1015 gegründet, später barock umgestaltet durch Leonhard Dientzenhofer.

Karmelitenkloster, Karmelitenplatz (Domberg), ÖZ: tägl. 8.30-11.30 Uhr und 14.30-17.30 Uhr. Die im 18. Jh. von Barockbaumeister Leonhard Dientzenhofer umgestaltete Klosteranlage stammt ursprünglich bereits aus dem 12. Jh. Hinter der Eingangsfassade erwartet Sie u. a. ein spätromanischer Kreuzgang aus dem 13. Jh.

Neue Residenz mit Staatsgalerie, Dompl. 8, ✆ 519390, ÖZ: April-Sept., tägl. 9-12 Uhr und 13.30-17 Uhr, Okt.-März, Mo-So 9-12 Uhr und 13.30-16 Uhr. Monumentaler Profanbau, Ende des 17. Jhs. als fürstbischöfliche Residenz von Leonhard Dientzenhofer errichtet, mit Rosengarten und Vierzehnheiligen-Pavillon. Im Inneren sehen Sie reich ausgestattete Prunkräume sowie eine altdeutsche und barocke Galerie und laufende Kunstausstellungen.

Altes Rathaus, im 15. Jh. im gotischen Stil erbaut, im 18. Jh. im Stil des Barock und Rokoko umgestaltet.

Alte Hofhaltung, einstige Kaiser- und Bischofspfalz, Reste des alten Reichssaales aus dem 11. Jh., Giebelbau der Ratsstube im Renaissancestil von 1569, Innenhof mit spätgotischen Fachwerkbauten aus dem 15. Jh.

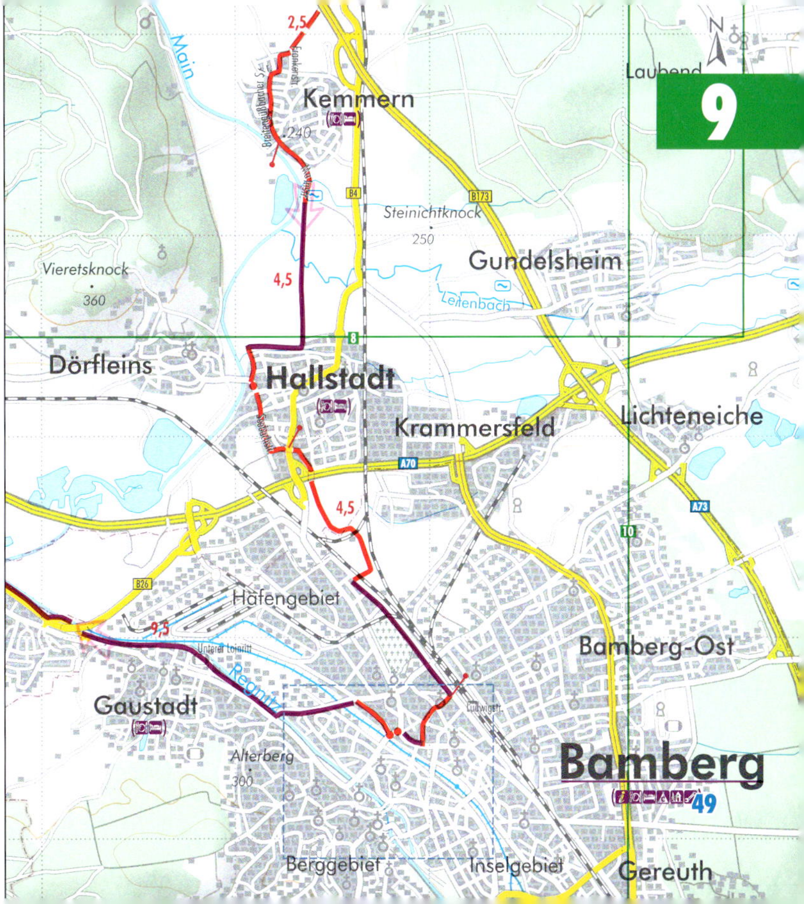

Böttingerhaus, prachtvolles Barockpalais aus dem 18. Jh. mit einem Innenhof mit in Terrassen aufsteigendem Garten.

Stadtführungen können bei der Tourist Information gebucht werden. Führungszeiten: April-Okt., Mo-So 10.30 und 14 Uhr, Nov.-März, Mo-Sa 14 Uhr.

Freibäder: Stadionbad, Pödeldorfer Str. 176; Schwimmbad Gaustadt, Badstr. 17; Hainbad, Zinkenwörth 18; ÖZ: 10. Mai-13. Sept., Mo-Sa 8.30-20 Uhr, So/Fei 8-20 Uhr

Fahrradhaus Griesmann, 96052, Obere Königstr. 42,, ✆ 22967

Radladen, 96047, Markusstr. 12, ✆ 57853

Fahrrad Dratz, 96050, Pödeldorfer Str. 190, ✆ 12428

Radsport Käs, 96050, Nürnberger Str. 151, ✆ 130388

Rad im Hof Bredt, 96052, Untere Königstr. 32, ✆ 23012

Zweiradshop, Siechenstr. 3, ✆ 203477

Die bewegte Geschichte Bambergs geht auf das fränkische Großreich zurück. Ende des 9. Jahrhunderts errichtete die Familie der Babenberger, ein fränkisches Grafengeschlecht, auf dem heutigen Domberg eine Burg. In der blutigen „Babenberger Fehde" verloren die Babenberger nicht nur ihre Besitzungen, wie die Burg Papinberc, sondern auch ihr Leben.

973 schenkte Otto II. dem Baiernherzog Heinrich dem Zänker aus dem Geschlecht

Bamberg

der sächsischen Liudolfinger diese königliche Grundherrschaft. Der Besitz ging an den Sohn des Zänkers, Heinrich, über, der 1002 zum König Heinrich II. gewählt wurde. Gemeinsam mit seiner Frau Kunigunde von Luxemburg lebte er in dem künftigen Bistum Bamberg und erkor den Ort zu seinem Lieblingsplatz.

Seit Anfang des 11. Jahrhunderts beginnt Bambergs Aufstieg zu einem geistlichen Zentrum, wie die zahlreichen Kirchtürme beweisen. Nicht zu Unrecht wird die Stadt mit ihren sieben Hügeln, die die Stadt überragen, gern als das „Fränkische Rom" bezeichnet. Diese Hügel sind Ausläufer des Steigerwaldes und begrenzen den westlichen Rand des Regnitztales. Stephansberg, Kaulberg, Domberg, Jakobsberg und Michaelsberg werden von je einem Kirchturm gekrönt.

Geistlichen Ruhm hat die Stadt aber nicht nur durch ihre vielen Kirchtürme erlangt, sondern auch durch jenen Bamberger Bischof, der als Clemens II. die Papstwürde erlangte.

Aber neben dem geistlichen Bamberg gab es auch die bürgerliche Stadt, die sich auf den Inseln zwischen dem linken und dem rechten Regnitzarm angesiedelt hatte. Hier war das Leben etwas unsicherer als in der geistlichen Stadt, da die Bürger gegen das Hochwasser des Flusses ankämpfen mussten und zusätz-

Bamberg, Klein Venedig

lich zur Beseitigung der Schäden herangezogen wurden.

Heute kann die Stadt grob in drei Teile gegliedert werden, die moderne Stadt östlich des rechten Regnitzarmes, wo ursprünglich und bis heute die Gärtner ansässig sind, die ehemals bürgerliche Altstadt zwischen den zwei Regnitzarmen und das geistliche Viertel westlich des linken Regnitzarmes. Der rechte Hauptarm der Regnitz ist inzwischen zum Main-Donau-Kanal umgebaut.

Erinnert sei noch an die lange Tradition des Brauereigewerbes in Bamberg, das der Kirche fast schon ihre Herrschaft abgesprochen hatte, als es in der Stadt ehedem mehr Brauereien als Kirchtürme gab. Heute sind noch neun davon übrig geblieben, das Bierbrauen ist also noch wie vor kein unwesentlicher Wirtschaftszweig in der 70.000 Einwohner zählenden Kleinstadt.

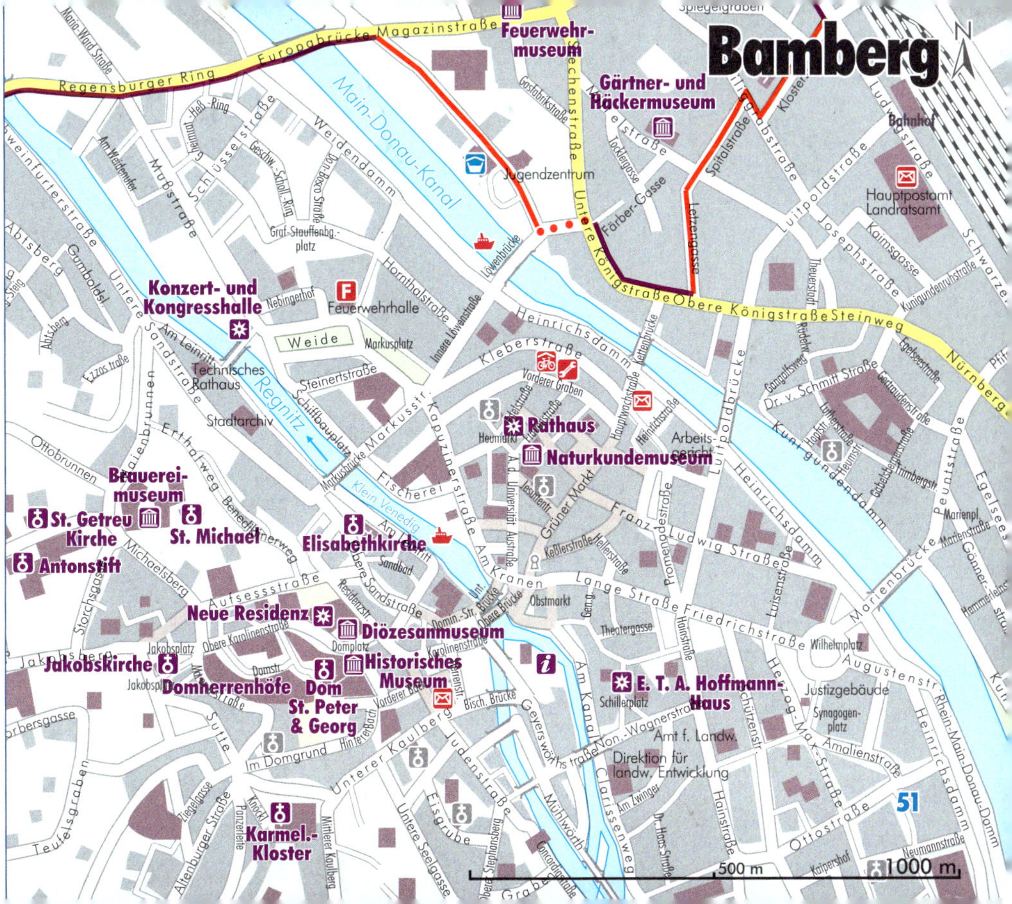

Von Bamberg nach Würzburg

157 km

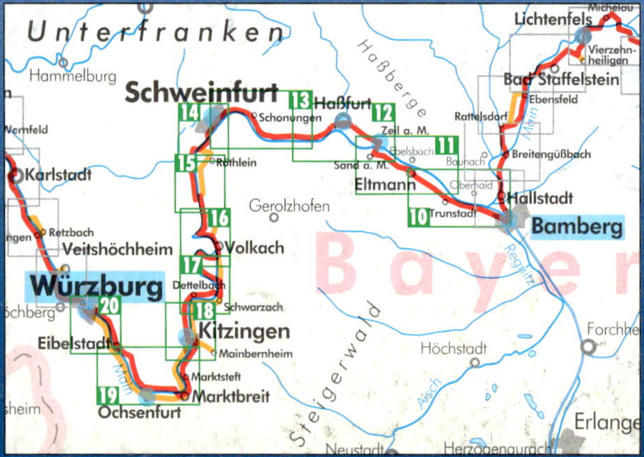

Einige Kilometer hinter Bamberg verlassen Sie die Gefilde Bierfrankens und tauchen ins „Weinfränkische" ein. Und bald schon ragen rundherum die weinbewachsenen Hügel gen Himmel. Als romantisch, historisch und süffig entpuppt sich dieser zweite und längste Abschnitt Ihrer Reise, der in der Barockstadt Würzburg endet.

Die Schilder des Main-Radweges führen Sie auf Ihrer Reise nach Würzburg entweder auf Radwegen entlang der Bundesstraße, auf ruhigen autofreien Wegen direkt am Main oder auf wenig befahrenen Landstraßen, nur selten müssen Sie auf verkehrsreichere Straßen ausweichen.

Bamberg, Klein Venedig

Bamberg

Von Bamberg nach Haßfurt *37 km*

Vom **Margaretendamm** kommend fahren Sie bis zur **Magazinstraße**, biegen dann links ab und überqueren auf der Europabrücke den Main-Donau-Kanal ~ weiter auf dem Radweg am **Regensburger Ring** ~ nach der Überquerung der Regnitz links, unter der Brücke hindurch und auf dem Radweg an der Regnitz entlang ~ nach der Erbabrücke auf dem **Unteren Leinritt** durch Gaustadt in Richtung Bischberg.

Schließlich unter der B 26 hindurch ~ nun parallel der **B 26** wieder am Fluss entlang ~ der Radweg orientiert sich nun immer an der Bundesstraße und am Main.

Ab Trosdorf führt der Radweg nördlich entlang der B 26 nach Viereth ~ im Ort wechselt der Weg auf die südliche Seite.

Viereth

Auch die nächsten Kilometer bis nach Haßfurt begleitet die Radroute – mit einigen wenigen Ausnahmen – auf einem Fahrradweg die Hauptstraße.

Ein Stück abseits der Bundesstraße durch **Trunstadt**, erst am Ortsende nach dem Gewerbegebiet treffen Sie wieder auf die **B 26** ~ auf dem linksseitigen Radweg weiter auf das 8 Kilometer entfernte Eltmann zu ~ in **Roßstadt, Dippach** und **Eschenbach** dabei jeweils die alten Durchfahrtsstraßen mitten durch die freundlichen Dörfer nutzen ~ 4 Kilometer hinter Dippach geht es über Eschenbach nach Eltmann.

Eltmann

PLZ: 97483; Vorwahl: 09522

ℹ Ritz Eltmann, Marktpl. 7, ✆ 89970, auch Fahrradverleih

Eltmann

Noch vor der Tankstelle am Ortsanfang der Beschilderung folgend nach rechts zum Main hinunter ~ durch enge Gassen mit alter Fachwerkhaussubstanz durch Eltmann hindurch und so in nächster Nähe des Mains bleiben ~ eingezwängt zwischen **Staatsstraße 2277** und Fluss führt der Radweg von hier aus sicher Richtung Limbach ~ gleich nach Unterquerung der A 70 rechts ab und direkt am Ufer entlang ~ am Ortsende links die Hauptstraße queren und links daran entlang zur **Wallfahrtskirche Maria Limbach**.

Limbach

Die **Wallfahrtskirche Maria Limbach** ist – wie Kloster Vierzehnheiligen – ein Werk des Baumeisters Balthasar Neumann und seines Sohnes Franz Ignaz Michael aus der Mitte des 18. Jhs.

Wenn Sie auf der Weiterfahrt nach Sand am Main Ihre Blicke nach rechts hinüberwenden, dann können Sie auf den gegenüberliegenden Sonnenhängen die ersten

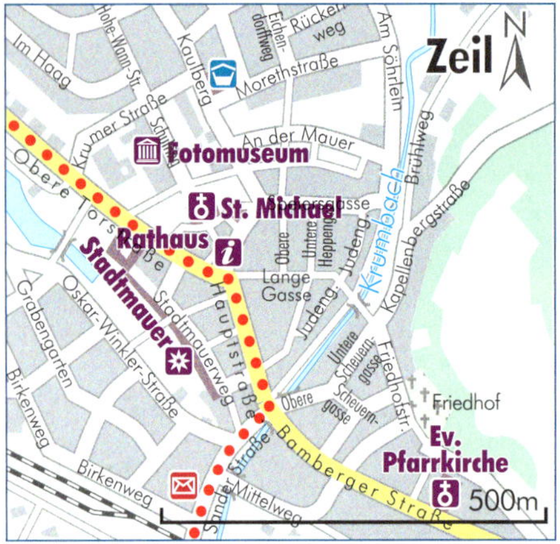

Weinberge erspähen. Sie befinden sich hier an der Grenze zwischen Bierfranken, das Sie gerade hinter sich lassen, und Weinfranken, das nun vor Ihnen liegt. Die Hügel diesseits des Flusses sind noch zu kühl und schattig für den Weinbau, bis ins Tal ziehen sich hier die Wälder hinab.

Weiter entlang der **St 2277** nach Sand.

Sand am Main

In Sand hört der Radweg auf und es geht im Verkehr weiter ~ an der großen Kreuzung rechts ab Richtung Zeil ~ kurz nach dem Abzweig zum Campingplatz linker Hand wieder ein Fahrradweg bis zur Mainbrücke ~ geradeaus geht es in das malerische Fachwerkstädtchen Zeil.

Zeil am Main

PLZ: 97475; Vorwahl: 09524

- **Stadtverwaltung**, Rathaus, ✆ 9490, www.zeil-am-main.de
- **Zeiler Fotomuseum**, Schulring 2, ✆ 94977 od. 7460, ÖZ: So 13-17 Uhr. Das erste Fotomuseum in Franken informiert über die Geschichte der Fototechnik.
- **Historischer Ortskern**, mit malerischen Fachwerkhäusern, schmalen Steingassen und Resten der alten Stadtbefestigung.

Erstmals 1018 urkundlich erwähnt, entwickelte sich Zeil als Exklave des Hochstifts Bamberg zu einer kleinen Stadt, die heute durch ihre einzigartige Lage, genau an der Nahtstelle zwischen Wein- und Bierfranken, weit über

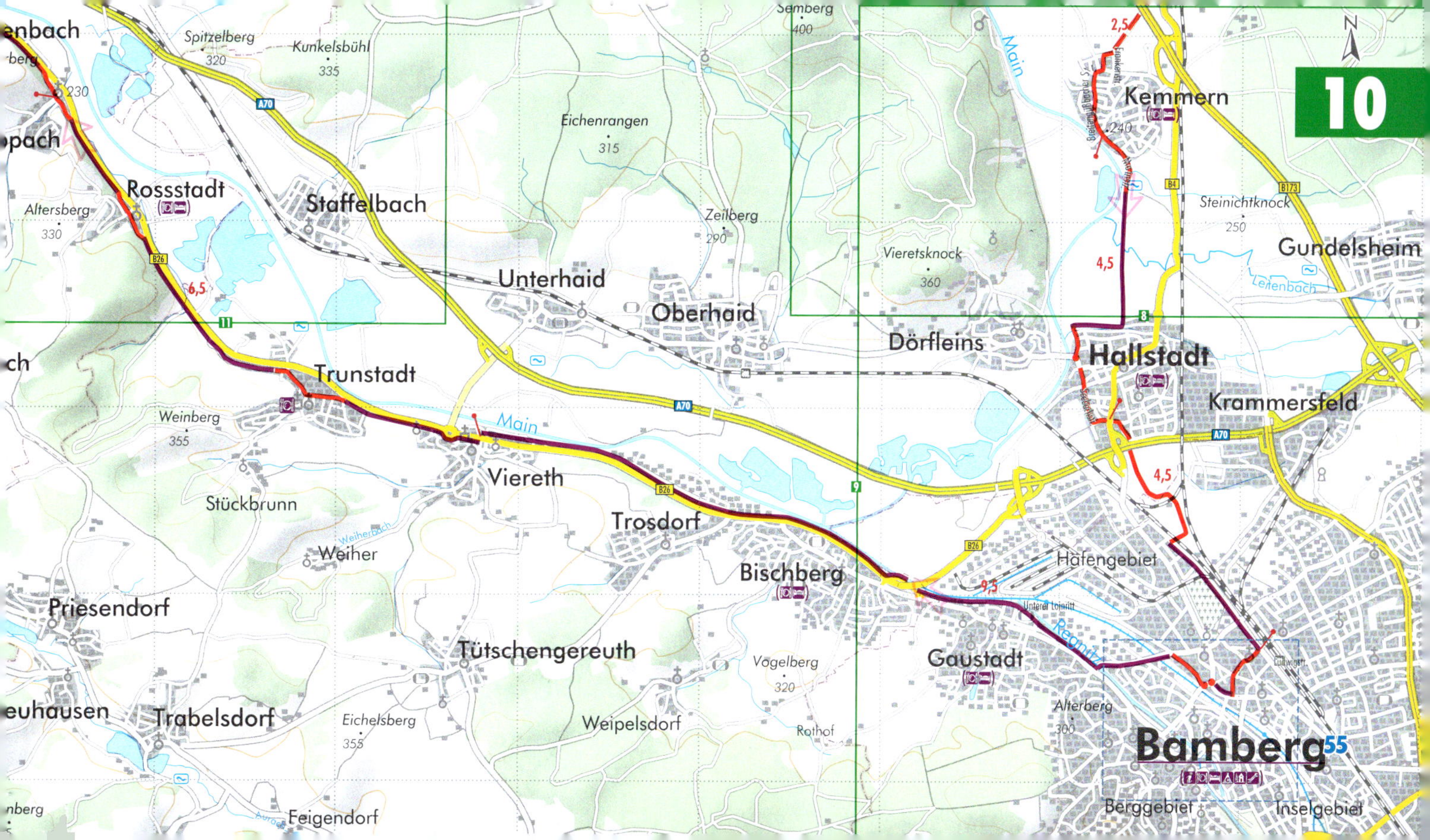
10
Kemmern
Hallstadt
Gundelsheim
Krammersfeld
Dörfleins
Oberhaid
Unterhaid
Staffelbach
Rossstadt
Trunstadt
Viereth
Trosdorf
Bischberg
Gaustadt
Bamberg
Häfengebiet
Berggebiet
Inselgebiet
Priesendorf
Trabelsdorf
Tütschengereuth
Weipelsdorf
Feigendorf
Stückbrunn
Weiher
Main
Regnitz
Leitenbach
Spitzelberg 320
Kunkelsbühl 335
Eichenrangen 315
Zeilberg 290
Vieretsknock 360
Steinichtknock 250
Altersberg 330
Weinberg 355
Vogelberg 320
Eichelsberg 355
Alterberg 300
Rothof
A70
B26
B4
B173
6,5
4,5
9,5
2,5

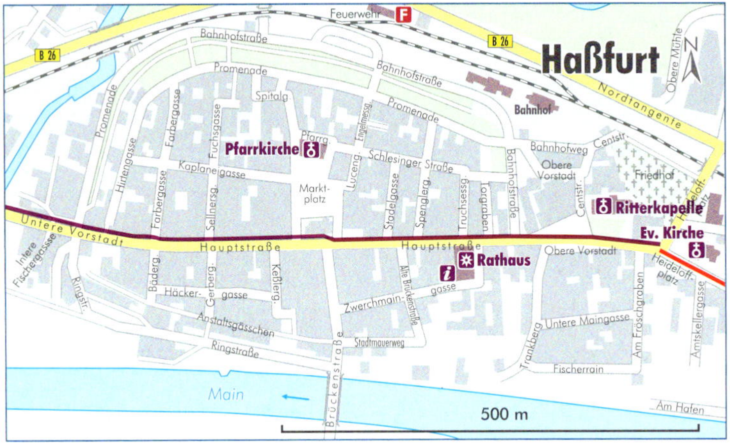

Franken hinaus bekannt ist. Die einzigartige Fachwerkromantik, die ambitionierten Winzerbetriebe, das gute Bier, das hier gebraut wird und besonders die außerordentliche Vielzahl an Einkehrmöglichkeiten ziehen den Besucher in seinen Bann.

Geradeaus die **Sanderstraße** entlang ~ nach links auf die Hauptstraße auf den Marktplatz zu ~ links in die **Obere Torstraße** ~ nach dem Stadtturm weiter geradeaus ~ auf der rechten Fahrbahnseite beginnt ein Radweg, der parallel zur **B 26** nach Haßfurt führt.

Sie haben sich ja in der Zwischenzeit auf die Sonnenseite des Tals hinübergeschlagen und sich den eher noch vereinzelt auftauchenden Weinbergen genähert ~ im Gewerbegebiet von Haßfurt hinter dem Möbelhaus auf der linken Seite nach links in die Straße **Am Wasserwerk** ~ in die nächste Straße rechts hinein, an den Stadtwerken vorbei und unter der Bahn hindurch ~ dahinter halbrechts und dann immer geradeaus ~ direkt durchs schmucke Zentrum von Haßfurt geleitet ein Radweg.

Haßfurt

PLZ: 97437, Vorwahl: 09521

- **Verkehrsamt,** Hauptstr. 5, ✆ 688-227, www.hassfurt.de
- **Ritterkapelle,** im 14. und 15. Jh. erbaut. Der Chor stammt von Meister Niclas von Schaffhausen mit einmaligen, in Sandstein gehauenen 248 Wappen des deutschen Adels.
- **Pfarrkirche,** Marktplatz. Gegründet im 14. Jh., im Inneren Werke von Tilman Riemenschneider.
- **Freizeit- und Erlebnisbad** mit 127 m langer Wasserrutsche
- **bike-emotions,** ✆ 8619
- **Zweirad Schnaus,** ✆ 1486

1230 wurde die Stadt Haßfurt am nördlichen Mainufer – mit heute über 14.000 Einwohnern – erstmals urkundlich erwähnt. Zwischen den Haßbergen und dem Steigerwald an der Grenze der geistlichen Territorien der Hochstifte zu Würzburg und Bamberg gelegen, wurde der Stadt 1235 von dem Würzburger Bischof das Stadtrecht verliehen.

Zwei besonders sehenswerte Bauwerke beherbergt die langgezogene, rechteckige Stadtanlage, die von zwei großen Stadttürmen begrenzt wird: die Stadtpfarrkirche mit interessanten Figuren von Tilman Riemenschneider und die Ritterkapelle,

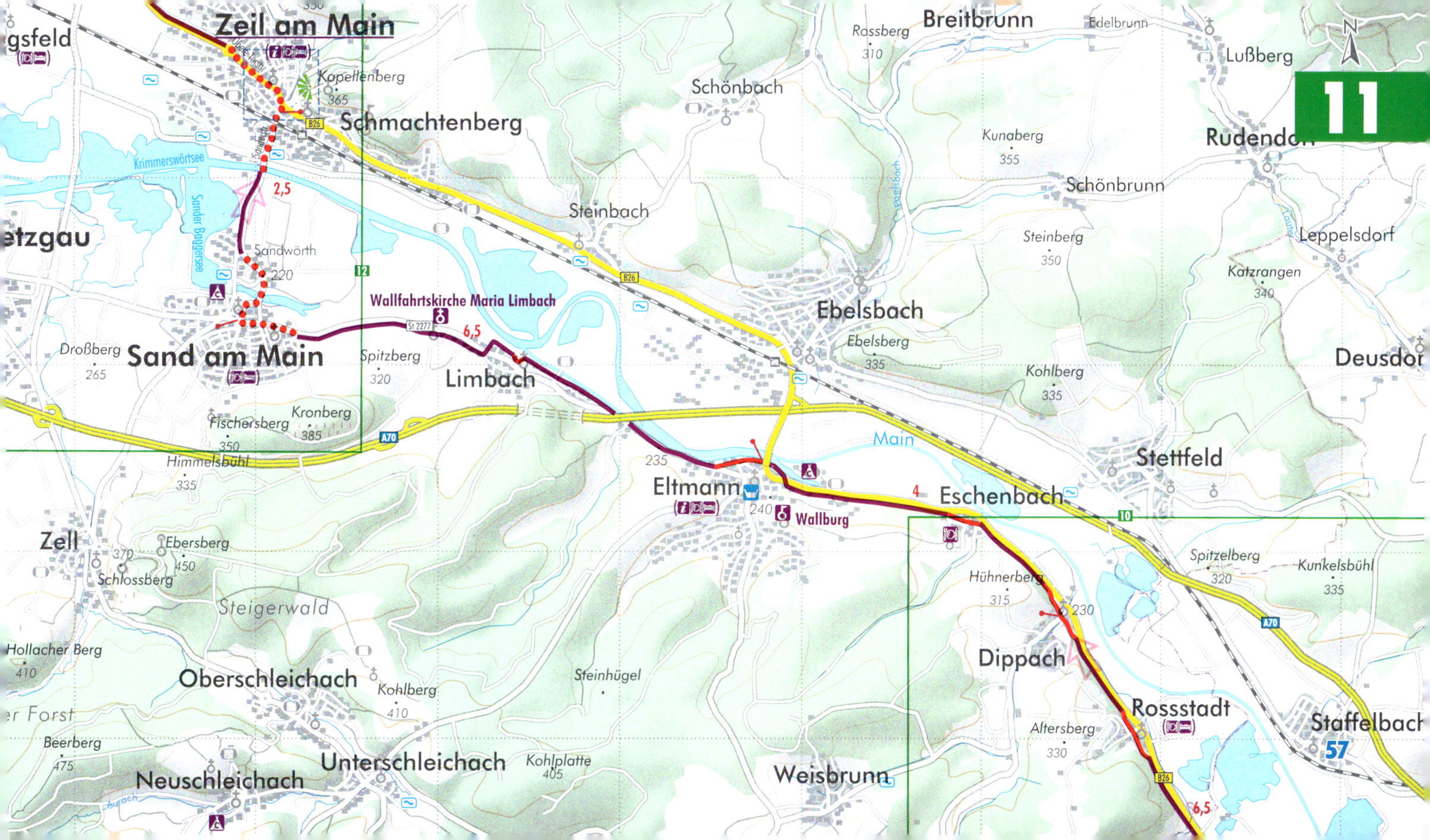

Zeil am Main
Kapellenberg
365
Schmachtenberg
Krimmerswörtsee
Sander Baggersee
2,5
Sandwörth
220
Wallfahrtskirche Maria Limbach
6,5
Sand am Main
Droßberg
265
Spitzberg
320
Limbach
Kronberg
385
Fischersberg
350
Himmelsbühl
335
A70
B26
St 2277
Steinbach
Schönbach
Breitbrunn
Rossberg
310
Edelbrunn
Lußberg
Kunaberg
355
Rudendorf
Schönbrunn
Steinberg
350
Leppelsdorf
Katzrangen
340
Ebelsbach
Ebelsberg
335
Kohlberg
335
Deusdorf
Main
Stettfeld
235
Eltmann
240
Wallburg
4
Eschenbach
Zell
370
Ebersberg
450
Schlossberg
Steigerwald
Hühnerberg
315
230
Spitzelberg
320
Kunkelsbühl
335
Dippach
Hollacher Berg
410
Oberschleichach
Kohlberg
410
Steinhügel
Rossstadt
Altersberg
330
Staffelbach
Beerberg
475
Unterschleichach
Kohlplatte
405
Neuschleichach
Weisbrunn
Aurach
11
10
12
57

eine spätgotische, aus hellem Sandstein errichtete Kirchenanlage aus dem 15. Jahrhundert mit interessanten Steinverzierungen. Im Tympanon über dem Westportal ist der Ausritt der Heiligen Drei Könige, in Stein gemeißelt, erzählt.

Haßfurt, Ritterkapelle

Von Haßfurt nach Schweinfurt 24 km

Die Route geleitet mitten durch die historische Altstadt ~ gegen Ortsende dem Radweg folgen, der nun bis Schweinfurt zwischen Bahndamm und Mainufer führt.

Obertheres

Zinnfigurenmuseum, Zinnfiguren aus eigener Hestellung, Thereser Biergarten, Sailershäuser Str. 6, ✆ 09521/8467

Weiter geht's nach **Untertheres**, beim Sportplatz kurz auf die andere Seite der Bahn wechseln ~ wieder direkt am Fluss entlang nach **Ottendorf** ~ das Tal wird nun etwas schmäler, die begrenzenden Hügel rücken immer näher zusammen ~ der Weg ist kurz unbefestigt, führt auf der linken Seite der Bahn aber dann asphaltiert weiter ~ parallel zur Bahnlinie und am Haltepunkt vorbei in diesem Engpass zwischen den Hügeln nach Gädheim hineinradeln.

Gädheim

Der Radweg verläuft weiterhin links neben der Bahn ~ durch die Felder geht es nun etwas entfernt von den Gleisen auf die Betonpfeiler der Autobahnbrücke zu.

Der Asphalt bleibt auf diesem Wegstück ununterbrochen erhalten, und die Route führt vorbei an **Schonungen** und **Mainberg** nach Schweinfurt ~ beiderseits wächst hier der Auwald.

Tipp: Wer mehr von der Stadt sehen möchte, kann die parallel zum Main-Radweg verlaufende „Cityroute" benutzen.

Wenn sich das Dickicht dann etwas lichtet, geht es am **Stadtbahnhof** rechter Hand vorbei ~ wenig später kommen Sie zu einer Hauptstraße (**Maxbrücke**) ~ der Main-Radweg führt geradeaus auf der **Gutermann-Promenade** weiter.

Tipp: Rechts geht es in die Innenstadt; nach etwa 200 Metern haben Sie das Rathaus, den Marktplatz und die Fußgängerzone erreicht. Ihr Fahrrad können Sie zusammen mit Ihrem Gepäck in eine der abschließbaren Fahrradboxen abstellen. Schlüssel dazu sind in der Tourist-Information erhältlich.

Tipp: An der stark befahrenen Maxbrücke sollte die rechts gelegene Ampel zum Überqueren genutzt werden.

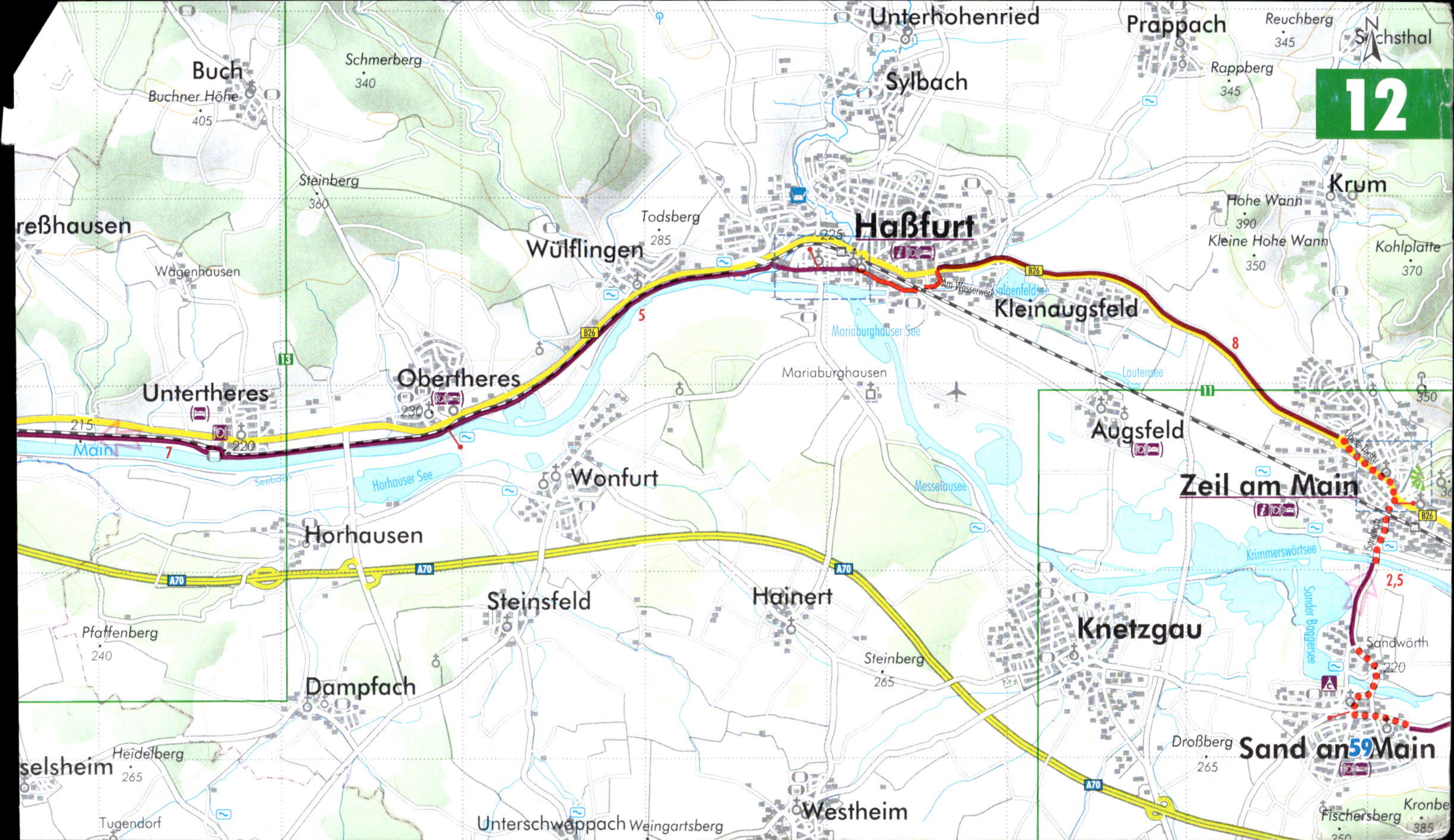
12
Unterhohenried
Prappach
Reuchberg
345
Sachsthal
Rappberg
345
Sylbach
Buch
Buchner Höhe
405
Schmerberg
340
Steinberg
360
reßhausen
Wagenhausen
Todsberg
285
Wülflingen
Haßfurt
225
Krum
Hohe Wann
390
Kleine Hohe Wann
350
Kohlplatte
370
Am Wasserwerk
Galgenfeldsee
Kleinaugsfeld
B26
5
8
Mariaburghäuser See
Mariaburghausen
Lautensee
13
11
Untertheres
Obertheres
230
215
220
Main
7
350
Augsfeld
Obere Torstr.
Zeil am Main
Horhauser See
Seebach
Wonfurt
Messelausee
Horhausen
Krimmerswörtsee
A70
2,5
Sander Baggersee
Steinsfeld
Hainert
Knetzgau
Sandwörth
220
Pfaffenberg
240
Steinberg
265
Dampfach
Droßberg
265
Sand am Main
Heidelberg
265
selsheim
Tugendorf
Unterschwappach
Weingartsberg
Westheim
Fischersberg
Kronberg
385
350

Unterer Wall in Schweinfurt

Schweinfurt

PLZ: 97421, Vorwahl: 09721

- **Tourist-Information,** Brückenstr. 20, ✆ 51498, www.schweinfurt.de
- **Schweinfurter Personenschifffahrt,** ✆ 43302
- **Museum Georg Schäfer,** Brückenstr. 20, ✆ 51917 od. 51920, ÖZ: Di-So 10-17 Uhr, Do 10-21 Uhr. Eine der bedeutendsten Privatsammlungen Deutschlands präsentiert die deutsche Malerei des 19. und 20. Jhs. Mit Gemälden von Spitzweg, Corinth, Friedrich u. a.
- **Museum Otto Schäfer,** Judithstr. 16, ✆ 3870970, ÖZ: Di-Sa 14-17 Uhr, So/Fei 10-17 Uhr. Museum für Buchdruck, Graphik und Kunsthandwerk, insbesondere des 15. und 16. Jhs.
- **Museum Altes Gymnasium,** Martin-Luther-Pl. 12, ÖZ: Di-Fr 14-17 Uhr, Sa, So 10-13 und 14-17 Uhr. Früh-, Reichsstadt- und Industriegeschichte, Friedrich Rückert Welt des Kindes, Herbarium Emmert.
- **Museum Gunnar Wester Haus,** Martin-Luther-Pl. 5, ÖZ: Di-Fr 14-17 Uhr, Sa/So 10-13 Uhr und 14-17 Uhr. Gegenstände der Feuererzeugung und Beleuchtungskörper, Russische Ikonen des 16.-19. Jhs. der Sammlung Fritz Glöckle.
- **Naturkundliches Museum in der Harmonie,** Brückenstr. 39, ÖZ: Di-Fr 14-17 Uhr, Sa, So 10-13 und 14-17 Uhr. Vogelsammlung der Brüder Schuler, Schmetterlinge.
- **Halle Altes Rathaus,** Markt 1, ÖZ: Di-So 10-13 u. 14-17 Uhr. Ständige Wechselausstellungen
- **Künstlerhof Oberndorf,** Hauptstr. 13, ÖZ: n. V., Kirchner-Ausstellung und Archiv
- **Kunsthalle Schweinfurt,** im ehem. Ernst-Sachs-Bad, Rüfferstr. 4. Deutsche Kunst des 20. und 21 Jahrhunderts.
- **Museumsservice MuSe,** der MuSe vermittelt, entwickelt und betreut die Veranstaltungsangebote der Museen und Galerien der Stadt Schweinfurt sowie des Museums Otto Schäfer. ✆ 51215
- **St. Johannis-Kirche,** befindet sich auf dem Martin-Luther-Platz und wurde im 13. Jh. erbaut. Darin befindet sich ein gotischer Taufstein von 1367 und eine barocke Kanzel von 1694.
- **Renaissance-Rathaus,** im 16. Jh. von Steinmetzmeister Nikolaus Hofmann im Übergangsstil der Spätgotik zur Frührenaissance errichtet. Am Erkerturm befindet sich das Wappen Kaiser Maximilians II.
- **Wildpark an den Eichen,** ✆ 51503. Europäische Tierwelt mit Elchen, Luchsen, Streichelzoo und Kinderspielanlagen.
- **Silvana,** An den Unteren Eichen 1, ✆ 931399, ÖZ: 9-22 Uhr
- **Radsport Hofmann,** Gabelsbergerstr. 2, ✆ 24862
- **Landgraf Liegefahrräder,** Würzburger Str. 18, ✆ 82207 od. 0171/6473237
- **Zweirad Seger,** Bauerngasse 79, ✆ 16886 od. 24862
- **Borndörfer,** Schultesstr. 4, ✆ 21384

Die Geburtsstadt des Dichters und Orientalisten Friedrich Rückert verbindet man sofort mit Kugellagern und industriellen Erzeugnissen von Weltrang. Dabei hat die über 1.200 Jahre alte

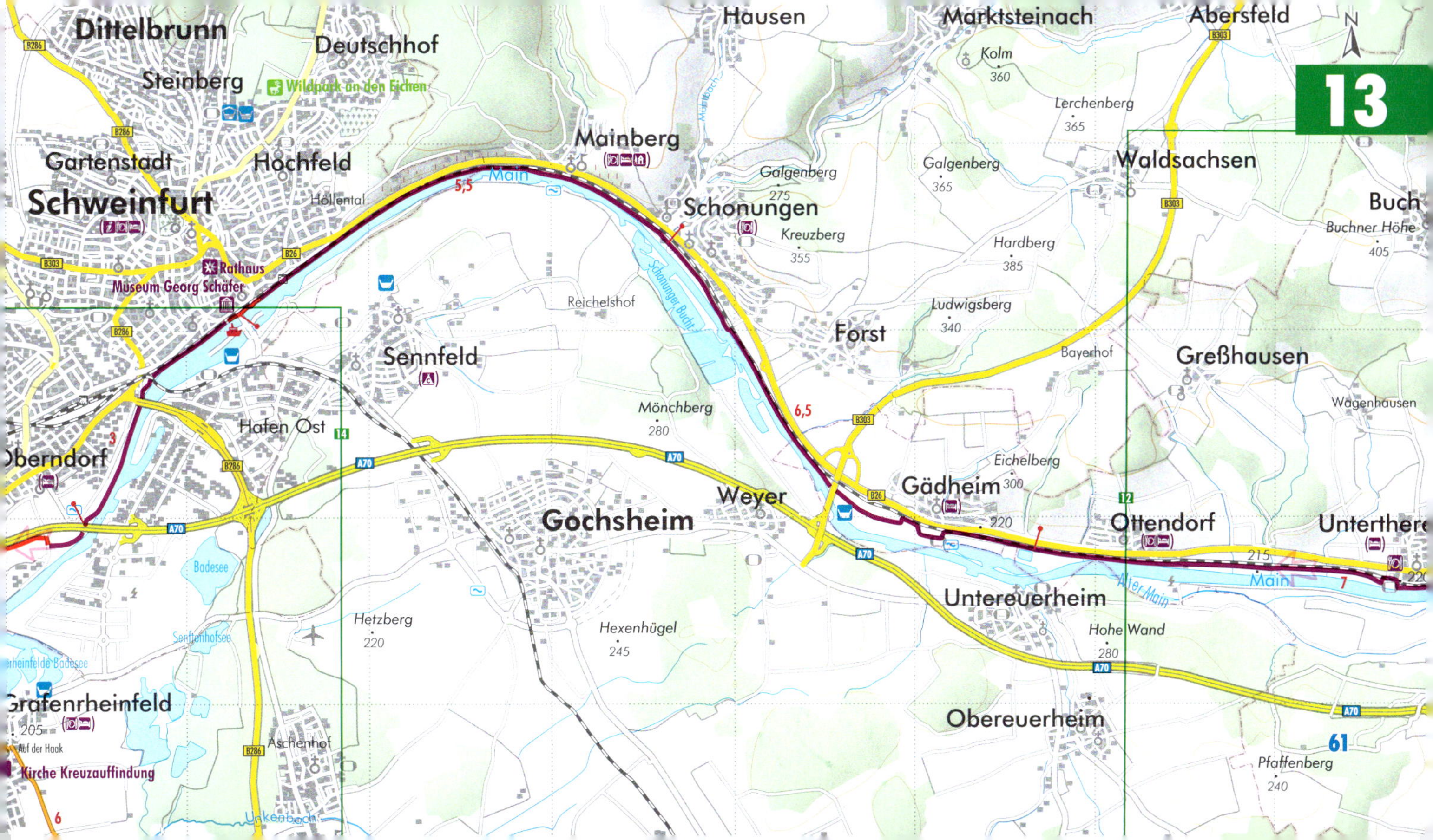

Dittelbrunn
Deutschhof
Steinberg
Wildpark an den Eichen
Hausen
Marktsteinach
Abersfeld
Kolm
360
Lerchenberg
365
13
Gartenstadt
Hochfeld
Mainberg
Schweinfurt
Höllental
Main
5,5
Galgenberg
275
Schonungen
Galgenberg
365
Waldsachsen
Buch
Buchner Höhe
405
Kreuzberg
355
Hardberg
385
Rathaus
Museum Georg Schäfer
Reichelshof
Schonunger Bucht
Ludwigsberg
340
Forst
Sennfeld
Bayerhof
Greßhausen
Mönchberg
280
6,5
Wagenhausen
Hafen Ost
3
Oberndorf
Eichelberg
300
Weyer
Gädheim
Gochsheim
220
Ottendorf
Untertheres
215
Main
7
Alter Main
Badesee
Untereuerheim
Hetzberg
220
Hexenhügel
245
Hohe Wand
280
Senftenhofsee
Grafenrheinfelder Badesee
Grafenrheinfeld
205
Auf der Haak
Aschenhof
Obereuerheim
61
Pfaffenberg
240
Kirche Kreuzauffindung
6
Unkenbach

Marktplatz in Schweinfurt

ehemalige freie Reichsstadt dem Besucher und Urlauber durchaus viel Reizvolles zu bieten: allen voran das „Museum Georg Schäfer", die weltweit bedeutendste Privatsammlung von Malerei des deutschsprachigen Raumes im 19. und beginnenden 20. Jahrhundert. Mit Gemälden und Arbeiten auf Papier aus einem Zeitraum von 1760 bis 1930 bietet es ein Panorama der unterschiedlichsten Kunstströmungen dieser Zeit – vom Rokoko über Klassizismus und Romantik bis zum Impressionismus.

Aber auch andere Sehenswürdigkeiten wie der quirlige Wochenmarkt lohnen einen Besuch der liebevoll restaurierten Altstadt.

Die heute über 55.000 Einwohner große, moderne Industrie- und Kulturstadt hat eine wechselhafte Geschichte von Blütezeiten und Zerstörungen erlebt. Nachdem die Ansiedlung im 11. Jahrhundert von den Markgrafen zu Schweinfurt an das Hochstift Eichstätt überging, erlebte die Stadt den Katholizismus in reinster Form, entzog sich dem Einfluss im 13. Jahrhundert jedoch wieder. Eine Urkunde vom 9. Januar 1254 bestätigt, dass Schweinfurt schon vorher eine „Stadt des Reiches" war. Endlich bekommt Schweinfurt die Reichsfreiheit der Habsburger verliehen, und im 15. Jahrhundert erhalten die Bürger durch Verleihung des Blutbanns auch noch die rechtliche Unabhängigkeit. Weitere hundert Jahre später, 1542, fand dann die Reformation statt. Kurz danach wurde die Stadt zum zweiten Mal in ihrer Geschichte zerstört, wieder errichtet und gelangte dann 1802 an Bayern.

Über die Entstehungsgeschichte des Namens Schweinfurt ranken sich eine Vielzahl von Geschichten. Eine Version geht zurück auf eine Furt am „swin", einem Sumpf. Der Ort wurde Mitte des 8. Jahrhunderts deshalb „suinuurde" genannt und so hat sich im Laufe der Zeit der Name Schweinfurt entwickelt.

Von Schweinfurt nach Volkach 29,5 km

Parallel zu den Bahnlinien führt die **Gutermann-Promenade** an der **Kulturwerkstatt am Main** und am ersten Walzenwehr der Welt vorüber.

Links an der Anlegestelle der Mainschifffahrt erinnert ein alter Handdrehkran an die Industriegeschichte, auf der Maininsel sehen Sie die Skulptur „Anker" des Künstlerehepaars Matschinsky-Denninghoff.

Immer direkt am Ufer des Mains haltend, geht es nun wieder aus Schweinfurt hinaus ~ vorerst durch ein parkartiges Gelände, Naherholungsgebiet der Stadt; das gegenüberliegende Ufer ist gesäumt von Industrie- und Hafenanlagen.

Der Main-Radweg führt nun zur A 70 bis zu einer Unterführung ~ weiter entlang des Mains ~ in einem sanften Rechtsbogen weg vom Fluß und an der nächsten Kreuzung rechts ~ vor der A 70 links halten und weiter parallel zur Autobahn ~ zwischen den ersten

Häusern von **Bergrheinfeld** und der Autobahn weiter ~ den Kiesgrubenweg kreuzen und auf der **Goethestraße** weiter ~ bald wieder links ab auf die Straße **Am langen Graben** bis zur Vorfahrtstraße (Mainstraße), diese schräg nach rechts kreuzen.

Bergrheinfeld

PLZ: 97493; Vorwahl: 09721

- Barockkirche Maria Schmerz
- Historisches Rathaus
- Zweirad Seifert, Mainstr. 24, ✆ 90262

Tipp: Hier können Sie auf die andere Seite des Mains nach Grafenrheinfeld wechseln und die Tour am linken Mainufer fortsetzen. Kurz vor Stammheim treffen Sie dann wieder auf die Hauptroute.

Grafenrheinfeld

Auf der **Mainstraße** und der **Brückenstraße** gelangt man ins Zentrum von Grafenrheinfeld ~ hinter der Rechtskurve vorsichtig links zur Kirche hin abbiegen (⚠) ~ diese linker Hand umfahren und erneut links ~ hinter der Umlaufschranke rechts in die Wohnstraße **An der Haak** ~ quer durch die Felder nun auf den schlanken Kirchturm von Röthlein zusteuern.

Röthlein

Am Ortsrand rechts und im Bogen zur Hauptstraße vor ~ rechts ab durch den Ort ~ (⚠) am Ende beginnt ein linksseitiger Radweg entlang der **SW 1**, der bis nach **Heidenfeld** führt ~ hier nach einem kurzen Stück im

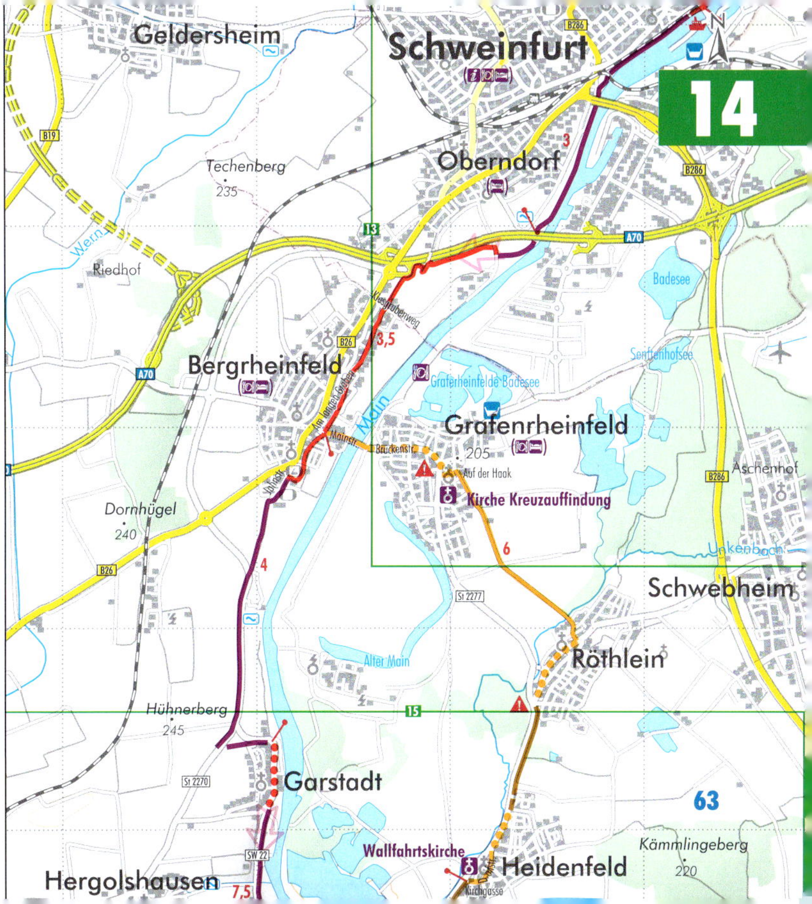

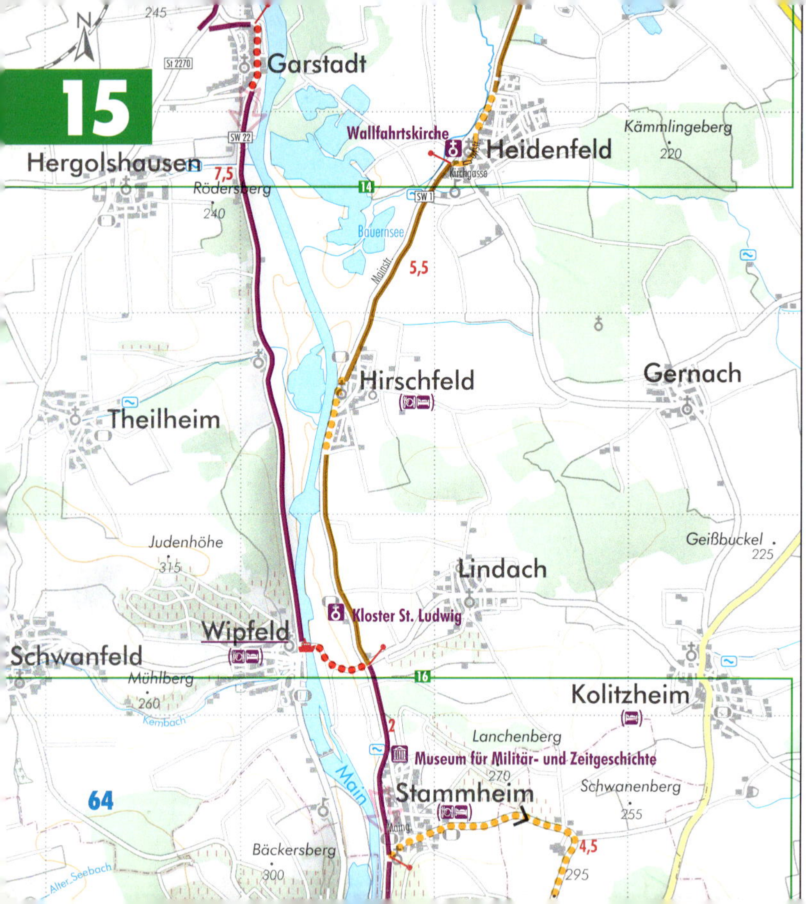

Verkehr halblinks in die **Dorfstraße.**

Heidenfeld

Augustinerchorherrenstift von Balthasar Neumann

Pfarr- und Wallfahrtskirche St. Laurentius

Direkt hinter der barocken Kirche rechts in die **Kirchgasse** und runter zurück zur Durchfahrtsstraße ~ weiter geht's auf dem Fahrradweg der **SW 1** nach Hirschfeld.

Hirschfeld

In Hirschfeld geleitet die **Mainstraße** auf den Kirchplatz mit Dorflinde und einer recht wuchtigen Dorfkirche ~ ein gemeinsamer Rad- und Fußweg führt wieder zur Hauptstraße mit Radweg zurück ~ schon von fern grüßt das aus Sandstein errichtete Kloster St. Ludwig ~ wenige hundert Meter dahinter mündet – von der Wipfelder Fähre kommend – die Hauptroute des Main-Radwegs wieder ein.

Noch vor der B 26 knickt die Radroute links ab ~ am zweiten Sportplatz rechts hinüber und links ab auf den Radweg der Jahnstraße ~ am Ortsende auf die rechte Seite wechseln, weiter gut 2,5 Kilometer entlang der St 2270 ~ der Radweg führt am Abzweig nach Garstadt noch kurz weiter geradeaus, unterquert aber wenig später die Staatsstraße nach links in den Ort.

Garstadt

Vor dem Damm macht die Straße einen scharfen Rechtsknick ~ ab hier im Verkehr durch´s Dorf ~ hinter dem Sportplatz beginnt ein die **SW 22** begleitender Radweg, auf diesem bis zur Fähre von Wipfeld bleiben.

Wipfeld

Fähre Wipfeld, Fährzeiten: Mo-Sa 6-20 Uhr, So7Fei 8-20 Uhr.

Nach dem Übersetzen mit der Fähre dem Rechtsbogen der Straße folgen

~ an der Kreuzung rechts ab auf den linksseitig straßenbegleitenden Radweg der **SW 1**, wo auch die Variante wieder einmündet.

Stammheim

PLZ: 97509; Vorwahl: 09381

Museum für Militär- und Zeitgeschichte, Waldweg 5, ✆ 9255, ÖZ: Di-So/Fei 10-18 Uhr.

Weiter auf dem Radweg links der Landstraße am Ort entlang.

Tipp: Vom Ortsende von Stammheim aus können Sie auf kleinen Landstraßen via **Öttershausen** einen kleinen Ausflug hinauf zum **Schloss Schönborn** in **Gaibach** unternehmen, wo auch ein Kirchlein des Barockbaumeisters Balthasar Neumann steht. Zurück geht´s auf dem Radweg entlang der **St 2271** direkt nach Volkach.

Sie haben Stammheim schon hinter sich gelassen und nähern sich wieder dem Main, der sich an dieser Stelle in die Kurve legt, um so richtig Schwung für die Volkacher Mainschleife zu holen ~ hinter dem Abzweig zur Fähre nach Obereisenheim auf die rechte Straßenseite wechseln ~ immer enger wird das Tal hier und die Weingärten – dem Weinlandkreis Kitzingen angemessen – immer zahlreicher ~ als eigener Radweg führt die Route nun nach rechts zum Ufer hin versetzt weiter und unterhalb der Ortslage Fahr vorbei bis zur dortigen Fähre.

Fahr am Main

Am Ortseingang begrüßt die Gäste ein Willkommensschild in Form

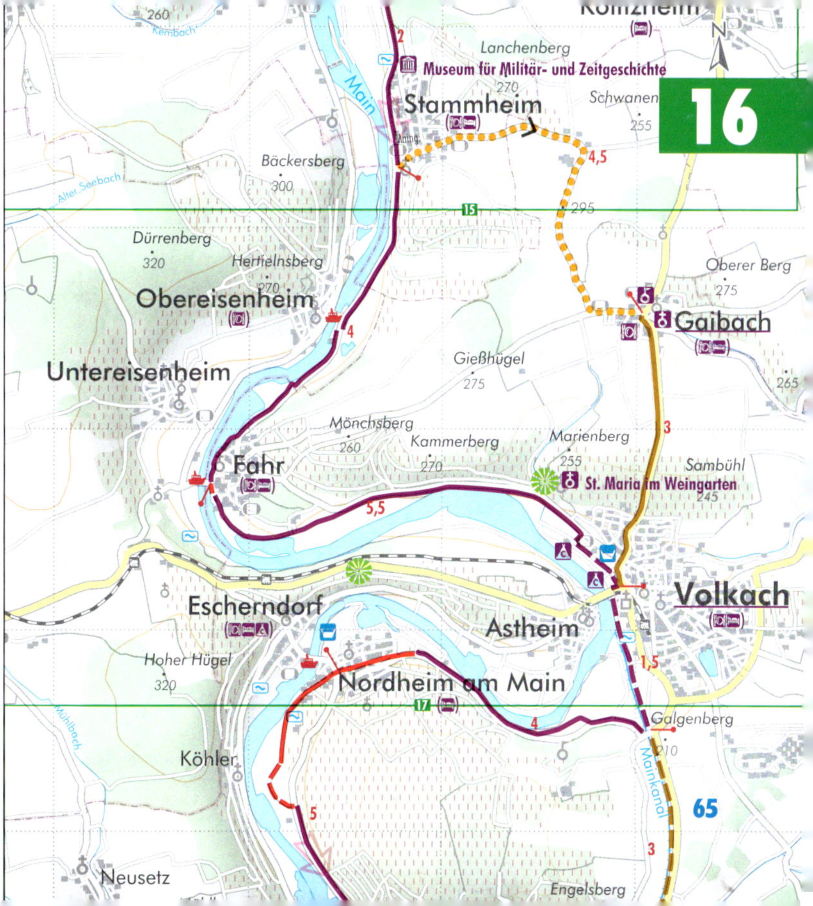

eines Bocksbeutels – so heißen die traditionellen und typischen Flaschen, in die der Frankenwein abgefüllt wird.

Weiter geradeaus geht´s nun bald wieder auf separatem Radweg, der sich unterhalb der ausladenden Weingärten erst unterhalb der Wallfahrtskirche wieder der Straße annähert.

Volkach, Rathaus

Vor Ihnen erhebt sich inmitten der Weingärten die Wallfahrtskirche Maria im Weingarten (ÖZ siehe Volkach). Die Kirche enthält verschiedene Kunstwerke: die Pietà, das Gnadenbild, eine Holzplastik aus dem 14. Jahrhundert und die berühmte Madonna im Rosenkranz. Dieses letzte große Werk von Tilman Riemenschneider entstand im Auftrag einer marianischen Gebetsbruderschaft in den Jahren 1521–1524. 1962 wurde die Madonna aus der Wallfahrtskirche von Kunstdieben entwendet, die das Kunstwerk zu zersägen drohten, falls Sie nicht 100.000 Mark bekämen. Für ein Zehntel der Summe wurde die Madonna im Rosenkranz gerettet. Heute ist das Werk Riemenschneiders elektronisch gesichert.

Bis zum Sportplatz entlang der Straße, dann rechts ab ~ dahinter gleich wieder links auf die geschotterte Allee ~ erst an deren Ende vor der Brücke knickt der Main-Radweg scharf rechts ab.

Tipp: Wenn Sie sich aber den historischen und äußerst romantischen Ortskern von **Volkach** zu Gemüte führen möchten, radeln Sie halblinks unter dieser Unterführung hindurch.

Volkach

PLZ: 97332; Vorwahl: 09381

- **Tourist-Information Volkacher Mainschleife,** Rathaus, Marktpl. 1, ✆ 40112, www.volkach.de
- **Wallfahrtskirche St. Maria im Weingarten,** auf dem Kirchberg nahe der Stadt, ÖZ: März-Nov., Mo-Sa 9.30-12 Uhr und 13.30-17 Uhr, von Mai-Sept., bis 18 Uhr, So/Fei 10-12 Uhr und 13.30-17 Uhr.
- **Kartause Marienbrück,** Ortsteil Astheim. ÖZ: März-Okt., Fr-So 14-17 Uhr, Nov.-Feb., So 14-17 Uhr.
- **Rathaus,** Renaissancebau (1544)
- **Zweirad Weissenseel,** Im Seelein, ✆ 3988

In der Stadt am linken Mainufer, die als Mittelpunkt des Wein-, Obst- und Spargelanbaugebietes der Volkacher Mainschleife gilt, leben heute rund 11.000 Einwohner. Schon früh, zu Beginn des 10. Jahrhunderts, wurde erstmals eine Siedlung an diesem Fleck erwähnt. Seit 1258 Stadt, hat Volkach seine Bedeutung hauptsächlich aus dem Weinbau gezogen. Hübsch anzusehen in der historischen Kleinstadt ist der rechteckige Marktplatz, der vom

Rathaus in Form eines typisch fränkischen Renaissancebaus beherrscht wird. Das typisch Fränkische tritt in dem hohen Dach und dem Treppengiebel hervor, im Erdgeschoss waren stets die Marktbuden untergebracht. Ähnliche Rathäuser sind auch in Dettelbach, Ochsenfurt und Karlstadt zu bewundern.

Von Volkach nach Kitzingen 28,5 km

Der Main-Radweg führt ganz rechts unterhalb der Böschung zum Fluss und dort linksherum unter der Brücke hindurch ~ zunächst durch ein Hafengebiet auf grob geschottertem Untergrund unmittelbar am Mainkanal entlang.

Tipp: Die ausgeschilderte Hauptroute führt Sie um den Kreuzberg herum. Sie können die Route aber auch abkürzen indem Sie einfach direkt am Mainkanal weiterfahren. Haupt- und Nebenroute treffen sich auf Höhe von Sommerach wieder. Die Nebenroute läuft, durch Bäume von der restlichen Umgebung etwas abgeschottet, schnurgerade dahin; die Stille wird nur durch gelegentlich vorübertuckernde Frachter gestört.

Die Hauptroute wechselt bereits an der nächsten Brücke auf die rechte Seite des Mainkanals ⁓ dort wieder rechts entlang der Straße nach **Nordheim**.

Nordheim

Immer geradeaus auf der **Langgasse** durch den Ort und wieder hinaus ⁓ nahe dem Ufer hört der Asphalt bald auf und der Weg knickt linksherum wieder zur Straße hoch ⁓ an dieser (**KT 20**) entlang nach Sommerach, dessen Kirche nach einem kurzen Schlenker durch die Weinberge erreicht ist.

Sommerach

Wieder auf die Hauptstraße Richtung Schwarzach ⁓ nach gut 500 Metern links ab und schließlich über den **Mainkanal**.

Tipp: Hier treffen Sie wieder auf die Variante, welche entlang des Mainkanals verläuft.

Weiter über die Brücke über die St 2271 ⁓ zweimal rechts halten und auf dem Güterweg Richtung Gerlachshausen ⁓ an der Schleuse Gerlachshausen vorbei.

Gerlachshausen

Am Ortsbeginn halblinks und am Ortsrand entlang ⁓ an der T-Kreuzung kurz rechts und direkt wieder links in die **Abt-Plazidus-Straße** ⁓ am Ende rechts zur Hauptstraße.

Schwarzach am Main

PLZ: 97359; Vorwahl: 09324

Benediktinerabtei Münsterschwarzach, Schweinfurter Str. 40, ✆ 200

Hier an der Mündung der Schwarzach entstand bereits 788 das erste Frauenkloster mit karolingischer Kirche; es ist damit eines der ältesten Klöster Frankens. Bereits 877 übernahmen es Benediktinermönche vom Kloster Megingaudshausen. Unter ihnen erlebte es Blütezeiten mit Kirchenneubauten wie der frühromanischen Basilika im 11. Jahrhundert und der Kuppelbasilika mit zwei Türmen von Balthasar Neumann aus dem 18. Jahrhundert, aber auch schwere Rückschläge: 1525 vernichtete ein Feuer Archiv und Bibliothek, 1635 wurden die Mönche in den Wirren des Dreißigjährigen Krieges vertrieben und im Zuge der Säkularisation wurden 1803 sogar zahlreiche Gebäude abgerissen. Auch die 1913 neu gegründete Gemeinschaft der Missionsbenediktiner musste ihr Kloster und die 1935-37 neu errichtete Kirche während des Zweiten Weltkrieges jahrelang verlassen.

Auf der Hauptstraße durchqueren Sie im Rechtsbogen die Ortsteile **Münsterschwarzach** und **Stadtschwarzach** ⁓ beim Kreisverkehr am Ortsende rechts unter der Umgehungsstraße durch ⁓ nach Unterquerung der Auffahrt zweigt vor der Brücke über den Main eine Variante rechts hinunter ab.

Tipp: Eine – leider nicht anhängertaugliche – Variante führt linksmainisch nach Kitzingen:

Variante über Mainsondheim 13 km

Rechts der B 22 hinunter und unter der Brücke hindurch ⁓ weiter linksherum ⁓ hinter der Kläranlage rechts auf den schmalen, unbefestigten Feldweg.

Hörblach

Vor der Staatsstraße halbrechts und auf asphaltiertem Weg durch die Felder ⁓ auf

Schotter schließlich ein scharfer Linksknick ⤳ unterhalb der A 3 wieder rechts ⤳ am Rand des Golfplatzes linksherum, dann rechts kurz auf die Straße ⤳ wenig später rechts (**Zur Mainfähre**).

Mainsondheim

Vor dem Schloss links und geradeaus auf die Vorfahrtstraße ⤳ im leichten Anstieg rechts in den **Haschenweg** ⤳ am Ende linksherum und unter der großen Autobahnbrücke hindurch ⤳ geradewegs zur Fähre, die nach Mainstockheim übersetzt.

Albertshofen

In Flussnähe am Ort entlang ⤳ Links-/Rechts-Knick ⤳ hinter den letzten Schrebergärten wieder halbrechts zum Ufer hin.

Hinter dem Sportplatz auf Schotter rechtsherum und unter der Brücke hindurch ⤳ am Stadion vorbei, dann auf dem Sträßchen in Ufernähe zur Alten Mainbrücke von Kitzingen, über welche die Hauptroute herüberkommt.

Die Hauptroute des Main-Radweg wechselt von Stadtschwarzach kommend aufs rechte Flussufer und führt auf dem Radweg der **B 22** bis Dettelbach hinein.

Dettelbach

Die Ortschaft Dettelbach ist heute ein Weinort mit insgesamt 180 Hektar Rebland. Aus der Zeit, als Dettelbach zur Stadt erhoben wurde – Ende des 15. Jahrhunderts – stammt auch das stattliche Rathaus, das baulich dem von Volkach ähnelt. Originell ist auch die Stadtpfarrkirche St. Augustinus, das Wahrzeichen der Stadt, deren recht ungleiche Türme durch eine Holzbrücke miteinander verbunden sind. Durch das Faltertor, eines der noch erhaltenen 19 Tore von den ehemals 40 Türmen der Stadtmauer, erreicht man die Wallfahrts- und

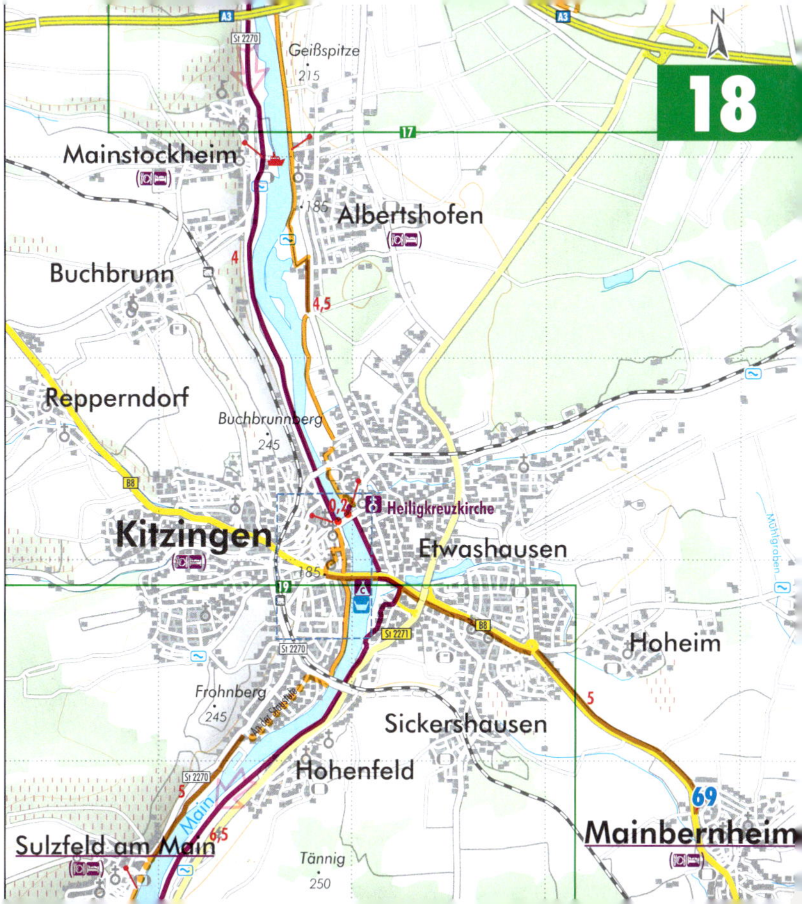

Klosterkirche Maria im Sand. Im 17. Jahrhundert entstand sie über einer spätgotischen Pietà, einem Bildstock mitten in den Weingärten; heute betört vor allem ihr prunkvolles Hauptportal.

Es geht kurz hinunter Richtung Fähre, mit dieser kann man auch nach Mainsondheim übersetzen, davor aber rechts ab auf seperatem Radweg geht es nun, vorbei an Mainstockheim, bis ins rund 8 Kilometer entfernte Kitzingen am Ufer entlang.

Tipp: Ins sehenswerte **Mainbernheim**, das nebenbei auch die Heimat des weithin bekannten Bären-Schmidt-Lebkuchens ist, gelangen Sie von Kitzingen aus auf dem Main-Aisch-Radweg entlang der B 8.

Kitzingen

PLZ: 97318; Vorwahl: 09321

- **Tourist-Info Kitzingen**, ✆ 920019, www.kitzingen.info
- **Deutsches Fastnachtmuseum**, ✆ 23355, Museumsgebäude 1 Falterturm, ÖZ: Sa, So 14-17 Uhr, Museumsgebäude 2 in der Rosenstr. 10, ÖZ: Mo-Fr 9-12 Uhr und Mo-Do 14-16 Uhr. Masken und Kostüme werden ausgestellt und alles, was noch zum Fasching gehört.
- **Städtisches Museum**, Landwehrstr. 23, ÖZ: Di, Mi, Fr 15-18 Uhr, Do 15-20 Uhr, Sa, So/Fei 14-17 Uhr.
- **Conditorei-Museum**, Backstube Rösner, Marktpl. 25, ÖZ: Mo-Fr 9-18 Uhr, Sa 9-16 Uhr, So 14-18 Uhr.

- **Vogelkundliches Museum**, im Deusterturm, Hindenburgring Nord, ÖZ: Mi 17.30-19.30 Uhr.
- **Heiligkreuzkirche**, am östlichen Ende der Alten Mainbrücke. Das sehr schlichte Innere der kleinen Barockkirche von Balthasar Neumann ist durch eine geschlossene Glastüre zu sehen.
- **Rathaus**, Renaissancebau aus dem Jahr 1563 vom Baumeister Hans Eckart aus Schaffhausen; dreigeschossig und mit kräftigem Turm und reichgeschmückten Giebeln.
- **Bade- und Saunaparadies „aqua-sole"**, Marktbreiter Str. 8, ✆ 390070
- **Monte Velo**, ✆ 4212
- **Fahrrad Freitag**, Goldbergcenter, ✆ 24444
- **Sport Matthaei**, Schrannenstr. 17, ✆ 32543

Die Legende erzählt Folgendes über die Entstehung der Stadt Kitzingen: Die Tochter des Königs Pipin beschloss, an der Stelle ein Kloster zu gründen, an der ihr Schleier, den sie auf dem Schwanberg in den Wind geworfen hatte, niedergehen würde. Genau an der Stelle, an der heute die Stadt liegt, fand der Schäfer des Königs den Schleier. Da nun dieser Schäfer den Namen Kitz trug, wurde die Siedlung nach ihm benannt.

Im 12. und 13. Jahrhundert wurde die Stadt planmäßig in Rechteckform angelegt, um den dortigen Mainübergang zu sichern. Heute leben hier rund 22.000 Menschen.

Fünf Türme charakterisieren das Stadtbild: die beiden Türme der protestantischen und der katholischen Kirchen, die zwei Türme der „Alten Synagoge“, der Rathausturm und der leicht schiefe Falterturm, dessen Bauleuten nachgesagt wird, sie hätten aufgrund von Wassermangel den Mörtel mit Wein gemischt und beim Dachstuhlbau etwas zu tief ins Glas geschaut. In diesem Turm ist passender Weise das Fastnachtmuseum untergebracht.

Weinkultur wurde in Kitzingen immer schon groß geschrieben. Bereits die Nonnen des ersten Benediktinerinnenklosters begannen mit dem Anbau. Der älteste Weinkeller ganz Deutschlands soll in ihrem ehemaligen Kloster beheimatet sein. Noch Anfang des 20. Jahrhunderts lebte die ganze Stadt vorrangig von Weinbau und -handel.

Von Kitzingen nach Ochsenfurt — 17 km

Tipp: Auch auf dem rechten Mainufer können Sie, vorbei am sehenswerten Städtchen **Sulzfeld**, nach Segnitz gelangen.

Mit der Alten Mainbrücke wechselt der Main-Radweg jedoch auf die linke Seite ~ im engen Linksbogen hinunter und direkt am Ufer entlang ~ unter der Bundesstraße hindurch, danach links ~ an dem großen Parkplatz nach rechts, dann nochmal rechts in die **Schwimmbadstraße** ~ kurz darauf nach links über den Parkplatz und am Campingplatz entlang ~ hinter dem Parkplatz des Campingplatzes verläuft dann ein gemeinsamer Rad- und Fußweg zuerst direkt unterhalb der **St 2271**, nach rund 2 Kilometern entfernt sich der Weg von ihr und führt durch die Felder näher an den Main heran.

Marktsteft

In Marktsteft kurz links zur Straße, dann rechts ~ dem Straßenverlauf linksherum folgen ~ an der Kreuzung halbrechts ~ schließlich unter der Umgehungsstraße hindurch ~ danach sogleich nach rechts wenden ~ bis ins Gewerbegebiet von Marktbreit ~ wieder vorne an der Staatsstraße angelangt, auf einer parallelen Nebenstraße entlang der dem Main zugewandten Häuserzeile weiterfahren.

Marktbreit

Fahrrad Müller, ✆ 09332/3872

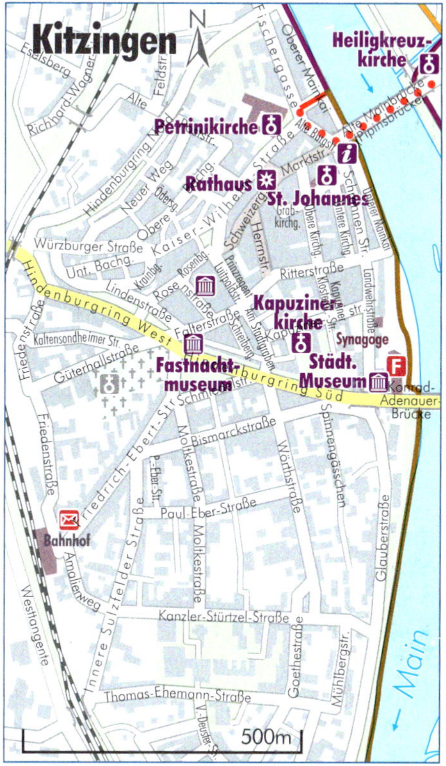

Der historische Ort Marktbreit mit seinen hübschen Gassen und prachtvollen Bürgerhäusern hatte seine wirtschaftliche Blütezeit im 18. Jahrhundert dem Transithandel zu verdanken. An diesem südöstlichen Punkt des Maindreiecks gelegen, war das Städtchen ein wichtiger Schiffsumschlagplatz für Getreide und Naturstein.

In Frickenhausen

Zeugen dieses lebhaften wirtschaftlichen Treibens sind die beiden prächtigen Handelshäuser mit den sehenswerten Erkern und den reichgeschmückten Portalen. Zu Beginn des 18. Jahrhunderts ließ der kaiserliche Hoffaktor, also der Bankier, Wertheimer das rechte Haus errichten. Daraufhin hatte der Consistorialrat Günther keine Ruhe mehr, bis er nicht ein ebenbürtiges und ebenso prachtvolles Haus nebenbei erbaut hatte, das 1725 fertiggestellt wurde.

Ein weiterer sehenswerter Teil Marktbreits ist der romantische Malerwinkel an den Ufern des Breitbaches. Von hier aus erblickt man das Rathaus, das sonderbarerweise nicht auf dem Marktplatz errichtet wurde, sondern sich an die Stadtbefestigung anschmiegt. Im 16. Jahrhundert im Stil der Spätrenaissance erbaut, ist es mit seinem reich gegliederten Giebel absolut sehenswert.

In der Ortsmitte dagegen ist das Seinsheimische Schloss zu finden, das auch der Stilrichtung der Renaissance in seiner prächtigsten Form zuzuschreiben ist.

Tipp: Exakt gleich lang wie der Main-Radweg am Südufer ist die Variante durch das sehenswerte Frickenhausen:

Am Nordufer nach Kleinochsenfurt 6,5 km

Auf der Hauptstraße bei Marktbreit ein Stückchen zurück bis zur Brücke ~ dann links über diese nach **Segnitz** ~ zunächst links direkt am Fluss entlang ~ ab der das gesamte Tal überspannenden Autobahnbrücke auf der nur mäßig befahrenen **St 2270** durch Frickenhausen.

Frickenhausen

Weinreben, Fachwerkhäuser, Sandstein und Kopfsteinpflaster bezaubern bei der Ortsdurchfahrt und der Biergarten des Gasthauses zum Bären lädt zur Rast an diesem beschaulichen Ort ein.

Ein Tor, gekrönt von einem Sandsteinturm, öffnet den Weg zur Weiterfahrt nach Klein-

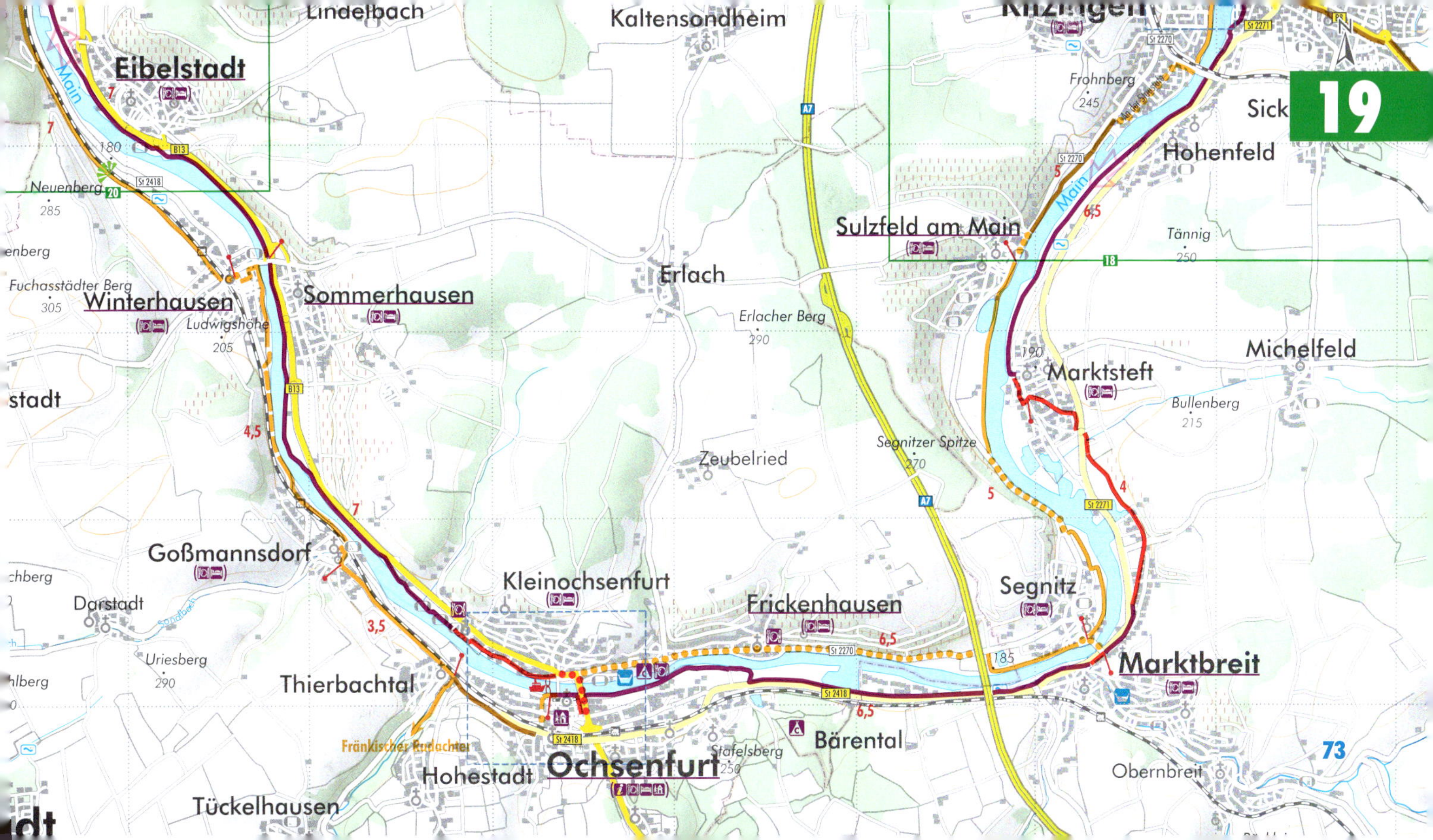
Lindelbach
Kaltensondheim
Kitzingen
19
Eibelstadt
Main
Sick
Frohnberg
245
Hohenfeld
180
B13
St 2418
St 2270
St 2271
Neuenberg
20
285
Sulzfeld am Main
Tännig
250
18
enberg
Erlach
Fuchasstädter Berg
305
Winterhausen
Sommerhausen
Ludwigshöhe
205
Erlacher Berg
290
A7
190
Marktsteft
Michelfeld
Bullenberg
215
stadt
4,5
Segnitzer Spitze
270
Zeubelried
7
5
4
6,5
Goßmannsdorf
Kleinochsenfurt
Segnitz
Darstadt
Frickenhausen
3,5
Uriesberg
290
185
Marktbreit
Thierbachtal
Fränkischer Radachter
Bärental
Stafelsberg
250
Hohestadt
Ochsenfurt
Obernbreit
73
Tückelhausen

ochsenfurt ~ die erste Brücke mit Verkehr unbeachtet lassen und auf dem Radweg bis zur **Alten Mainbrücke** radeln, hier bringt der Fährbetrieb mit der Nixe (Fährzeiten siehe Daten Ochsenfurt) alle jene sicher über den Fluss, die sich die historische Altstadt von Ochsenfurt nicht entgehen lassen wollen.

Der Main-Radweg verläuft von Marktbreit bis Ochsenfurt weiter am südlichen Ufer ~ zunächst am Hafen vorbei ~ dann auf abgesetztem Radweg entlang der **St 2418** ~ kurz vor dem Gewerbegebiet am Rand von Ochsenfurt geht´s unmittelbar hinunter an den Main ~ zwischen Fabrikgebäuden und Fluss hindurch und unter der Neuen Mainbrücke hindurch ~ gleich danach links und weiter parallel zur Jahnstraße bis zur TVO Halle.

Tipp: Hier haben Sie zwei Möglichkeiten, um an das andere Ufer zu kommen: Entweder radeln Sie im spitzen Winkel nach links und schieben Ihr Fahrrad über die Brücke oder Sie radeln geradeaus weiter an der Alten

Ochsenfurt, Altstadt

Mainbrücke vorbei und biegen dann nach rechts ab zur Fähre.

Ochsenfurt

PLZ: 97199; Vorwahl: 09331

- **Tourist-Information**, Hauptstr. 36, ✆ 5855, www.ochsenfurt.de
- **Fähre Nixe**, Fährzeiten: tägl. 9-18 Uhr, im Winter bis 17 Uhr.
- **Trachtenmuseum**, Spitalg. 13, prunkvolle Trachten des Ochsenfurter Gaues.
- **Heimatmuseum**, Brückenstr. 26, Stadtgeschichte, Zunftwesen, Weinbau
- **Schul-Laden**, Kolpingstr. 17, Historische Schulstube um 1900
- **Stadtpfarrkirche St. Andreas** (14./15. Jh.), Renaissancehochaltar von 1612, Statue des Hl. Nikolaus von Tilman Riemenschneider.
- **Rathaus**, (1515). Lanzentürmchen mit Figurenuhr, Narrenhäuschen.
- **Fa. Demant**, ✆ 3010

Das an der Spitze des Maindreiecks, an einer im Mittelalter handelswichtigen Furt gelegene Ochsenfurt wird schon im 8. Jahrhundert genannt. Damals gründete Bonifatius hier ein Frauenkloster, in dem er seine englische Begleiterin Thekla als Äbtissin einsetzte.

Die Jahre des Klosters währten nicht lange, trotzdem aber blieb die Siedlung bis zur Säkularisation 1803 in geistlicher Hand. Es herrschte das Würzburger Domkapitel, das Ochsenfurt mit einer doppelten Ummauerung mit hohen vierkantigen Türmen versah, um den bedeutenden Handelsplatz zu sichern. Dieses geistliche Kollegium nutzte die befestigte Stadt sogar, um den eigenen Bischof in Würzburg zu bekriegen.

Um etwa 1500 entschlossen sich die Bürger der Stadt zum Bau eines neuen Rathauses, ein dreigeschossiger spätgotischer Bau, den Sie heute noch bewundern können. Besonders

sehenswert ist das Lanzentürmchen mit astronomischer Monduhr.
Hier im Rathaus wird außerdem der Ochsenfurter Kauz aufbewahrt. Ein Trinkgefäß in Form einer Eule mit einer Füllmenge von 2 Litern. Wenn ein Mitglied des Würzburger Domkapitels auf Besuch in die Stadt kam, wurde ihm dieser Kelch, mit Wein gefüllt, dargereicht.
Heute zählt die Stadt am mittleren Main 12.000 Einwohner und gilt als wirtschaftliches Zentrum des Ochsenfurter Gaues. Die Landwirtschaft und der Weinbau sind auch heute noch wichtige Erwerbsquellen.

Tipp: Auch links des Flusses können Sie weitestgehend auf ausgebauten Radwegen nach Würzburg radeln. Die nur streckenweise parallel verlaufenden Hauptstraßen haben hier deutlich weniger lärmenden Verkehr als die B 13 am anderen Ufer.

Über Winterhausen nach Würzburg 21,5 km

Am westlichen Ende der Altstadt auf der **Brunnenstraße** bergauf ~ erst nach Unterquerung von Bahn und Umgehungsstraße rechts ~ auf dem linksseitigen Radweg der **St 2418** bis zum Nachbarort.

Goßmannsdorf

Rechts ab in den **Teilweg** ~ rechts unter der Bahn hindurch und links am Sportplatz vorbei ~ nun wieder am Fluss entlang.
Am Ortsrand von **Winterhausen** rechts halten ~ unmittelbar vor der neuen Brücke links in den **Brückenrain** ~ zweimal rechtsherum zur großen Kreuzung, wo Sie rechts zurück nach Sommerhausen über den Main hinüber radeln können.

Winterhausen

Linksmainisch geht es aber mit der **Fuchs-**

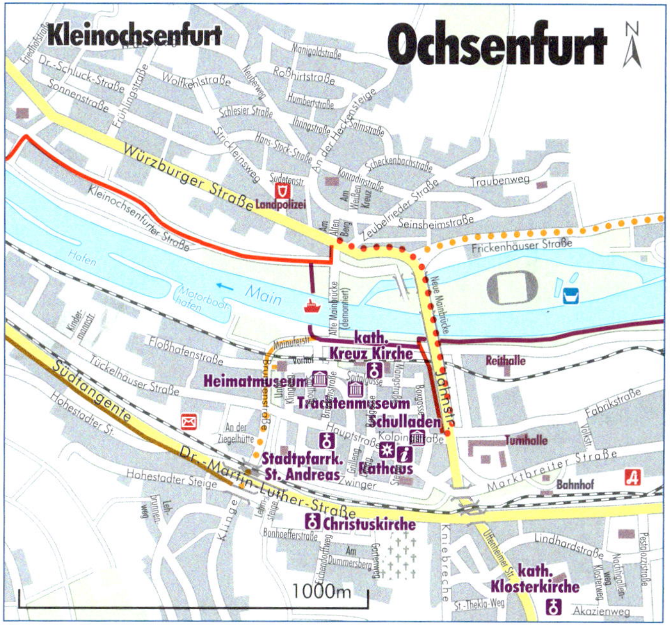

stadter Straße unter der Bahn hindurch ~ dahinter rechts auf den **Schützenweg** ~ mit oft schönem Panoramablick nun immer links der Bahn entlang bis nach rund

7 Kilometern am Rand von **Heidingsfeld** bergab an eine Querstraße gestoßen wird ⤳ rechts unter der Bahn hindurch ⤳ an der Vorfahrtstraße rechts in den Verkehr (⚠) und direkt wieder links ins Industriegebiet ⤳ unten geschottert längs des Ufers weiter ⤳ in den Verkehr der **Seilerstraße** einmünden ⤳ nach deren scharfer Linkskurve an der Ampelkreuzung rechts ins Gewerbegebiet (**Wiesenweg**) ⤳ am Ende geradewegs auf dem Radweg weiter unter Eisenbahn- und Straßenbrücke hindurch ⤳ vor dem Stadion rechts über den **Sebastian-Kneipp-Weg** ans andere Ufer, wo der Main-Radweg direkt am Wasser entlang ins Zentrum von Würzburg führt.

Von Ochsenfurt nach Würzburg 21 km

Am rechten Ufer des Flusses geht die Fahrt weiter: Von der Brücke kommend biegen Sie nach dem Linksbogen der Vorfahrtsstraße links ab in Richtung Alter Mainbrücke, dann gleich rechts; von der Fähre kommend an der ersten Straße links ⤳ von Feldern und Obstbäumen flankiert, unterhalb von Kleinochsenfurt vorbei.

Festung Marienberg

Kleinochsenfurt

Trias Museum an der Ochsenfurt

Beim historischen Museumskirchhof links halten und von dort aus wieder dem Main nähern ⤳ Schrebergärten, Kinderspielplatz und ein Sportplatz geben Geleit aus dem Ort hinaus ⤳ weiter geht es auf eigenem Radweg zwischen **B 13** und dem Fluss nach Sommerhausen.

Sommerhausen

Torturmtheater im Würzburger Tor. Das alte Stadttor beherbergt das kleinste Theater Deutschlands, in dem ganze 50 Plätze zur Verfügung stehen. Es wurde 1945 vom Schauspieler und Maler Luigi Malipiero gegründet und heute vom Schauspieler, Dramaturgen und Regisseur Veit Relin weitergeführt.

Fahrradverleih Prötzel, ✆ 09333/8281

*In der Ortschaft **Sommerhausen** macht ein hübscher Ortskern seine Aufwartung mit dem Sommerhäuser Schloss der ehemaligen Grafen von Rechteren-Limpurg. Die zweiflügelige Anlage stammt aus dem 15. und 16. Jahrhundert.*

Weiter in unmittelbarer Flussnähe und unter der Brücke hindurch, die ins namentliche Gegenstück Winterhausen führt ⤳ wenig später das Städtchen Eibelstadt passieren.

Eibelstadt

Die mittelalterliche Wehrmauer mit den drei noch gut erhaltenen Toren und den acht Türmen sind charakteristisch für die Ortschaft, die aufgrund dessen auch gern als „wehrhafter Zwerg am Main" bezeichnet wird. Schon früh wurde hier der Weinbau betrieben, wie die Trauben im Wappen des Weinortes beweisen, der 1434 das Stadtrecht erwerben konnte.

Heute noch wird der in Dreieckform angelegte Marktplatz von der reichvergoldeten Mariensäule und dem Rathaus, einst das domkapitelsche Amtshaus, geschmückt. Das heutige Rathaus wurde zu Beginn des 18. Jahrhun-

derts von einem Baumeister des Domkapitels im Stil des Barock errichtet.

Den Kirchturm und die Sportplätze von Eibelstadt lassen Sie hinter sich zurück ~ weiter auf dem gemeinsamen Rad- und Fußweg direkt am Fluss Richtung Nordwesten.

Randersacker

PLZ: 97236; Vorwahl: 0931

- **Touristinformation**, Maing. 9, ✆ 705317
- **Mönchshof**, ehemalige Klosteranlage aus dem 13. Jh. mit **Steinhauer-Museum** und Fischer- und Winzerstube.
- Romanische **Pfarrkirche St. Stephan**. Besonders sehenswert sind der Peter-Wagner-Altar und der feingegliederte Kirchturm.
- **Alter Steinbruch**, Ortsteil Lindelbach. Gibt mit seiner 200 Millionen Jahre alten „Urmeersohle" Zeugnis vom früher bedeutsamen Erwerbszweig des Ortes.
- **Balthasar-Neumann-Pavillon**, Residenz des Barockbaumeisters
- **Edelhof**, Anwesen aus dem 15. Jh., heute Rathaus

Mit dem „Erwachen heiterer Empfindungen bei der Ankunft auf dem Lande" hat ein Besucher einmal seinen ersten Eindruck beschrieben, als er aus Würzburg kommend den Nachbarort Randersacker betrat. 1200 Jahre Weinbau formten den mittelalterlichen Marktflecken am Fuße der üppigen Rebhügel. Aus renommierten Winzerhöfen mit alter Familientradition entstammt jener unverwechselbare und einzigartige Wein aus den Lagen Sonnenstuhl, Pfülben, Teufelskeller, Marsberg, Lämmerberg, Ewig Leben und Dabug, der den Ruf Randersackers als eine der bekanntesten Winzergemeinden Frankens begründet.

Immer noch auf eigenem Weg am Fluss verlaufend bleibt auch Randersacker zurück ~ es dauert nicht mehr lange, bis Sie ins

Naherholungsgebiet Feggrube der Stadt Würzburg kommen.

Nachdem Sie unter zwei Brücken hindurchgefahren sind, taucht bald eine grüne **Fußgängerbrücke** auf, über die die Variante herüberkommt. Den fantastischen Blick von hier auf die Festung Marienberg sollte man sich aber nicht entgehen lassen!

Weiter geht´s direkt am rechten Ufer ⤳ hinter der Ludwigsbrücke (Löwenbrücke) – schon mitten im Stadtgebiet – am **Willy-Brandt-Kai** entlang ⤳ bereits in Sichtweite der nächsten Brücke vom **Oberen Mainkai** aus nach rechts und direkt wieder links auf die **Büttnerstraße** ⤳ im Rechtsbogen in die Fußgängerzone (**Glockengasse**) ⤳ links auf die **Alte Mainbrücke**, wo der Main-Radweg hinüberführt, rechts liegt das Stadtzentrum.

Würzburg

PLZ: 97070; Vorwahl: 0931

- **Congress Tourismus Wirtschaft**, Am Congress Centrum, ✆ 372335, www.wuerzburg.de
- **Tourist Information und Ticketservice im Falkenhaus**, Am Markt, ✆ 372398
- **Schifffahrten**, Schiffstouristik Kurth und Schiebe, Alter Kranen, Roter Kiosk, ✆ 58573

- **Mainfränkisches Museum**, Festung Marienberg, ✆ 205940, ÖZ: April-Okt., Di-So 10-17 Uhr, Nov.-März, Di-So 10-16 Uhr. Sammlung fränkischer Kunstwerke (weltberühmte Plastiken von Tilman Riemenschneider), Zeugnisse fränkischer Weinkultur und eine Volkskundeabteilung mit Trachtensammlung.
- **Fürstenbaumuseum**, Festung Marienberg, ✆ 3551750, ÖZ: April-Okt., Di-So 9-18 Uhr. Stadtgeschichte Würzburgs, Wohnwelt der Würzburger Fürstbischöfe, Goldschmiedearbeiten und liturgische Gewänder.
- **Jüdisches Museum „Shalom Europa"**, Valentin-Becker-Str. 11, ✆ 404140, ÖZ: Mo-Do 10-16 Uhr, So 11-16 Uhr. Kulturzentrum der israelitischen Gemeinde in Würzburg.
- **Museum im Kulturspeicher**, Veitshöchheimer Str. 5, ✆ 322250, ÖZ: Mi-Fr, So 11-18 Uhr, Sa 13-20 Uhr. Die Sammlung der Städtischen Galerie sowie eine Ausstellung zur Konkreten Kunst des 20. Jhs. werden im umgebauten Getreidespeicher präsentiert. BBK-Galerie, ✆ 50612, ÖZ: Di 13-18 Uhr, Mi 11-18 Uhr, Do 11-19 Uhr, Fr-So 11-18 Uhr. Künstlerhaus, ✆ 50612, ÖZ: Mi, Do 9-18 Uhr und Fr 14-18 Uhr.
- **Dom St. Kilian**, Domstraße, ✆ 386286, ÖZ: Mo-Sa 10-17 Uhr, So/Fei 13-18 Uhr. Viertgrößte romanische Kirche aus dem 11./12. Jh., um 1700 barock dekoriert, 1945 teilweise ausgebrannt, Wiederaufbau 1967.

Neumünster. Romanische Basilika aus dem 11. Jh. mit mächtigem Kuppelbau und einer prächtigen Barockfassade aus dem 18. Jh.

Residenz, UNESCO Weltkulturerbe, ✆ 355170, ÖZ: April-Okt., Mo-So 9-18 Uhr; Nov.-März, Mo-So 10-16.30 Uhr. Erbaut im 18. Jh., gilt als eines der bedeutendsten Schlösser Europas und als Hauptwerk des süddeutschen Barock.

Festung Marienberg. 1201 gegründet, auf den Grundfesten der ursprünglichen Fliehburg aus der Hallstattzeit (um 1000 v. Chr.), 1253-1719 Residenz der Fürstbischöfe. Nach der Eroberung durch Gustav Adolf von Schweden Ausbau zur Barockfestung.

Stadtrundfahrten, Info bei WSB Würzburger Straßenbahn, ✆ 362320, April-Okt., Mo-Sa 14 Uhr, So/Fei 10.30 Uhr. Dauer ca. 2 Std., Kartenverkauf direkt im Bus, Reservierung erbeten, Abfahrt am Hauptbahnhof/Busbahnhof.

Lusamgärtchen, Zugang nördlich vom Chor der Neumünsterkirche. Grabstätte Walthers von der Vogelweide.

Bikes&More, Bronnbachergasse 3, ✆ 52340

Velo-Momber, Landwehrstr. 13, ✆ 12627

Wenn Sie in Würzburg die Festung Marienberg erklimmen – ein Weg ohne Treppen führt in Serpentinen hinauf, so dass Sie problemlos Ihr Fahrrad mit hinaufnehmen können –, können Sie von hier oben einen wundervollen Blick auf die Altstadt werfen, die, mit zahlreichen Türmen geschmückt, zu Ihren Füßen liegt.

Schon im 8. Jahrhundert v. Chr. bestand hier auf dem Marienberg eine befestigte Höhensiedlung, 1.500 Jahre später, im 7. Jahrhundert n. Chr., hatten die fränkischen Herzöge schon eine Burg errichtet. Sie nannten es das Castellum Virteburch.

Am Fuße der mächtigen und eindrucksvollen Befestigungsanlagen wurde von dem ersten Würzburger Bischof Burkhard das Kloster St. Andreas gegründet. Diesseits des Mains entstand rund um das Kloster das Mainviertel, eine Fischersiedlung mit verwinkelten Gässchen und hübschen Häusern. Rechts des Mains, verbunden mit dem Mainviertel und der Festung durch die älteste Steinbrücke über den Main, die Alte Mainbrücke aus dem Jahr 1133, entwickelte sich eine blühende Siedlung, die im 12. Jahrhundert das Stadtrecht verliehen bekam. Das selbstbewusste Bürgertum versuchte immer wieder, sich von der Herrschaft der Bischöfe zu befreien. Die Bürger hatten jedoch keinen Erfolg, und ihren Bemühungen hinsichtlich einer Befreiung von der Geistlichkeit wurde mit der Schlacht bei

Würzburg, Südflügel der Residenz

Bergtheim und im Bauernkrieg endgültig ein Ende gesetzt.

Die reiche Stadt blieb natürlich nicht von Kriegen und Plünderungen verschont. Während des Dreißigjährigen Krieges gelang es den Schweden sogar, die bisher als uneinnehmbar geltende Festung auf dem Marienberg zu stürmen und zu plündern. Dem Elend dieses verheerenden, dreißig Jahre währenden Krieges folgte wieder eine Zeit der Blüte für die Stadt. Unter dem Fürstbischof Philipp von Schönborn erlangte die Stadt einen besonderen baulichen und architektonisch künstlerischen Reiz.

Balthasar Neumann und **Tilman Riemenschneider** wurden beauftragt, Kirchen und andere Bauwerke zu gestalten. Diese beiden Künstler haben die Stadt sicherlich am stärksten und nachhaltigsten durch ihre Kunstwerke geprägt. Das manifestiert sich vor allem im Bau der Residenz, der auf den Autodidakten Neumann zurückgeht. Auch heute noch kann man sich an diesem interessanten Stadtbild erfreuen, das leider im Zweiten Weltkrieg zu 80% zerstört wurde, in den letzten Jahrzehnten jedoch mit viel Mühe erfolgreich wieder hergestellt wurde.

Sehenswert ist unter anderem das historische Juliusspital, eine gemeinnützige Stiftung des Fürstbischofs Julius Echter von Mespelbrunn aus dem Jahr 1576. Unter dem prächtigen barocken Fürstenbau liegen die Weine des Weingutes, die auch zum Unterhalt des Krankenhauses, des Altenheimes und der Armen beitragen. Jeder Schluck Wein bedeutet somit auch eine gute Tat.

Von Würzburg nach Miltenberg

129,5 km

Von Würzburg aus radeln Sie weiter gen Nordwesten und lassen die Weinberge langsam hinter sich zurück. Mehr und mehr nähern Sie sich den dunkelgrünen Wäldern des Spessarts. Und immer häufiger schimmert der rote Buntsandstein zwischen den Bäumen hervor. Behäbig fließt der Main durch sein gewundenes Tal und nimmt bei Wertheim die Wasser der Tauber in sich auf. So gestärkt, umschlingt er den Spessart und erreicht die historische Stadt Miltenberg.

Auf der Strecke von Würzburg nach Gemünden verlassen Sie kaum die Ufer des Flusses. Meist sind es autofreie Wege, die Sie bis zur Mündung der Fränkischen Saale geleiten. Auf Fahrradwegen und auch auf kleinen, ruhigen Landstraßen geht's dann weiter nach Miltenberg. Steigungen sind dabei nicht zu bewältigen.

Würzburg, Festung Marienberg

Von Würzburg nach Karlstadt 27,5 km

Den dritten Abschnitt an der **Alten Mainbrücke** beginnen ~ am linken Mainufer an der Hauptstraße rechts und gleich wieder links in die **Burkarderstraße** ~ dann nach links durch die kleine Unterführung (Treppchen!) und zum Mainufer ~ unter der Alten Mainbrücke hindurch ~ die **Leonhard-Frank-Promenade** mündet in einen Parkplatz, die Steinmauer linker Hand umgibt einen Biergarten, der Ausblick auf die Kulisse von Würzburg bietet. Nach dem Parkplatz und den Sportplätzen auf einem Radweg durch ein parkähnliches Gelände nahe des Mains ~ die rotweiße Kirche des Klosters Oberzell bewacht die Fahrt nach **Zell am Main**.

Zell am Main

Nach Unterquerung der Eisenbahnbrücke, hat man Zell schon wieder verlassen ~ die Route verläuft zwischen Fluss und Hauptstraße, mal näher am Main, mal näher an der Straße, und teilweise wie eingezwängt zwischen beiden ~ kurz vor Margetshöchheim nicht an der Hauptstraße weiterfahren, sondern beim Jachthafen nach rechts, weiter auf dem Radweg nahe des Wassers.

Margetshöchheim

Tipp: Eine Brücke bietet sich für einen Ausflug nach Veitshöchheim an, das abseits der Route am rechten Mainufer gelegen ist. Am Ufer ein Stückchen zurück, dann links ab kommen Sie zur Sommerresidenz inmitten des Rokokogartens:

Veitshöchheim

S&S Bikes, ✆ 0931/960626

Nicht weit von Würzburg hatten die Fürstbischöfe eine Sommerresidenz errichten lassen, die heute von einem fürstlichen französischen Rokokogarten umsäumt wird. Französisch wurde der Garten aber erst Mitte des 18. Jahrhunderts, anfangs war das 1680-83 errichtete Sommerhaus als Jagdsitz mit Tiergarten konzipiert gewesen. Erst mit der Zeit wurde die großräumige Parkanlage mit Plastiken geschmückt und auf französische Art zugeschnitten. Balthasar Neumann hatte bei der Gestaltung des Schlosses und des Gartens natürlich auch wieder seine Hände im Spiel.

Heute ist Veitshöchheim mit seinen bald 10.000 Einwohnern Sitz der Bayerischen Landesanstalt für Wein- und Gartenbau.

Von **Margetshöchheim** aus am Spielplatz vorbei direkt ans Ufer des Main ~ entlang des Naherholungsgebietes weiter nach Erlabrunn ~ die Sportplätze und den Ort links liegen lassen.

Erlabrunn

Der Weg windet sich weiterhin zwischen Straße und Main dahin, und auf den Hügeln jenseits des Flusses breitet der Wein sich unermüdlich aus ~ recht schmal wird das Tal zeitweise auf dem Weg nach Zellingen, eindrucksvoll leuchtet der Sandstein von den Steilhängen am anderen Ufer herüber ~ am Ortsrand von Zellingen hinterm Freibad rechtsherum ~ links am Sportplatz entlang und rechts wieder ans Ufer.

Zellingen

Tipp: Die enge Straßenbrücke (⚠) bringt Interessierte hinüber ins sehenswerte Retzbach, von wo aus eine Variante rechts des Mains nach Himmelstadt führt.

Das Parkgelände geht über in die dicht bewachsene Mainaue, Sie bleiben weiterhin zwischen der **St 2300** und dem Fluss.

Himmelstadt

Es geht nun auf Laudenbach zu, das Tal öffnet sich ganz weit, und läuft in sanft ansteigenden Hügeln aus ~ mehrere Rastmöglichkeiten laden ein, die Ruhe am Fluss zu genießen.

Laudenbach

In Laudenbach immer so nah wie möglich an den Ufern des Mains bleiben ~ erst in **Mühlbach** zunächst unter der Brücke hindurch, dann links zur Hauptstraße ~ weiter linksherum auf die enge (⚠) Brücke nach Karlstadt.

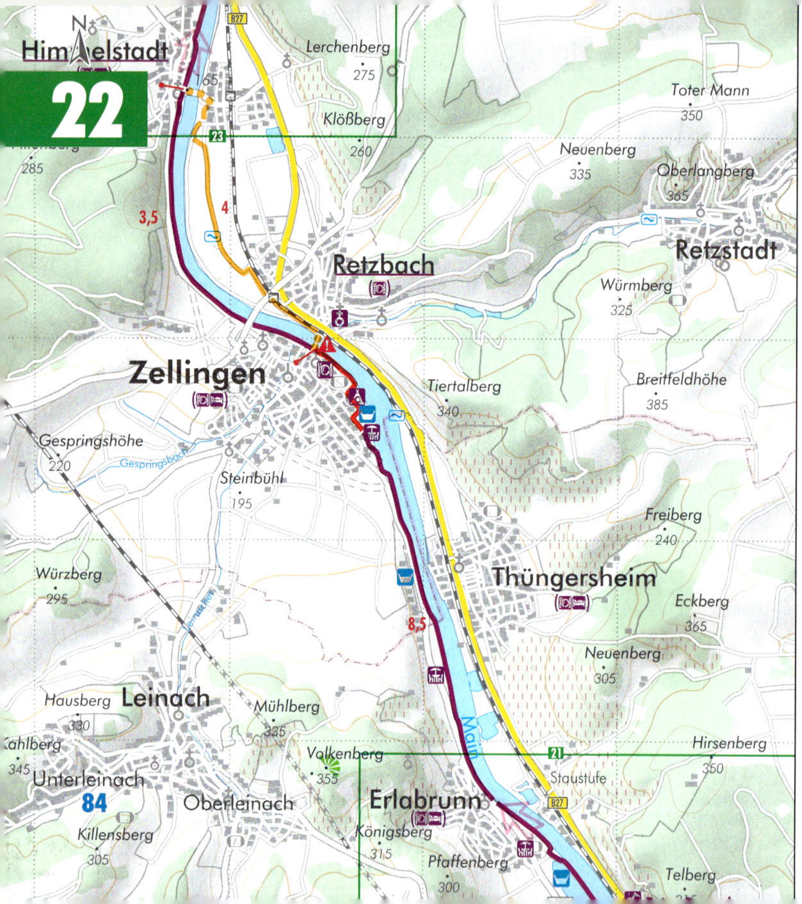

Karlstadt

Tipp: In die fachwerkbestückte Altstadt geht es am Tor links hinein.

Karlstadt

PLZ: 97753; Vorwahl: 09353

- **Touristinformation,** Hauptstr. 56, ✆ 981347, www.karlstadt.de
- **Stadtgeschichtliches Museum,** Hauptstr. 11, ✆ 3536, ÖZ: Mai-Okt., Mi 15-17.30 Uhr, Sa 15-17.30 Uhr, So 10-12 Uhr. Die Stadtgeschichte Karlstadts wird hier dokumentiert.
- **Europäisches Klempner- und Kupferschmiedemuseum,** Ringstr. 47d, ✆ 996330, ÖZ: Di-Fr 10-12.30 Uhr, Mi, Do 14-17 Uhr, Sa, So 11-16 Uhr. Einmalige Sammlung alter Maschinen, Werkzeuge und Meisterstücke aus dem Spengler-, Flaschner-, Klempner-, Blechner- und Kupferschmiedehandwerk.
- **Stadtpfarrkirche St. Andreas,** die mit Recht auch als „Kleinstadtdom" bezeichnet wird. Die ältesten Bauteile gehen auf die Zeit unmittelbar nach der Stadtgründung zurück. Das Kircheninnere birgt eine Reihe bedeutender Kunstschätze aus allen Jahrhunderten der Stadtgeschichte.
- **Rathaus,** wurde 1422 erbaut und beherrscht mit seiner doppelseitigen Freitreppe und dem sehenswerten Treppengiebel den Marktplatz.
- **Altstadt.** In der um 1200 gegründeten und von Mauern, Türmen und Toren umgebenen Altstadt, entdecken Sie Bauwerke und Strukturen, die sich mehr als 7 Jahrhunderte erhalten haben. Stadtführungen jeden Samstag um 16 Uhr.

ABB **Rosenberger**, Hauptstr. 44, ✆ 8673

Am Baggerstweg 4-6, ✆ 1250

Die Würzburger Bischöfe waren auch an der Entstehung Karlstadts beteiligt. Der Bischof Konrad von Querfurt ließ um 1200 eine Siedlung am rechten flachen Mainufer anlegen, nach dem Vorbild der Kreuzfahrerfestungen im Heiligen Land. Der Grundriss gestaltet sich in einem abgerundeten Rechteck, die Straßen sind nach dem Schachbrettmuster konzipiert. Nach Süden hin öffnet sich eine mächtige Toranlage, die, wie auch ein großer Teil der Wehrmauern, heute noch erhalten ist. Einige berühmte Persönlichkeiten stammen aus der Stadt, die heute Sitz der Verwaltungsbehörden des Main-Spessart-Kreises ist. Geboren ist hier der Reformator Andreas Bodenstein, der eher unter dem Namen Dr. Karlstadt bekannt ist. Genannt seien auch noch der Chemiker Rudolph Glauber und der Geistes- und Naturwissenschaftler Johann Schöner.

Von Karlstadt nach Lohr 26,5 km

Der Main-Radweg beschreibt vor dem südlichen Tor einen Rechtsbogen und führt erneut unter der Brücke der St 2435 hindurch ~ Sie können aber auch innerhalb des historischen Ortskernes zum Main hinunterschwenken; spätestens aber, wenn Sie das nördliche Stadttor hinter sich gelassen haben ~ hier unten am Ufer auf den asphaltierten Radweg.

Der Wein tut sich nun schon etwas schwerer, Halt auf den steilen Hängen zu finden; auf Terrassen wird er hier noch kultiviert. Kontrastreich hebt sich die rote Farbe des Buntsandsteins zwischen den grünen

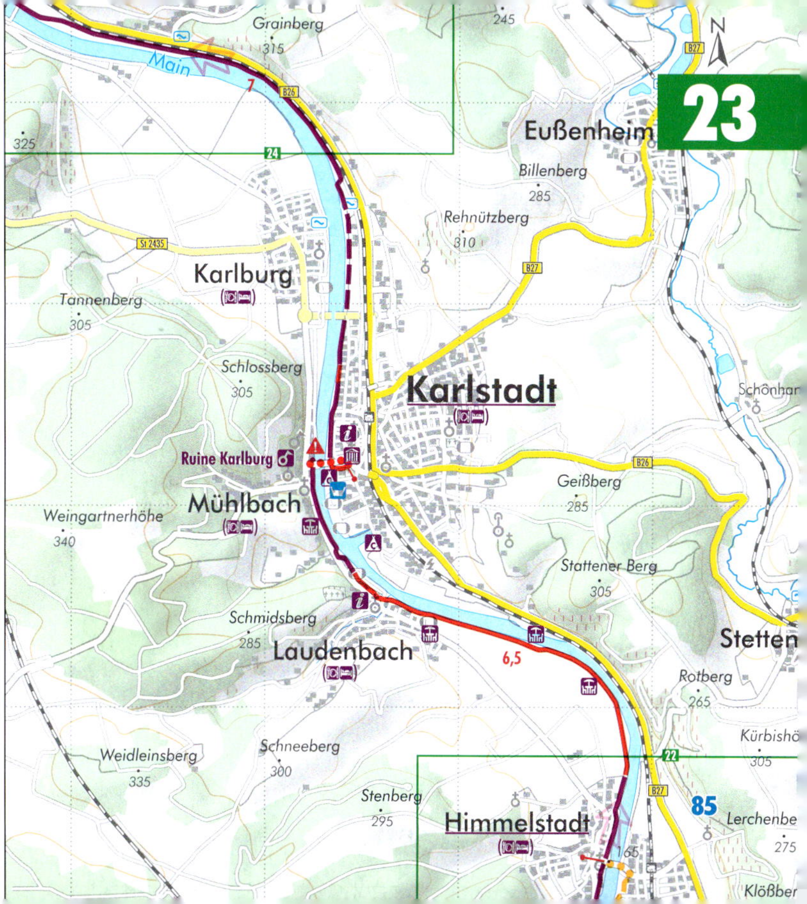

Weinblättern hervor. Durch ein immer enger werdendes Tal schlängelt sich der hier schon recht groß und breit gewordene Fluss nun in die bewaldeten Hügel des Spessarts.

Die Bahnlinie führt nun schon seit einiger Zeit am Radweg entlang und wird dieses bis Gemünden auch noch weiterhin tun ~ an der Staustufe Harrbach vorbei ~ das ruhige Sträßlein pendelt immer wieder zwischen Bahn und Fluss hin und her, vorbei an Wernfeld und Adelsberg, durch Wald und Wiesen und schon bald sind die ersten Häuser von Gemünden zu sehen ~ vor der Mainbrücke rechts unter der Bahn hindurch, über die Hauptstraße hinüber und in die Fußgängerzone von Gemünden.

Gemünden am Main

PLZ: 97737; Vorwahl: 09351

Tourist Information, Scherenbergstr. 4, ✆ 3830, www.stadt-gemuenden.de

Museum im Huttenschloss, Frankfurter Str. 2, ✆ 793366, ÖZ: 9-12.30 Uhr und 13.30-17.30 Uhr, Sa 10-13 Uhr und 14-17 Uhr, So/Fei 10-12 Uhr. Dokumentationsstelle Naturpark Spessart, Film-Photo-Ton-Museum (ÖZ: Sa 14-17 Uhr, So 10-12 Uhr, Infos unter ✆ 3237).

Gemünden

Stadtpfarrkirche St. Peter und Paul, Fußgängerzone. Von der alten spätgotischen Kirche sind nach der Zerstörung im Zweiten Weltkrieg nur noch ein paar Einzelteile erhalten.

Ruine Scherenburg, unter den Grafen von Rieneck erbaut, erste Erwähnung im 13. Jh., gut erhaltener Burgkeller, schöner Rundblick.

Fischlein ✆ 8931

Die heute mehr als 11.000 Einwohner zählende Stadt ist unter zwei Beinamen bekannt. Sie wird die Dreiflüssestadt genannt, da hier Sinn und Saale in den Main münden, und außerdem wird sie als das Tor zu Spessart und Rhön bezeichnet. Im 9. Jahrhundert wird erstmals von einer Siedlung gesprochen, im 13. Jahrhundert entstand die Burg Scherenberg. Anfangs im Besitz der Grafen von Rieneck, gelangte Gemünden im 15. Jahrhundert unter die Herrschaft der Würzburger. In der zweiten Hälfte des 18. Jahrhunderts, wurde die Burg zerstört und existiert seitdem nur mehr als Ruine. Von dem noch gut erhaltenen Bergfried können Sie einen schönen Rundblick genießen.

Um die Weiterreise anzutreten, am Ende des Kopfsteinpflasters nach links auf die Straße hinauf und die Fränkische Saale überqueren ~ immer weiter dem Straßenverlauf linksherum folgen, auf die Brücke über den Main.

Tipp: Wenn Sie vor der Mainbrücke rechts abbiegen und hinunter an den Main rollen, gelangen Sie auf die Nebenroute am rechten Ufer. Diese bleibt – durchgehend asphaltiert – auf ihrem Weg (14,5 km) via **Neuendorf** und **Nantenbach** nach Lohr immer zwischen Bahngleisen bzw. B 26 und dem Flussufer.

Die Hauptroute des Main-Radwegs verläuft am südlichen Brückenende nach links, in den nächsten Weg erneut nach links zum

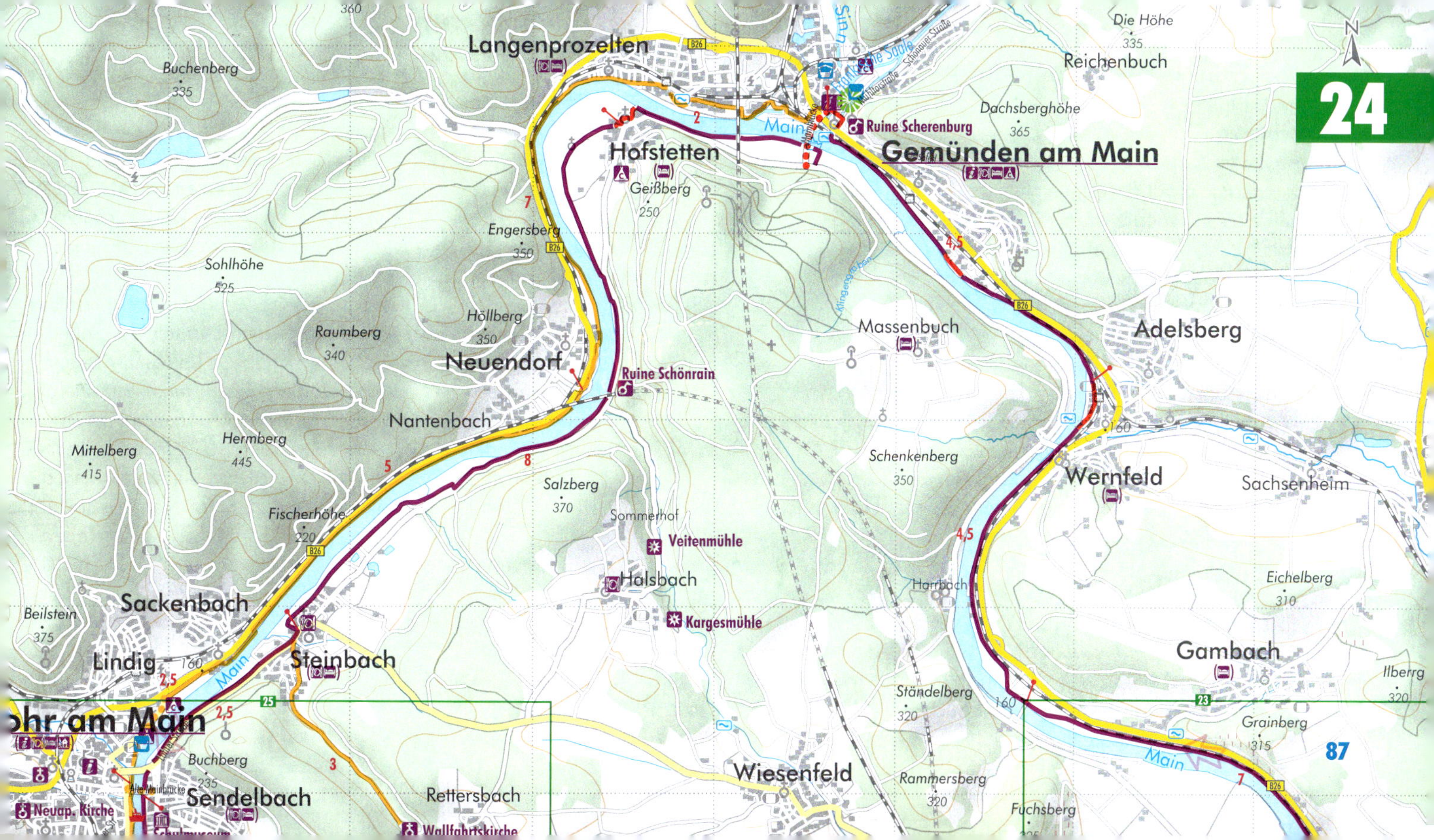
24
Langenprozelten
Buchenberg
335
Die Höhe
335
Reichenbuch
Dachsberghöhe
365
Ruine Scherenburg
Gemünden am Main
Hofstetten
Geißberg
250
Main
Sinn
Fränkische Saale
Engersberg
350
Sohlhöhe
525
Höllberg
350
Raumberg
340
Neuendorf
Ruine Schönrain
Massenbuch
Adelsberg
Nantenbach
Hermberg
445
Mittelberg
415
Schenkenberg
350
Wernfeld
Sachsenheim
Salzberg
370
Sommerhof
Veitenmühle
Fischerhöhe
220
Halsbach
Kargesmühle
Harrbach
Eichelberg
310
Beilstein
375
Sackenbach
Lindig
Steinbach
Gambach
Ilberg
320
Ständelberg
320
Grainberg
315
ohr am Main
Buchberg
235
Sendelbach
Neuap. Kirche
Alte Mainbrücke
Rettersbach
Wiesenfeld
Rammersberg
320
Fuchsberg
Wallfahrtskirche
B26
25
23
87

Lohr am Main

Main und unter der Brücke hindurch.

Hofstetten

Am Dorfrand noch ein wenig geradeaus am Ufer, dann links hinein ~ vor der Hauptstraße rechts durch die engen Gassen, an der Kirchenmauer entlang ~ oben angelangt, sogleich wieder nach rechts wenden ~ Hofstetten wieder verlassen und auf einem gemütlichen Sträßchen durch grüne Wiesen ~ Sie nähern sich nun wieder der Hauptstraße, und radeln auf dem straßenbegleitenden Radweg unterhalb der Eisenbahnbrücke, die hoch über Ihnen das Tal durchschneidet; noch höher liegt die Ruine Schönrain.

Sie fahren mal parallel zur Straße mal ganz nah am Ufer.

Steinbach

Gasthof Adler, ✆ 87500

Tipp: Zur **Wallfahrtskirche Mariabuchen** radelt man von Steinbach aus gut 3 Kilometer auf schmalem Sträßlein das romantische Buchental hinauf.

Weiter nach Lohr entlang der **St 2435** ~ bei den ersten Häusern entfernt sich der Radweg von der Straße.

Tipp: Um in die Altstadt von Lohr zu gelangen, wenden Sie sich nach der zweiten Brücke, die sich über Ihnen erhebt, bei der Sandsteinbrücke nach links und treten parallel zu ihr hinauf. Oben angelangt, wenden Sie sich nach links und kommen so ans andere Mainufer.

Lohr a. Main

PLZ: 97816; Vorwahl: 09352

- **Tourist-Information**, Schlosspl. 5, ✆ 5152, www.lohr.de
- **Spessartmuseum**, Schlosspl. 1, ✆ 2061, ÖZ: Di-Sa 10-16 Uhr, So/Fei 10-17 Uhr, Darstellungen des Verhältnisses Wald-Mensch, der Mensch inmitten seines sozioökonomischen Umfeldes, Bedeutung des Waldes für den Menschen.
- **Schulmuseum**, Sendelbacher Str. 21, ✆ 4960 od. 09359/317, ÖZ: Mi-So 14-16 Uhr. Bedeutende Dokumentationsstätte des pädagogischen Alltags vergangener Zeiten. Das Museum hat heute einen überregional bedeutenden Ruf und zählt zu den attraktivsten seiner Art.
- **Isolatorenmuseum**, Haaggasse im alten Trafohäuschen, ✆ 4795, ÖZ: jeden 1. So im Monat 14-17 Uhr. Wissens- und Stauneswertes aus der Welt der Isolatoren. Das Unikat in Deutschland zeigt eine der größten privaten Sammlungen von Isolatoren.
- **Kurmainzer Schloss**, aus der Mitte des 14. Jhs. stammt die Viertürmeanlage, wurde im 16. und 17. Jh umgestaltet und erweitert, bis Mitte des 16. Jhs. im Besitz der Grafen von Rieneck, von 1559 Sitz der kurmainzischen Oberamtmänner, von 1802-1972 bayerisches Landgericht. Seit 1972 beherbergt es das Spessartmuseum.

Lohr a. Main bildet das wirtschaftliche Zentrum des Ostspessarts zwischen Würzburg und Aschaffenburg und ist als „Tor zum Spessart" gleichzeitig ein beliebtes Urlaubsziel. Mit seinen 17.000 Einwohnern ist Lohr die größte Stadt des Main-Spessart-Kreises. In ihrem Rücken erheben sich die dichten Laubwälder des Hochspessart, am anderen Ufer des Mains beginnt das benachbarte fränkische Weinland. Die sehenswerte Altstadt ist geprägt von Bauwerken der Gotik und Renaissance.

Lohr am Main

Schon im 9. Jahrhundert existierte an dieser Stelle eine Siedlung, urkundlich wird der Ort 1295 erstmals erwähnt. Seit 1333 ist Lohr als Stadt anerkannt. Die Grafen von Rieneck herrschten über die Stadt mehrere Jahrhunderte lang, vom 11. Jahrhundert bis zu deren Aussterben 1559. Damals ging die Stadt mit dem größten Teil der Grafschaft an das Kurfürstentum Mainz über und wurde demnach mainzischer Oberamtssitz bis zur Säkularisation 1803.

Während der Jahrhunderte war lebhafte Handelstätigkeit charakteristisch für die Stadt. Ein wichtiger Wirtschaftszweig war unter anderem der Schiffsbau, das Holz hierfür stammte aus den Eichenwäldern des Spessarts. Lastkähne aus dieser Produktion waren auf den Wasserwegen bis hin zur Moldau zu finden.

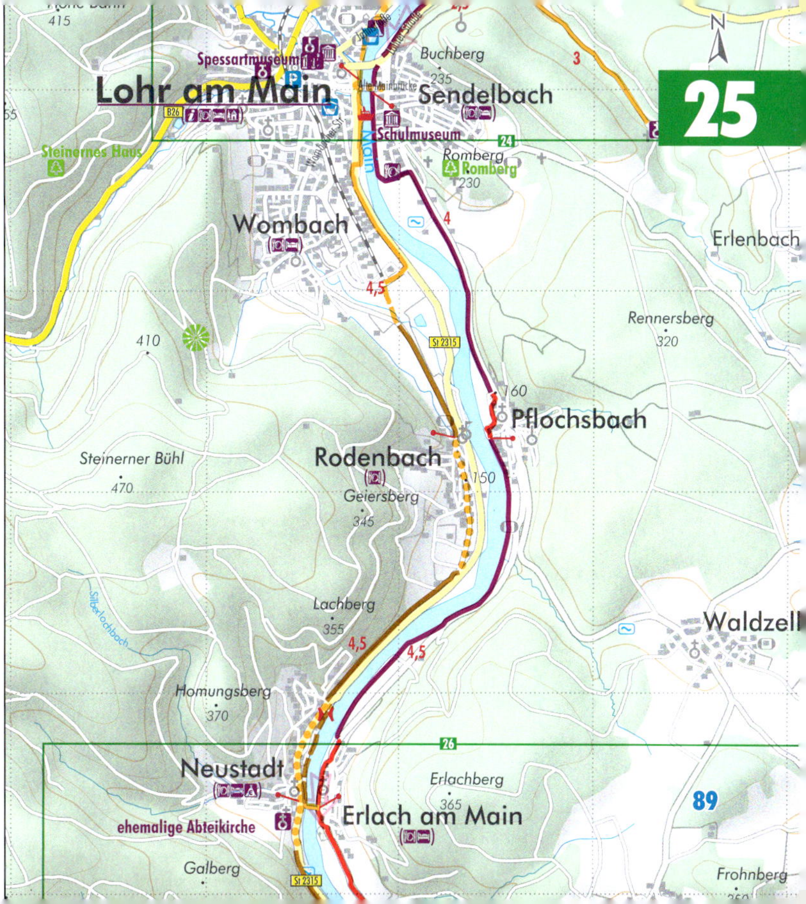

Somit hatten die Forstwirtschaft und der Wald von jeher eine enorme Bedeutung für das Werden und Wachsen der Stadt.

Tipp: Auch auf dem rechten Mainufer verläuft eine schöne, fast ebenso lange Radroute:

Rechtsmainische Variante nach Marktheidenfeld 19 km

Am südlichen Ortsrand von **Lohr-Wombach** geht es von der **St 2315** kommend rechts ins Gewerbegebiet ~ hinter dem Bahndamm links und nun parallel der alten Bahnlinie am Radweg dahin.

Rodenbach

Auf der dank der neuen Ortsumgehung nun ruhigen Hauptstraße durch den Ort ~ am Ende beginnt rechts ein Radweg auf der **ehemaligen Bahntrasse**.

Neustadt am Main

Dieser Klosterort ist seit dem 8. Jahrhundert bekannt, die Kirche der ehemaligen Benediktinerabtei stammt ursprünglich aus dem 12. Jahrhundert.

Zu Beginn der Siedlung haben Sie die Wahl zwischen einem idyllischen, sehr schmalen Weg am Flussufer oder der recht stark befahrenen **St 2315**.

Tipp: Eine moderne Fußgängerbrücke ohne Stufen bringt auch Radler nach **Erlach** hinüber.

Auf der stark befahrenen Straße noch ein Stück an der Abteikirche vorbei aus Neustadt hinaus, hier beginnt wieder der glatt asphaltierte Radweg auf der alten **Bahntrasse**.

Tipp: Auch wenn Sie Ihr Rad nicht über die steilen Treppchen bis ans andere Ufer tragen möchten, so lohnt doch der Ausblick durch´s enge Tal flussauf- und -abwärts einen kurzen Stopp an der Staustufe vor **Rothenfels**.

Rothenfels

PLZ: 97851; Vorwahl: 09393

♿ **Burg Rothenfels**. Hoch über dem Tal gelegen, belohnt die Burg, die über der kleinsten Stadt Bayerns thront, die Mühen des Aufstiegs über 329 Stufen.

Weiter geht´s nun immer entlang der **St 2315**.

Marktheidenfeld

Hafenlohr

Im Ort wechseln Radweg und alte Bahntrasse auf die linke Straßenseite ~ nach **Marktheidenfeld** radeln Sie dann am besten bereits am Kreisverkehr auf der neuen Mainbrücke hinüber.

Von Lohr nach Marktheidenfeld 18,5 km

Die Beschilderung des Main-Radwegs geleitet für die Weiterfahrt ans linke Mainufer zurück ~ am Ufer durch den Ortsteil Sendelbach.

Sendelbach

🏛 **Schulmuseum**, Sendelbacher Str. 21, ✆ 09359/317, ÖZ: Mi-So 14-16 Uhr. Dieses Museum hat heute einen überregional bedeutenden Ruf und gilt als eines der attraktivsten seiner Art. Themen u. a.: Lehren und Lernen im 19. Jh., im Deutschen Kaiserreich um 1910 sowie im 3. Reich.

Der Radweg entfernt sich vom Ufer und gelangt wieder auf die Hauptstraße, wo es am Radweg nach Pflochsbach weitergeht.

Pflochsbach

Hier entfernt sich die Route von der größeren Straße und umrundet die Ortschaft auf der rechten Seite ~ während der rund 5 Kilometer bis nach Erlach bleibt die Route auf neu asphaltiertem Weg am Mainufer ~ da hier die Talbreite oft recht gering ist, rückt die kleine Straße trotzdem oft recht nah.

Es bietet sich an, zwischendurch eine Rast einzulegen und sich einen frisch gefangenen und geräucherten Fisch einzuverleiben, der hier, nahe der Route, zur Sommerzeit serviert wird.

Erlach am Main

Tipp: In Erlach können Sie bequem und ohne Stufen auf einer Fußgänger- und Radlerbrücke die Seiten wechseln.

Ab Erlach geht's auf einer etwas höher gelegenen Obstbaumallee auf den Wald zu ~ auf unbefestigtem Weg am Waldrand entlang ~ dann unter dem Steg der Staustufe hindurch.

Tipp: Am gegenüberliegenden Ufer des Mains liegt das idyllische ***Rothenfels,*** die kleinste Stadt Bayerns, mit ihrer Burg hoch oben, die das enge Tal bewacht. Hierhin können Sie – falls die engen Treppchen Ihnen kein Hindernis darstellen – an der Staustufe hinüberwechseln. Doch auch der

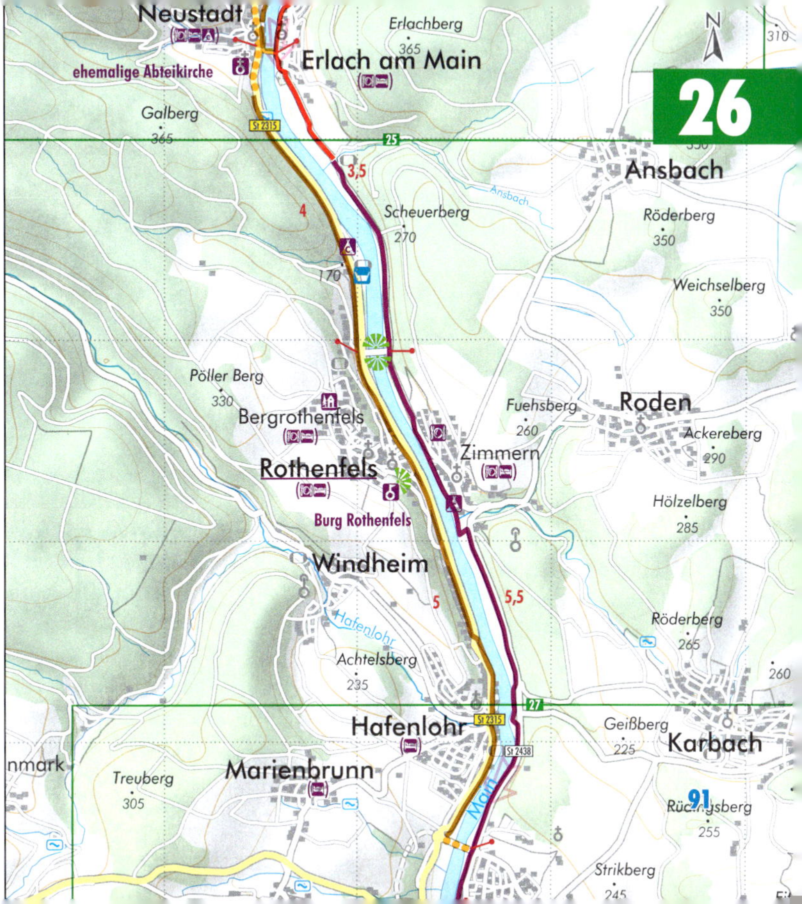

Blick von Zimmern aus hinauf zur Burg ist nicht zu verachten.

Zimmern

Am Ortsrand biegt der Fahrradweg nach rechts hinunter über das Campingplatzgelände zum Ufer ab ~ ab Ende des Dorfes bald parallel der Hauptstraße am Main entlang ~ bei Unterquerung der neuen Mainbrücke ist das schmucke Städtchen Marktheidenfeld fast erreicht ~ nun geht es weiter auf dem neuen Radweg direkt am Mainufer.

Tipp: Direkt nach der Brücke können Sie über einen Parkplatz die verkehrsberuhigte Innenstadt erreichen, oder Sie radeln weiter und biegen an der Mainpromenade links in die **Fahrgasse** ab und erreichen so die Fußgängerzone am Marktplatz mit seinem Fischerbrunnen.

Marktheidenfeld

PLZ: 97828; Vorwahl: 09391

- **Touristinformation,** Luitpoldstr. 17, ✆ 500441, www.marktheidenfeld.de
- **Franck Haus,** reiches Bürgerhaus aus dem Jahr 1745 mit Deckengemälden und Stukkaturen, Wechselausstellungen.

Marktheidenfeld, Marktplatz

- **Maradies,** ✆ 4131. Das Frei- und Hallenbad mit großzügiger Saunalandschaft verfügt über 2.000 m² Wasserfläche, Wildwasserkanal und einer 70 m langen Tunnelrutsche.

Schon seit dem 8. Jahrhundert bildet Marktheidenfeld ein Bindeglied zwischen dem fränkischen Weinland und dem waldreichen Spessart. Seinen Wohlstand verdankt das heute 11.600 Einwohner große mainfränkische Landstädtchen ursprünglich vor allem dem Weinhandel und der Schifffahrt.

Von Marktheidenfeld nach Wertheim 22,5 km

Der Radweg führt von Marktheidenfeld am Felsenkeller vorbei nun direkt am Main entlang nach **Lengfurt** ~ entlang der Straße (**St 2299**) weiter bis zur Mainbrücke.

Lengfurt (Markt Triefenstein)

PLZ: 97855; Vorwahl: 09395

- **Marktverwaltung Triefenstein,** Rathausstr. 2, ✆ 97010, www.markt-triefenstein.de

Auf den Hügeln gegenüber lugen die Türme des Klosters Triefenstein zwischen den Bäumen hervor. Das ehemalige Augustinerchorherrenstift stammt aus dem Jahr 1102, wurde später aber nach Plänen von Valentin Pezzani während des 17. Jahrhunderts umgestaltet. Mit der Säkularisation gelangte das Kloster an das Fürstenhaus der Löwenstein-Wertheim. Die mit einer wertvollen klassizistischen Innendekoration ausgestattete Klosterkirche ist nur nach Absprache mit den jetzigen Besitzern (der Christusträger-Bruderschaft) zu besichtigen.

Der Einfluss des Spessarts verflüchtigt sich hier allmählich, denn an den immer noch sehr steilen Hängen wird schon wieder Weinbau betrieben. Und plötzlich taucht das liebliche Schlösschen Homburg in Ihrem Blickfeld auf, das in reinstem Fachwerk erstrahlt.

Tipp: Wen ein Anstieg von rund 80 Höhenmetern nicht schreckt, der kann hier aufs rechte Ufer wechseln. Man bleibt hier nicht nur von fast jeglichem Autoverkehr ungestört, sondern auch bis Kreuzwertheim auf bayerischer Seite:

Über den Eichberg nach Kreuzwertheim 12,5 km

In **Triefenstein** können Sie entweder direkt am Fluss auf Schotter oder auf der kleinen Verbindungsstraße (**Bahnhofstraße**) hinüber nach **Trennfeld** fahren ~ im Bogen an der Kirche vorbei (**Hauptstraße**), dann halblinks in die Tempo-30-Zone, das Heimatmuseum passierend aus dem Ort hinaus ~ nach Unterquerung der A 3 rechts hinauf und im Zickzack in den Wald ~ nun auf dem Waldweg rechtsherum bergan ~ bei der Einmündung links ~ nun auf der Höhe des Eichberges recht flach dahin ~ an der nächsten Kreuzung halblinks im Bogen wieder leicht bergab ~ die nächste Möglichkeit links steil hinunter ~ jenseits des Wiesentales sind die ersten Häuser von Kreuzwertheim,

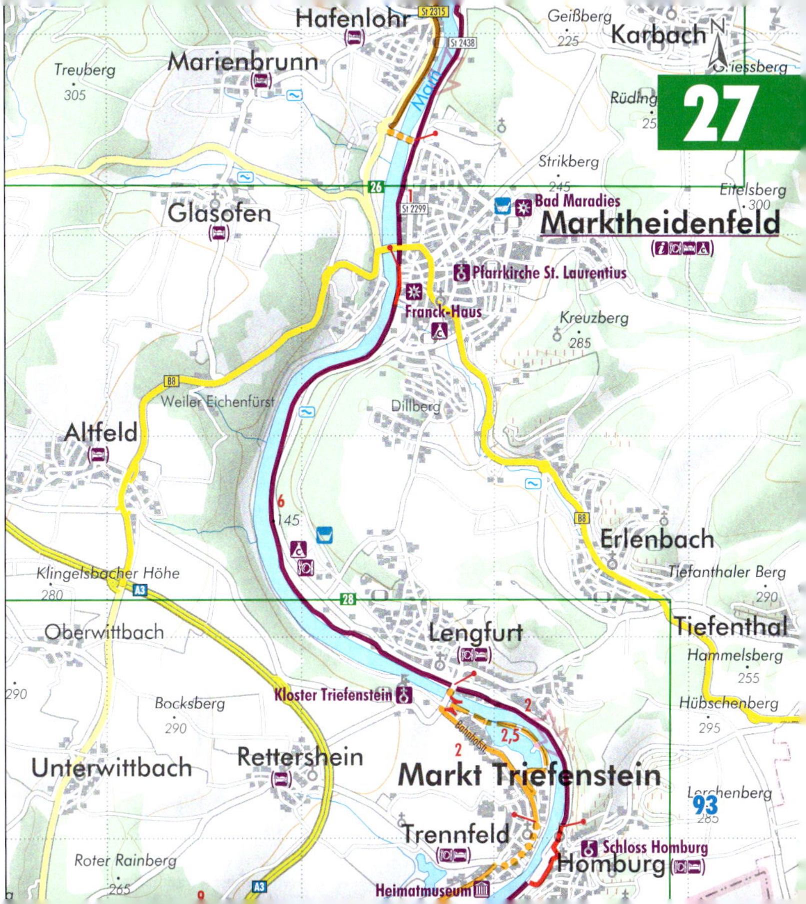

es geht aber halblinks dem Bach folgend hinunter ~ unten beim Naturlagerplatz kommen Sie rechts am Main entlang nach **Kreuzwertheim** hinein.

Tipp: Links geht es zur Staustufe, über deren Treppen Sie nach Wertheim-Eichel mit seiner sehenswerten Wehrkirche hinüber gelangen.

Schloss Homburg

Die Hauptroute des Main-Radwegs führt weiter am Main entlang bis nach Homburg.

Homburg am Main (Markt Triefenstein)

PLZ: 97855; Vorwahl: 09395

Marktverwaltung Triefenstein, OT Lengfurt, Rathausstr. 2, ✆ 97010, www.homburg-main.de

Schloss Homburg. Der achteckige Bergfried der Homburg ist auf die Zeit Pippins zurückzuführen.

Burkardsgruft, Kalktuffgrotte im Burgberg

Das Örtchen mit rund 1.000 Einwohnern ist Teil des Marktes Triefenstein. Idyllisch erhebt sich das Schloss auf einem riesigen Kalksinterblock. Sehenswert ist außerdem die Burkardsgruft, in der 754 der erste Würzburger Bischof Burkard gestorben sein soll.

Direkt vor dem „Willkommens-Bocksbeutel" halblinks in das kleine Sträßchen, das durch den Ortsteil im Tal geleitet und am Ortsende wieder auf die Hauptstraße entlässt.

Tipp: Sie können natürlich auch den Aufstieg zum Schloss wagen, ein sicher lohnender, wenn auch anstrengender Ausflug mit wundervollem Ausblick auf das Maintal.

Erst rund 2 Kilometer hinter Homburg entfernt sich der Radweg zum Main hin von der **St 2299** ~ hinter der Autobahn sind Sie bereits in Baden-Württemberg ~ **Bettingen** und die Campingplätze des Ortes umrunden ~ hinter dem zweiten wird die Route kurzzeitig zu einem recht schmalen Pfad ~ nach der Brücke geht's gleich wieder in das Sträßlein nach rechts weg nach Urphar.

Urphar

Jakobskirche. Diese alte Bauernkirche wurde als Wehrkirche angelegt und über die Jahrhunderte kaum verändert. Im Inneren rund 800 Jahre alte Kirchenbänke und Fresken aus dem 14. Jh.

Die Route führt zwischen der **L 2310** und dem Main immer näher auf Wertheim zu ~ der Weg nach Wertheim führt auf einem Radweg immer entlang der Hauptstraße ~ am Ende von **Eichel** rechts ans Mainufer und unter der Brücke hindurch.

Wertheim

PLZ: 97877; Vorwahl: 09342

Fremdenverkehrs GmbH „Romantisches Wertheim", Gerbergasse 16, ✆ 935090

GlasMuseum, Mühlenstr. 24, ✆ 6866, ÖZ: April-Okt., Di-Do 10-12 Uhr und 14-17 Uhr, Fr, Sa 13-19 Uhr, So/Fei 13-17 Uhr, Mai-Aug., Mo 15-17 Uhr, 1. Advent-6. Jan., Weihnachtsausstellung. Meisterstücke der Glasbläserkunst von den Anfängen bis in die heutige Zeit.

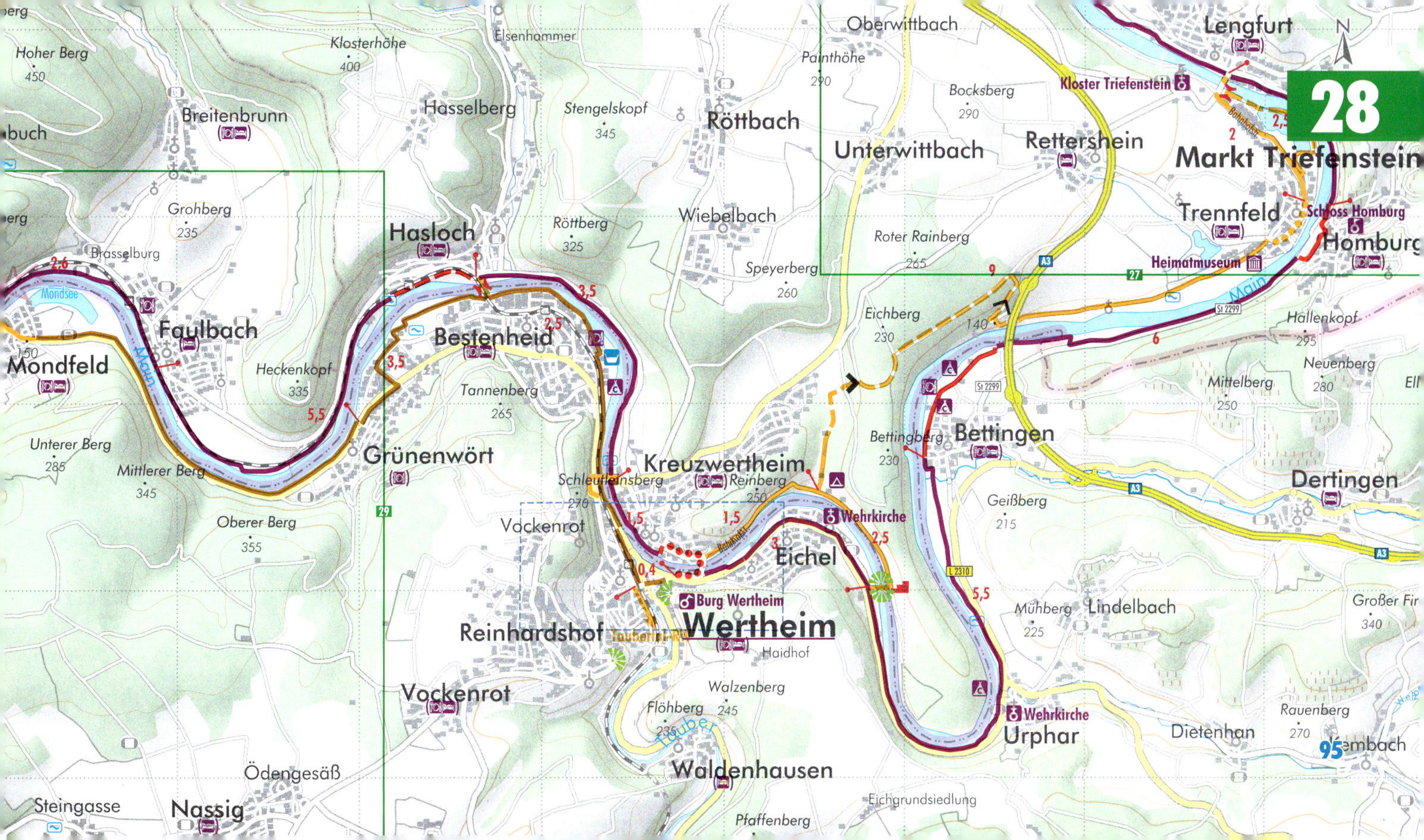
28
Oberwittbach
Lengfurt
Klosterhöhe
400
Elsenhammer
Hoher Berg
450
Painthöhe
290
Kloster Triefenstein
Bocksberg
290
Breitenbrunn
Hasselberg
Stengelskopf
345
Röttbach
Unterwittbach
Rettersheim
Markt Triefenstein
Grohberg
235
Hasloch
Röttberg
325
Wiebelbach
Trennfeld
Schloss Homburg
Homburg
Brasselburg
Roter Rainberg
265
Heimatmuseum
Speyerberg
260
Mondsee
Faulbach
Bestenheid
Eichberg
230
Hallenkopf
295
Mondfeld
Heckenkopf
335
Tannenberg
265
Neuenberg
280
Mittelberg
250
Main
Grünenwört
Bettingen
Bettingberg
230
Unterer Berg
285
Mittlerer Berg
345
Kreuzwertheim
Schleuflensberg
270
Reinberg
250
Dertingen
Geißberg
215
Wehrkirche
Oberer Berg
355
Vockenrot
Eichel
Burg Wertheim
Wertheim
Reinhardshof
Haidhof
Mühberg
225
Lindelbach
Großer Fir
340
Vockenrot
Walzenberg
245
Flöhberg
235
Tauber
Wehrkirche
Urphar
Rauenberg
270
Dietenhan
Waldenhausen
Ödengesäß
Steingasse
Nassig
Eichgrundsiedlung
Pfaffenberg
95
A3
St 2299
L 2310
27
29
2,6
3,5
2,5
5,5
1,5
0,4
3
6
9
2
140
150

Burg Wertheim

GrafschaftsMuseum, Rathausg. 10, ✆ 301511, ÖZ: Di-Fr 10-12 Uhr und 14.30-16.30 Uhr, Sa, So/Fei 14.30-16.30 Uhr. Führungen: n. V. Das Historische Museum der Stadt und Grafschaft Wertheim zeigt Kunst und Volkskunst aus der Grafschaft, wie Kleider und Trachten, Scherenschnitte, Münzsammlung u. a.

Stiftskirche, gotische Basilika aus dem 14. Jh. mit einem 33 m hohen Turm.

Kloster Bronnbach, südlich von Wertheim, ✆ 9352021. Ehemaliges Zisterzienserkloster von 1157 mit barocker Innenausstattung, auf dem Taubertalweg gut mit dem Rad erreichbar.

Zweiradfachgeschäft Jürgen Baumann, Nebenneug. 5, ✆ 1214

Bike und Sports, ✆ 913161

Die älteste Siedlung Wertheims entstand am nördlichen Mainufer wahrscheinlich im 8. Jahrhundert. Kreuzwertheim wurde der Ort aufgrund des Marktkreuzes, dem Zeichen der Marktgerechtigkeit, genannt. Kaiser Heinrich II. hatte eben diese 1009 dem Bischof von Würzburg verliehen. Die Burg über dem Zusammenfluss von Main und Tauber und die Siedlung südlich des Mains, das heutige Wertheim, sind erst später entstanden. Erstmals wurde die Burg im 12. Jahrhundert als Sitz der Grafen von Wertheim erwähnt, wurde aber im Dreißigjährigen Krieg zweimal zerstört, inzwischen aber restauriert und für Besucher wieder zugänglich gemacht und bewirtschaftet. Die Burg Wertheim gilt heute als die zweitgrößte Burgruine Süddeutschlands. Im weiteren Verlauf wurde zu Füßen der Burg auf dem dreieckigen Sporn am Zusammenfluss von Main und Tauber eine Kaufmanns- und Handwerkersiedlung planmäßig angelegt, die ununterbrochen erweitert werden musste. Über die Jahrhunderte hinweg entwickelte sich Wertheim zu einer wohlhabenden Wein- und Tuchhandelsstadt. Nach dem Zweiten Weltkrieg bildete die 1950 gegründete Glashütte für technisches Laborglas die Keimzelle für das wirtschaftliche Leben Wertheims mit einer Spezialglasindustrie, die heute ca. 3.000 Arbeitnehmer beschäftigt. Zeugnisse davon können Sie im Glasmuseum bewundern.

Die verwinkelte Altstadt bezaubert mit anmutigen Fachwerkbauten, darunter auch das schmalste Fachwerkhaus Frankens, „das Haus der Ritter von Zobel" am Marktplatz. Genauso lohnend ist auch der Weg zur Ruine. Der Blick von oben auf die roten ineinandergeschachtelten Dächer hat seinen ganz besonderen Reiz.

Wertheim

Mit dem Fahrrad gut erreichbar ist auch das Kloster Bronnbach, das zehn Kilometer südlich der Stadt gelegen ist. Sie erreichen es auf den Spuren des Taubertalradweges, der Sie durch eine ganz bezaubernde Landschaft zu dem Kloster aus dem 12. Jahrhundert geleitet. Idyllisch liegt der, einem verwunschenen Schloss ähnelnde Gebäudekomplex in freundlichen Rottönen im Tal. Im Taubertal können Sie auf ähnlich ruhigen Wegen wie im Maintal dahinradeln und weiter entlang der Romantischen Straße bis nach Rothenburg und noch weiter bis tief in den Süden, bis in die Alpen gelangen. Eine genaue Routenbeschreibung zu diesen Strecken finden Sie in

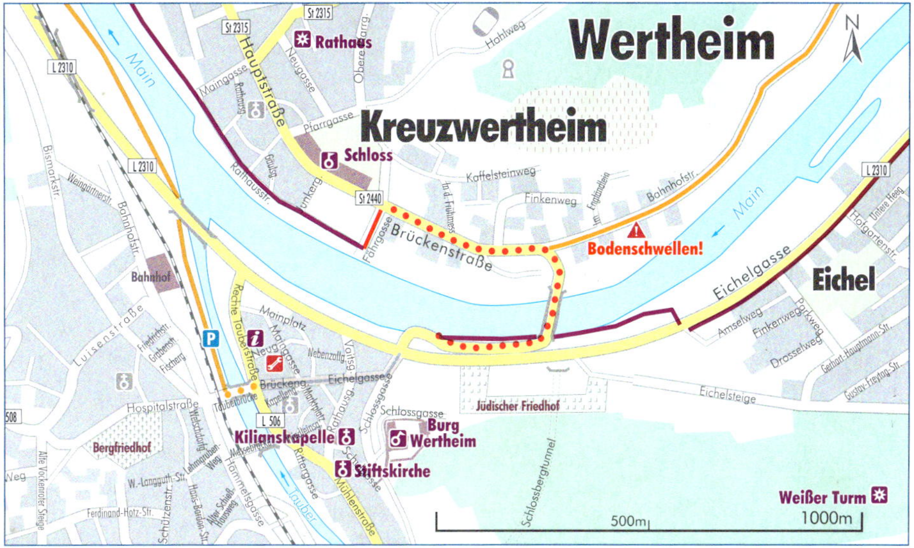

den **bikeline-Radtourenbüchern „Liebliches Taubertal“ und „Romantische Straße“.**

Von Wertheim nach Miltenberg 34,5 km

In Wertheim ans andere Mainufer wechseln ~ über die Brückenstraße und die Fährgasse zum Mainufer.

Kreuzwertheim

PLZ: 97892, Vorwahl: 09342

- Fremdenverkehrs GmbH „Romantisches Wertheim“, Gerbergasse 16, Wertheim, ✆ 935090
- Schloss Kreuzwertheim

Dem Radweg am Ufer nun einfach dahinfolgen ~ unter einer Brücke hindurch und immer

Freudenberg

neben dem Fluss weiter bis nach Hasloch ~ in Hasloch die Eisenbahnbrücke unterqueren.

Hasloch

Immer links der Gleise geht es auf einem seperaten, asphaltierten Radweg via **Faulbach** (Querungsmöglichkeit mit Treppen am Wehr) nach Stadtprozelten, wo die Fähre von Mondfeld kommend anlegt.

Stadtprozelten

Burgruine Henneburg

Wenn Sie Stadtprozelten hinter sich gelassen haben, schiebt sich zunächst noch eine Gewerbesiedlung zwischen Weg und Main, bevor die Natur Ihnen ein faszinierendes Schauspiel bietet: Während Sie sich Dorfprozelten nähern, steuern Sie direkt auf eine buntsandsteinrote Felswand zu, die in einem wunderbar farblichen Kontrast zum Grün der Wälder steht ~ in Dorfprozelten dem Radweg links zum Sportplatz hinunter folgen ~ beim Kiosk rechts und gleich darauf wieder links in die **Brunnenstraße**.

Dorfprozelten

Gärtnerei und Spielplatz zurücklassen und nun ganz nah der **St 2315** durch das Maintal radeln ~ später schiebt sich wieder die Bahn zwischen Radweg und Hauptstraße.

Tipp: Kurz vor Fechenbach können Sie der Burgruine Kollenburg einen Besuch abstatten.

Fechenbach

Schloss Fechenbach

Am Bahnhof vorbei ~ bei der Brücke, die nach rechts in den Ortsteil **Reistenhausen** führt, links und kurz danach sofort wieder rechts.

Reistenhausen

Das Steinmetz- und Schifferdorf

Wenn Sie Reistenhausen verlassen haben, folgt nach 2 km Kirschfurt.

Kirschfurt

Im Ort links am Ufer entlang halten ~ den Fluss auf der Hauptstraße queren.

Collenberg

PLZ: 97903; Vorwahl: 09376

Burgruine Kollenburg

Römisch, Hauptstr. 16, ✆ 09376/1390

Freudenberg am Main

Burgruine Freudenberg (1197) mit dreiteiligem Burgfried. Die Burg (1190-1200) wurde aufwändig restauriert und ist Schauplatz für die alle zwei Jahre stattfindenden Burgfestspiele.

Historische Altstadt mit sehenswerten Fachwerkhäusern. Hervorzuheben ist das Rathaus (1499) mit dem Amtshaus.

Radlereck, Hauptstr. 129, ✆ 09375/8095

Rechtsherum direkt an der Brücke entlang an den Main hinunter ~ eine einseitige Allee führt aus Freudenberg hinaus ~ dort, wo der Weg sich von der Straße entfernt und dem Flusslauf folgt, geht es vorbei an einigen Badeseen ~ weiter geht es immer begleitet von den Buntsandsteinfelsen des Spessarts ~ am Sportplatz ganz rechts halten und schließlich unter der neuen Umgehungsstraße hindurch ~ dahinter halbrechts und daran entlang.

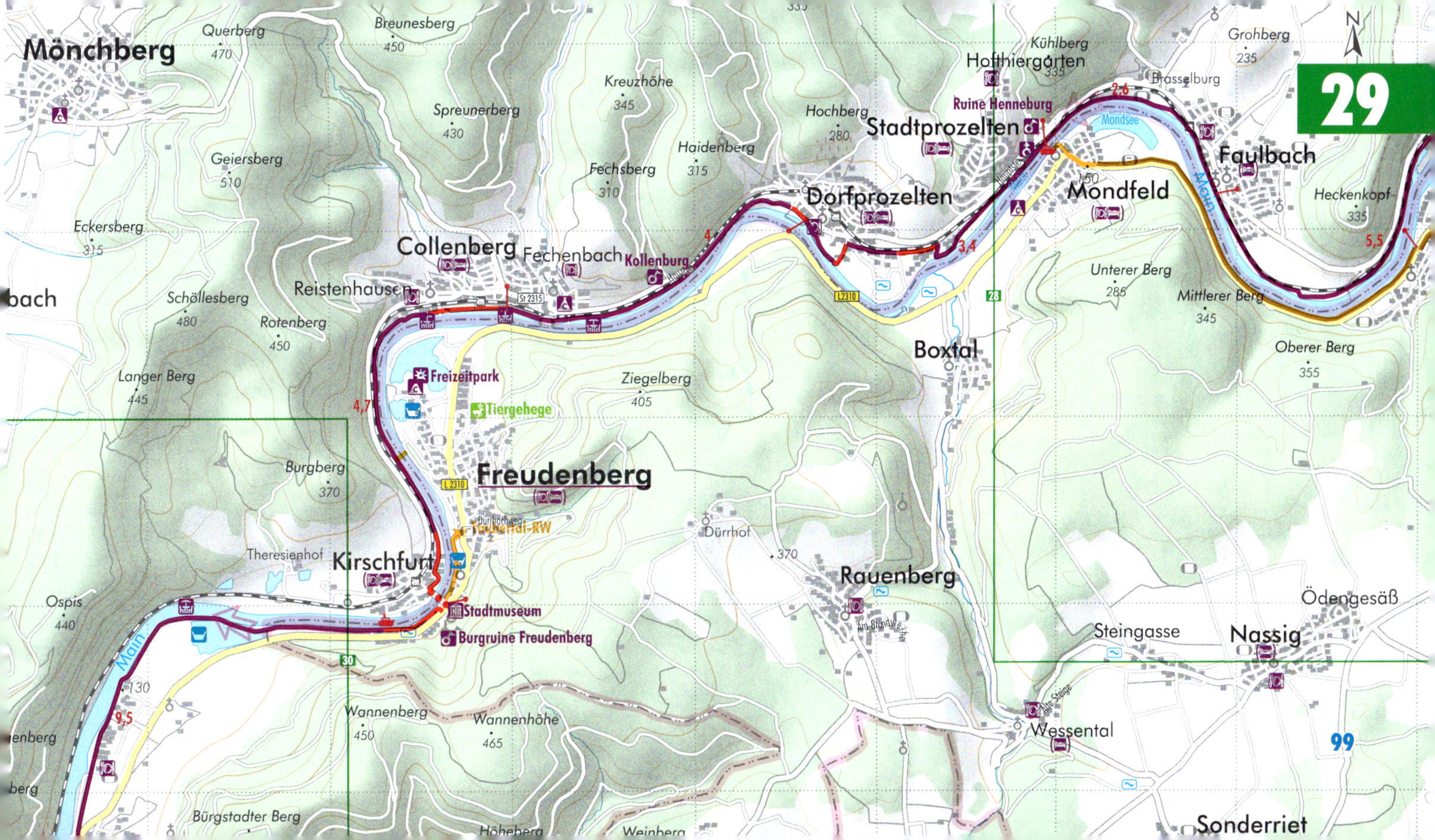
29
Mönchberg
Querberg
470
Breunesberg
450
Kreuzhöhe
345
Spreunerberg
430
Geiersberg
510
Fechsberg
310
Haidenberg
315
Hochberg
280
Kühlberg
Hofthiergarten
335
Grohberg
235
Brasselburg
Ruine Henneburg
Stadtprozelten
Mondsee
Faulbach
Dorfprozelten
Mondfeld
150
Main
Heckenkopf
335
Eckersberg
315
Collenberg
Fechenbach
Kollenburg
Reistenhausen
St 2315
L2310
Unterer Berg
285
Mittlerer Berg
345
bach
Schöllesberg
480
Rotenberg
450
Boxtal
Oberer Berg
355
28
Langer Berg
445
Freizeitpark
Tiergehege
Ziegelberg
405
Burgberg
370
Freudenberg
L 2310
Dürrhof
370
Theresienhof
Kirschfurt
Rauenberg
Ospis
440
Stadtmuseum
Burgruine Freudenberg
Ödengesäß
Steingasse
Nassig
30
130
Main
Wannenberg
450
Wannenhöhe
465
Wessental
99
enberg
berg
Bürgstadter Berg
Höhberg
Weinberg
Sonderriet
2,6
4
3,4
5,5
4,7
9,5

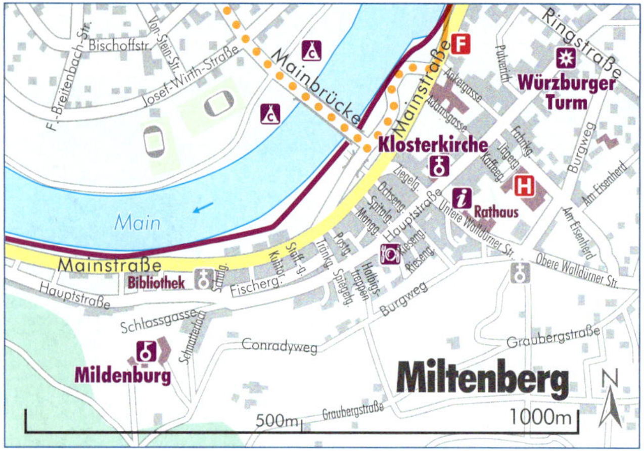

Bürgstadt

Martinskapelle (10.Jh.)

Geradeaus am Ortsrand auf der **Josef-Ullrich-Straße** ~ am Ende links und die **Erfstraße** wieder nach rechts queren ~ wieder an der Umgehungsstraße entlang, deren Zufahrt dann rechts unterquert wird ~ rechts zur Hauptstraße zurück, später dann auf deren rechte Seite hinüber ~ bei den Parkplätzen auf dem Radweg am Ufer weiter und unter der Brücke hindurch.

Miltenberg

PLZ: 63897; Vorwahl: 09371

Tourist-Information, Engelpl. 69, ✆ 404119, www.miltenberg.info

Schiffsrundfahrten, ✆ 3330, Rundfahrten in Miltenberg, andere Fahrten nach Bedarf, große und kleine Rundfahrten, Schleusenfahrten mit fachlicher Erklärung einer Mainstufe.

Museum der Stadt Miltenberg, Hauptstr. 169-175, Am Schnatterloch, ✆ 404153, ÖZ: Mai-Okt., Di-So 10-17.30 Uhr, Nov.-April, Mi-So 11-16 Uhr. Stadtgeschichte, Kunst- und Volkskunde, provinzialrömische Geschichte.

Miltenbergs Kirchen: die Franziskaner Klosterkiche auf dem Engelplatz, die evangelische Pfarrkirche St. Johannes am Burgweg (1897), die Stadtpfarrkirche St. Jakobus mit der Sandsteinkanzel des Miltenberger Bildhauers Z. Juncker (1635) und die Laurentius-Kapelle aus dem 15. u. 16. Jh.

Mildenburg, im 13. Jh. erstmals urkundlich erwähnt, bis 1803 Sitz des Mainzischen Amtmannes.

Gasthaus „Zum Riesen", ältestes Gasthaus in Deutschland. 1590 vom Baumeister Jacob Stoer erbaut. Es war durch Jahrhunderte hindurch Trinkstube des Adels und der Könige. Kurfürsten, geistliche und weltliche Herren fanden hier Aufnahme, so dass es zu Recht den Namen „Fürstenherberge" führt.

Seit über 750 Jahren besteht das historische Städtchen nun schon, an Bedeutung gewann es im 12. Jahrhundert als Zollstätte des Mainzer Kurfürsten. Unter dem Schutz

Miltenberg, Mainblick

Bürgstadt, Martinskapelle

der Mildenburg, die im frühen 13. Jahrhundert an den Hängen des Greinberges errichtet wurde, entwickelte sich die im 13. Jahrhundert zur Stadt ernannten Siedlung rasant. Die Verleihung des Münzrechts und im Besonderen die des Stapelrechts verhalfen Miltenberg zu großem Wohlstand. Stapelrecht bedeutete, dass alle durchreisenden Kaufleute ihre Waren drei Tage lang in der Stadt zum Kauf anbieten mussten.

Nach den Unruhen des Dreißigjährigen Krieges und mehr noch nach der Eingliederung in das Königreich Bayern im 19. Jahrhundert lag Miltenberg plötzlich abseits der Verkehrswege und hat sich so eine beschauliche Altstadt mit ansehnlichen Fachwerkhäusern und einem historischen Marktplatz erhalten.

Tipp: Schließfächer zur Aufbewahrung von Gepäck und Fahrradtaschen finden Sie am Parkplatz Pfarrkirche und am Mainufer an der westlichen Brückenabfahrt.

Von Miltenberg nach Mainz

134,5 km

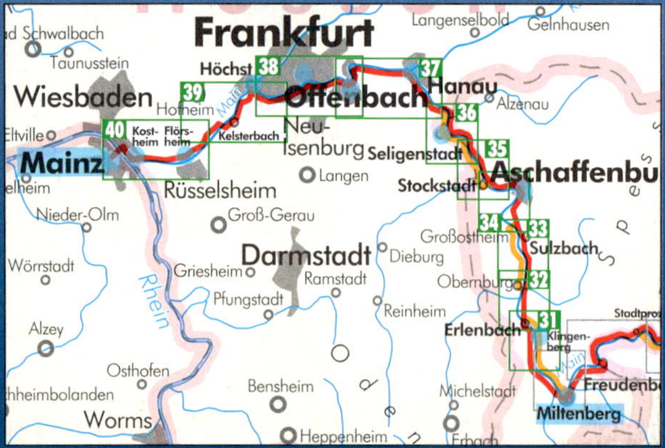

Der vierte und letzte Abschnitt beginnt im historischen Miltenberg und führt Sie zwischen den Erhebungen des Spessart-Mainlandes wieder einmal gen Norden. Gemeinsam mit den Sehenswürdigkeiten Aschaffenburgs lassen Sie auch die landschaftlich so reizvollen Windungen des Maintales hinter sich und nähern sich immer mehr der modernen Zivilisation. Der Main wird auf seinem Weg bis nach Mainz nun fast ständig von Siedlungen, Städten und Industrie flankiert. Dafür ist das kulturelle Angebot in den Großstädten Frankfurt und Mainz äußerst vielfältig.

In ständiger Nachbarschaft der Bahnlinie führt die Route zielstrebig auf Frankfurt zu. Das Ende des Main-Radweges erreichen Sie an der Mündung in Mainz, wo Sie mit einem herrlichen Blick über den breiten Rhein belohnt werden.

Tipp: Die Hauptroute verläuft von Miltenberg nach Kleinheubach auf den nächsten 4,5 Kilometern am linken Ufer. Die große Brücke der St 2441, die über den Main führt, ist stark befahren. Als Alternative können Sie gleich ab Miltenberg am rechten Ufer fahren.

Rechtsmainisch nach Großheubach 4 km

Im Verkehr über die Mainbrücke ~ erst nach Querung der Bahn rechts in die **Nikolaus-Fasel-Straße** ~ direkt links in die **Martin-Vierengel-Straße** und an der Gabelung erneut links in die **Junkerstraße** ~ als eigener Radweg ins Gewerbegebiet ~ am kleinen Kreisverkehr (**Auweg**) vorbei und schließlich an der **St 2309** entlang ~ ein Stück vor dem großen Kreisverkehr links in die **Industriestraße** ~ unten rechts in die Straße **In den Seegärten** und unter der kleinen Brücke durch ~ kurz vor der Hauptstraße stoßen Sie in **Großheubach** an die Hauptroute des Main-Radwegs.

Blick auf die Clingenburg in Klingenberg

Von Miltenberg nach Klingenberg am Main 14,5 km

Entlang der Strandpromenade verlässt der Main-Radweg die Stadt und verläuft am linken Flus-

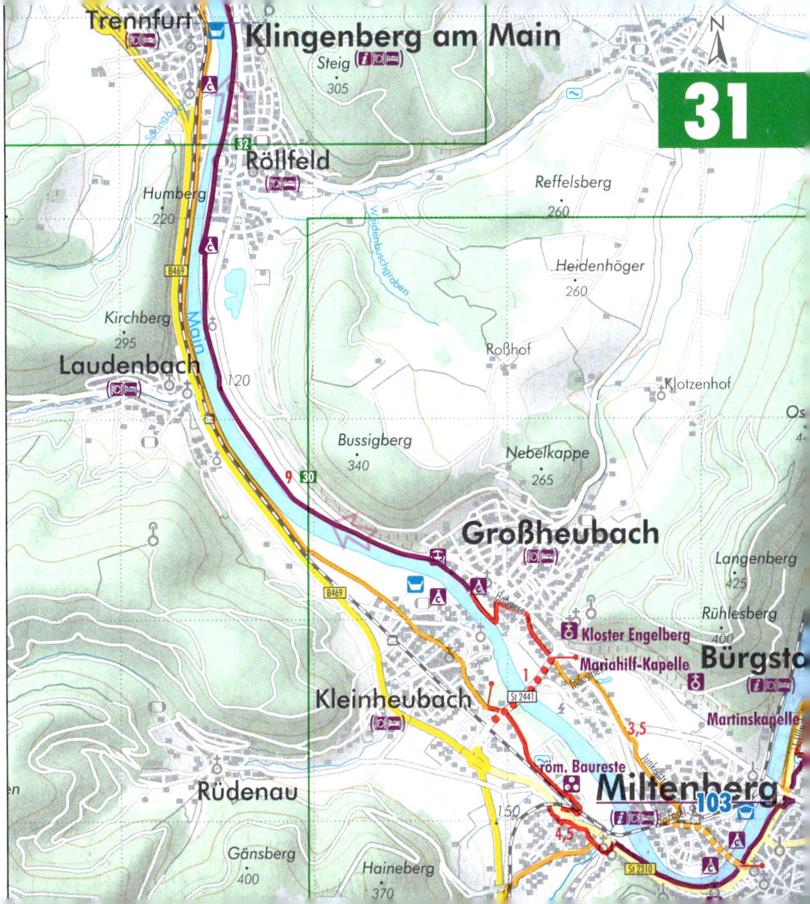

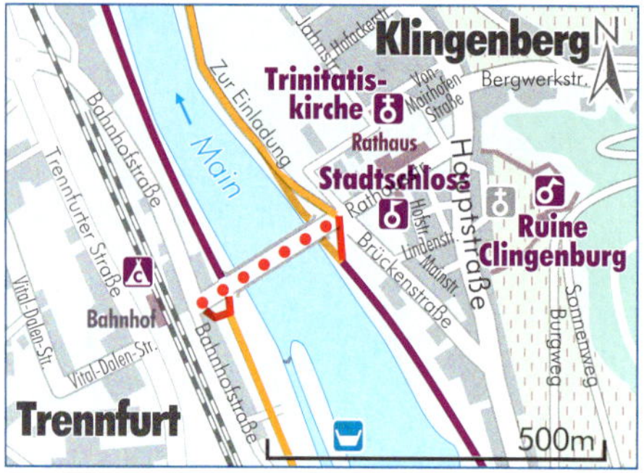

sufer beim Industriegelände nach links in die **Laurentiusstraße** geradeaus über die Breitendieler Straße nach einem knappen Kilometer Straße und Bahngleise unterqueren linksherum Richtung **Kleinheubach.**

Tipp: Weiter geradeaus können Sie am linken Ufer die 8,5 Kilometer nach Trennfurt radeln. Dazu geht´s geradlinig durch **Kleinheubach**, dann entlang der Bahnlinie via **Laudenbach** bis zur **Mainbrücke** von **Trennfurt** nach **Klingenberg.**

Nach Unterquerung der großen Straßenbrücke linksherum auf diese hinauf mit der **St 2441** über den Fluss noch vor dem Kreisverkehr links in die Straße **In den Seegärten** und in den Ort **Großheubach** hinein.

Großheubach

Kloster Engelberg. 612 Stufen, die sog. „Engelsstaffeln", führen auf den Berg zum Kloster, von wo Sie eine herrliche Aussicht über das Maintal genießen können.

Zweirad Sport, ✆ 09371/90492

Links in die **Hofwiese** an der T-Kreuzung rechts und hinunter ans Ufer, hier nach rechts am Campingplatz vorbei durch die Wiesen am Main fast 8 Kilometer bis zum nächsten Campingplatz.

Röllfeld

Weiter direkt am Ufer entlang am **Wehr** vorbei bis zur **Mainbrücke** von Klingenberg, die hinüber nach Trennfurt führt.

Klingenberg am Main

PLZ: 63911, Vorwahl: 09372

Tourist-Information, Hauptstr. 26a, ✆ 921259, www.klingenberg-main.de

Weinbau- und Heimatmuseum, ✆ 921259 od. 20305, Wilhelmstr. 13, ÖZ: Apr.-Okt., Mo-Fr 9-11 Uhr, Sa, So/Fei 14-17 Uhr. Tradition des Weinbaus, Gläser- und Flaschensammlung, Dorfschmiede, Tongrube mit Schaustollen.

Der 6.500 Einwohner große Ort ist bekannt durch seine Rotweinterrassen, aus denen ein guter Tropfen Wein, ein Spätburgunder und ein Portugieser, gewonnen wird. Markant für den Ort ist außerdem die Burgruine. Die Clingenburg wurde um das Jahr 1170 von dem Mundschenk des Kaisers Barbarossa, Conradus Colbo, errichtet. Später kam die Burg an das Erzbistum von Mainz. Heute sind nur noch Reste der Wohnbauten und die Grundmauern des Bergfrieds erhalten. Aber nicht nur die Ruine und der Wein prägen den Ort, sondern auch das Stadtschloss, ein drei-

geschossiger Renaissancebau aus dem 16. Jahrhundert.

Tipp: Die Hauptroute verläuft bis Aschaffenburg am linken Ufer. Teilweise fahren Sie hier in direkter Nähe zur stark befahrenen B 469. Als Alternative steht auch eine Radroute am rechten Ufer zur Auswahl, aber auch diese Strecke ist nicht verkehrsfrei.

Von Klingenberg am Main rechtsmainisch nach Aschaffenburg 25,5 km

Unter der Brücke von Klingenberg hindurch noch ein Stück am Fluss, dann den **Wiesgrabenweg** rechts hoch ~ links ab auf die Hauptstraße nach Erlenbach (**St 2309**).

Am Ortsrand von **Erlenbach** mit der Ampel die abbiegende Umgehungsstraße queren und geradeaus an der Werft vorbei.

Erlenbach

Auf der **Klingenberger**, später **Elsenfelder Straße** geradewegs durch das verkehrsberuhigte Zentrum ~ an der kreuzenden **Berliner Straße** links ab auf den Radweg bis zur Bahn, wo es rechts

abgeht ~ erst auf Höhe der **Glanzstoffwerke** auf die andere Seite der Bahn wechseln und weiter im Verkehr ~ hinter der Straßenbrücke geradeaus in die Sackgasse zum **Bahnhof**.

Elsenfeld

Tipp: Über die **Fußgänger- und Radlerbrücke** können Sie nach **Obernburg** hinüberrollen. Dort kommen Sie zum Main-Radweg, wenn Sie noch vor Querung der Schnellstraße rechts über die Treppen (mit Schieberinne) hinuntersteigen.

Am rechten Ufer bleiben, schiebend die Bahngleise unterqueren und rechts der Bahn an **Elsenfeld** entlangradeln ~ mit der asphaltierten Straße bald wieder die Seite an der Bahn wechseln ~ links der Bahnlinie nach Kleinwallstadt.

Kleinwallstadt

Bei den ersten Häusern nach links in die Straße **Am Hinterfeld** ~ auf dem **Schleusenweg** am Ortsrand entlang ~ immer so weit links wie möglich an den Main ~ nach den letzten Häusern wieder vom Fluss abwenden und zur Hauptstraße ~ leicht nach rechts versetzt in die **Karlstraße** ~ über die Bahn und linksherum an ihr entlang nach Sulzbach.

Sulzbach

An der Hauptstraße nach links wieder über die Gleise und dann weiter entlang der Bahn, jetzt aber links von ihr ~ geradeaus auf dem Schotterweg weiter ~ am Campingplatz vorbei immer zwischen Fluss und Bahngleisen nach **Obernau** ~ am Ortsrand die erste Gasse links zum Main hinunter ~ unten auf Schotter bis kurz vor das Wehr.

Obernau

Rechts in den Ort hinein ~ oben links und direkt wieder rechts in die **Kirchhofgasse** ~ schräg links über die Hauptstraße in die **Brucknerstraße** ~ oben links und am Ende zur Bahn ~ die Route folgt den Gleisen bis nach Aschaffenburg ~ beim Bahnübergang links durch die engen Umlaufschranken ~ rechts auf den Radweg auf der anderen Straßenseite, der bald wieder zum Main hinunterführt ~ an den Ufern des Flusses am Schiffs-Restaurant und dem -anleger vorbei zur Willigisbrücke, über die der Main-Radweg Aschaffenburg erreicht.

Almosenturm in Obernburg

Von Klingenberg nach Aschaffenburg 26,5 km

Über die Brücke im Verkehr hinüber nach **Trennfurt** ~ rechts hinunter ans Ufer und am Campingplatz vorbei ~ an der **Mainlände** entlang und den Ort am Ufer entlang passieren.

Wörth am Main

PLZ: 63939; Vorwahl: 09372

Stadtverwaltung, Luxburgstr. 10, ✆ 98930, www.woerth-am-main.de

Schifffahrts- und Schiffbaumuseum, Rathausstr. 72, ✆ 72970, ÖZ: Sa, So 14-17 Uhr. Schifffahrt und Schiffbau im Bereich des Mains in den wesentlichen historischen Entwicklungslinien, Dokumentationen Schifferleben.

Hallenbad, Landstr. 50, ÖZ: Mo, Mi, Do 17-21 Uhr, Fr 13-21 Uhr, Sa 13-17, So 9-12 Uhr.

Wörth am Main blickt aufgrund seiner verkehrsgünstigen Lage am Main zwischen den waldreichen Mittelgebirgen Spessart und Odenwald auf eine wechselvolle Geschichte zurück. Schon Römer und Franken ließen sich an diesem Ort nieder, aber erst 1291 wird Wörth – unter der Landesherrschaft des Mainzer Erzbischofs und der Herren von Breuberg – erstmals urkundlich erwähnt. Aus dieser Zeit stammt die großteils noch erhaltene Stadtbefestigung.

Eine städtebauliche Besonderheit ist die Siedlung Neu-Wörth: eine geschlossene, einheitlich in Buntsandstein gehaltene Anlage aus den achtziger Jahren des 19. Jahrhunderts.

Tipp: Gleich hinter der Brücke nach links, vorne an der Straße wiederum links und ein drittes Mal links gelangen Sie auf der **Eisenbahnbrücke** über den Fluss hinüber nach **Erlenbach**. Immer geradeaus kommen Sie zur rechtsufrigen Variante.

Unter der Eisenbahnbrücke hindurch führt der Main-Radweg bald eingeklemmt zwischen **B 469** und dem Fluss bis nach Obernburg.

Obernburg am Main

PLZ: 63785; Vorwahl: 06022

Aschaffenburg, Schloss Johannisburg

Stadtverwaltung, Römerstrasse 62-64, ✆ 61910, www.obernburg.de

Römermuseum, Untere Wallstr. 29, ✆ 619140 od. 506311, ÖZ: Mitte März-Mitte Sept., Di-Sa 14-16 Uhr, So/Fei 11-17 Uhr. In dem Museum werden Funde aus dem Vicus- und Kastellbereich präsentiert.

Bald wieder auf asphaltiertem Radweg zunächst weiter entlang der **B 469**, dann geradewegs am Ufer entlang.

Großwallstadt

Auf der **Mainstraße** am Ort entlang → vor dem geschotterten Radweg links ab auf die **Wallstraße** → rechts auf die **Siegfriedstraße** → am Ende links auf die **Quellenstraße** → rechts auf einem Radweg wieder hinaus in die Felder.

Im Zickzack unter der neuen Straßenbrücke hindurch → in Flussnähe unweit des Seehotels vorbei → am Sportplatz von Niedernberg halblinks auf der **Großwallstädter Straße** bis zur Vorfahrtstraße.

Niedernberg

Tipp: Hier rechts kommen Sie über die **Hauptstraße**, dann weiter via **Stadtweg** und **Bauhofstraße** zum Wehr Obernau. Über dessen leider recht enge Treppen gelangen Sie in den sehenswerten kleinen Ort **Obernau** hinüber.

Auf der Hauptstraße, der **Römerstraße**, geradeaus und auch an der nach links abknickenden Vorfahrt geradeaus auf dieser Straße bleiben.

Am Waldrand entlang nähern Sie sich schließlich wieder dem Main → am Pumpwerk rechter Hand direkt am Ufer weiter → an **Nilkheimer Hof** vorbei → rechts entlang der **Großostheimer Straße**, der **St 3115**, durch den ersten Vorort von Aschaffenburg, die **Siedlung Nilkheim** → noch unter der Adenauerbrücke hindurch, dann rechts auf der **Willigisbrücke** über den Main → im Rechtsbogen hinunter ans Ufer; rechts liegt das wuchtige Sandsteinschloss Johannisburg, das sich direkt über dem Main und der Strandpromenade erhebt.

Aschaffenburg

PLZ: 63739; Vorwahl: 06021

Tourist-Information, Stadthalle am Schloss, Kongress u. Touristikbetriebe, Schlossplatz 1, ✆ 395-800 od. -801, www.info-aschaffenburg.de

Aschaffenburger Personenschifffahrt, Ruhlandstr. 5, ✆ 87288. Angeboten werden Rundfahrten wie die Mainschlei-

Aschaffenburg, Löwenapotheke

fenfahrt, Hafenrundfahrt oder Schleusenfahrt und Sonderfahrten wie z. B. Aschaffenburg-Seligenstadt und zurück.

Schlossmuseum, Schloss Johannisburg, ✆ 386570, ÖZ: Mitte März-30. Sept., Di-So/Fei 9-18 Uhr, Okt.-Mitte März, Di-So/Fei 10-16 Uhr. Stadtgeschichte und Zunft, Apotheken- und Biedermeierzimmer, Brentanoraum, Dammer Steingut, Verkehrswesen und Werke der bildenden Kunst des 19. und 20. Jhs.

Naturwissenschaftliches Museum, Wermbachstr. 15 (Schönborner Hof), ✆ 45610523, ÖZ: Do-Di 9-12 Uhr und 13-16 Uhr. Entomologische, ornithologische, botanische und mineralogische Bestände.

Stiftsmuseum, ✆ 4447950, ÖZ: April-Sept., Di-So 9-13 Uhr und 14-18 Uhr, Okt.-März, 10-13 Uhr und 14-16 Uhr.

Stiftskirche St. Peter und Alexander, ✆ 22420. Älteste Kirche der Stadt aus dem 12. Jh., verschiedene Baustile, Romanik, Gotik und Barock.

Schloss Johannisburg, ✆ 386570, ÖZ: April-Okt., Mo-So 9-18 Uhr, Nov.-März, Mo-So 10-16 Uhr. Renaissancebau aus dem 17. Jh., ehemalige Zweitresidenz der Kurfürsten von Mainz.

Schloss und Park Schönbusch, ✆ 87308, ÖZ: April-3. Okt., tägl. 9-18 Uhr. Ältester klassischer Landschaftsgarten Deutschlands im englischen Gartenstil: Tempel, Pavillons, Irrgarten, See.

Pompejanum, ✆ 218012, ÖZ: April-17. Okt., Di-So 9-18 Uhr. Nachbildung eines pompejan-

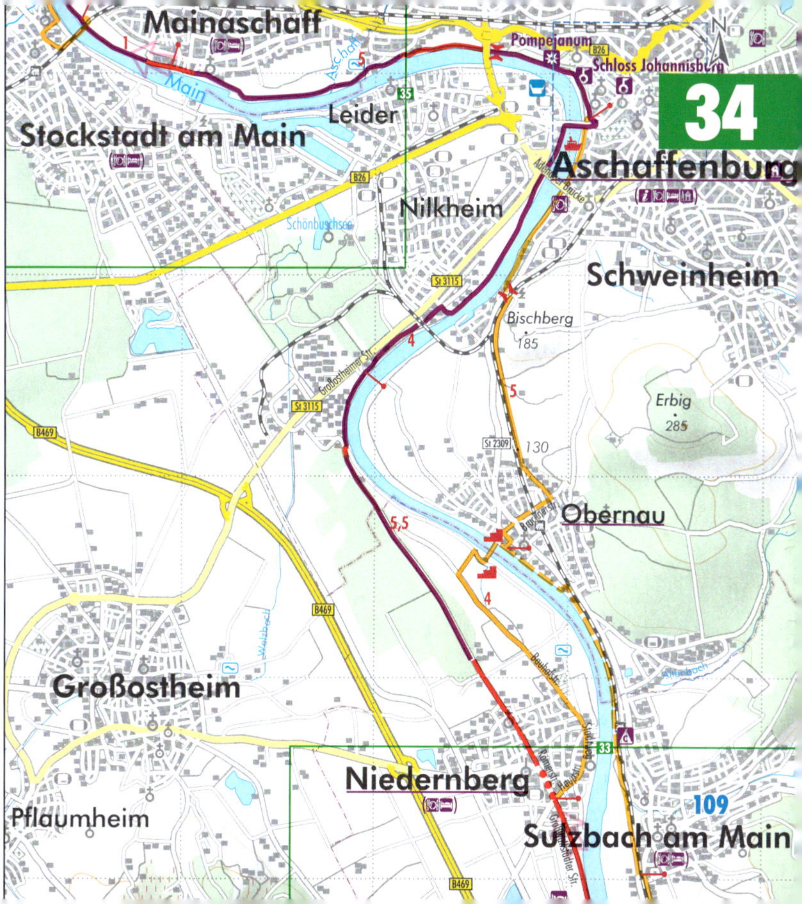

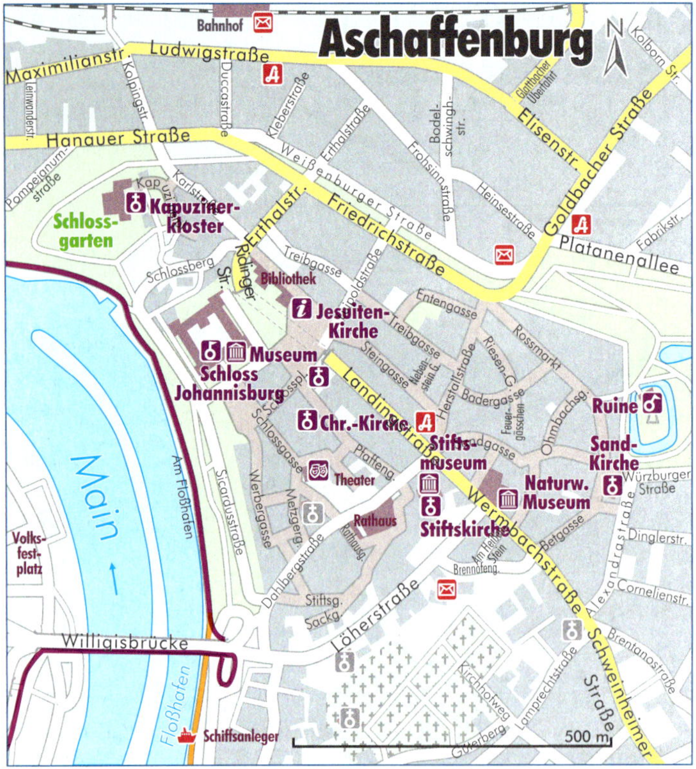

ischen Hauses mit südländischer Gartenanlage.

Hotel „Wilder Mann" ✆ 3020

Radstation Aschaffenburg, ✆ 374204

An dem Ort, an dem sich heute die Johannisburg erhebt, befand sich schon vor dem 6. Jahrhundert eine alemannische Volksburg, die 550 von den Franken erobert wurde. Im 8. Jahrhundert entstand hier ein Benediktinerkloster, das in der zweiten Hälfte des 10. Jahrhunderts in ein Stift namens St. Peter und Alexander umgewandelt wurde und 974 erstmals urkundlich erwähnt wurde. Im 10. Jahrhundert wird die Siedlung erstmals als Ascaffinburg beurkundet. Der im 12. Jahrhundert als Stadt bestätigte Handels- und Umschlagplatz gehörte bis zur Säkularisation 1803 zum Erzbistum und Erzstift Mainz. Die Bischöfe von Mainz ernannten Aschaffenburg

Aschaffenburg, Metzgergasse

zu ihrer zweiten Residenzstadt. Heute gehört die Stadt, in der fast 70.000 Menschen leben, zu Bayern.

Von Aschaffenburg nach Seligenstadt — 18 km

Durch die parkartigen Uferanlagen geht's unterhalb des

Schlosses entlang ~ noch ein Stückchen weiter an der Uferpromenade befindet sich das Pompejanum ~ der Weg wird dann kurzzeitig sehr schmal, ist dafür aber äußerst idyllisch ~ im Naherholungsgebiet von Aschaffenburg und auf Ihrem Weg nach Mainaschaff immer in der Mainaue am Ufer bleiben.

Mainaschaff

Tipp: Auch direkt links des Flusses kommen Sie via **Mainflingen** – hier kurz im Verkehr – nach gut 12,5 km nach **Seligenstadt**. Dafür hinter der Eisenbahnbrücke rechtsherum hoch und auf dieser über den Main.

Mainaschaff rechts zurücklassen, und zielstrebig auf den Mainparksee zu ~ auf geschotterter Straße unter der A 3 hindurch.

Kleinostheim

Im Ort gelangen Sie an die Hauptstraße, diese jedoch nur kurz tangieren und ohne Unterbrechung wieder nach links zum Main hinüberradeln ~ nach rund 2 Kilometern mutiert der Weg kurzzeitig zu einem Pfad ~ hinter dem Schleusengelände kurz rechts ~ der Weg führt nun links weiter nach Dettingen ~ in dem äußerst weit-

Aschaffenburg, Floßhafen

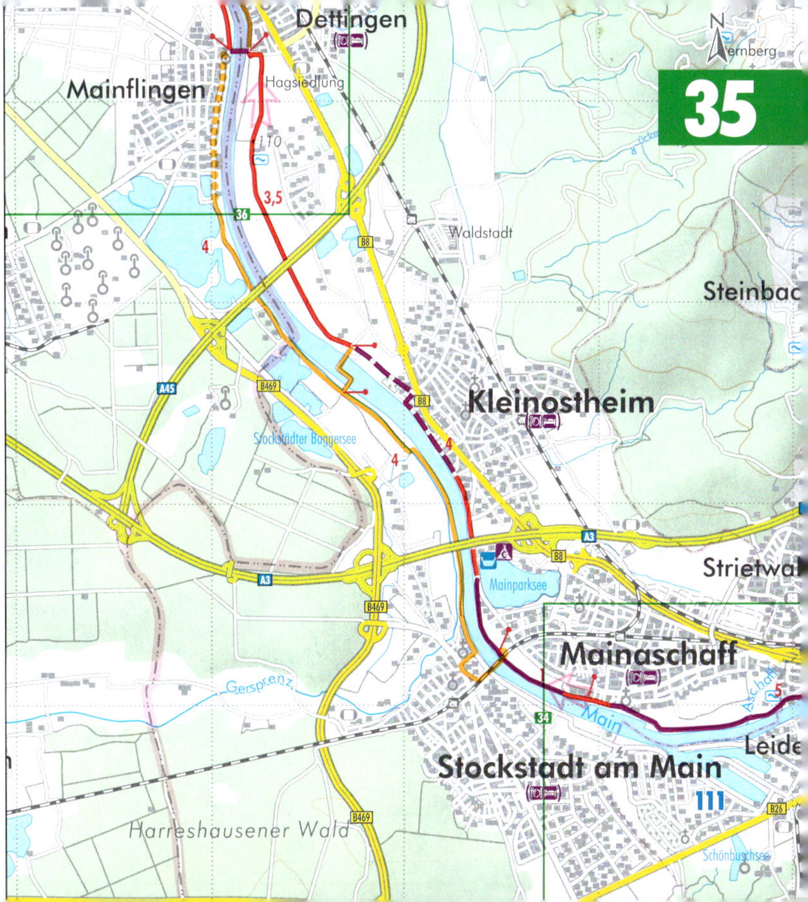

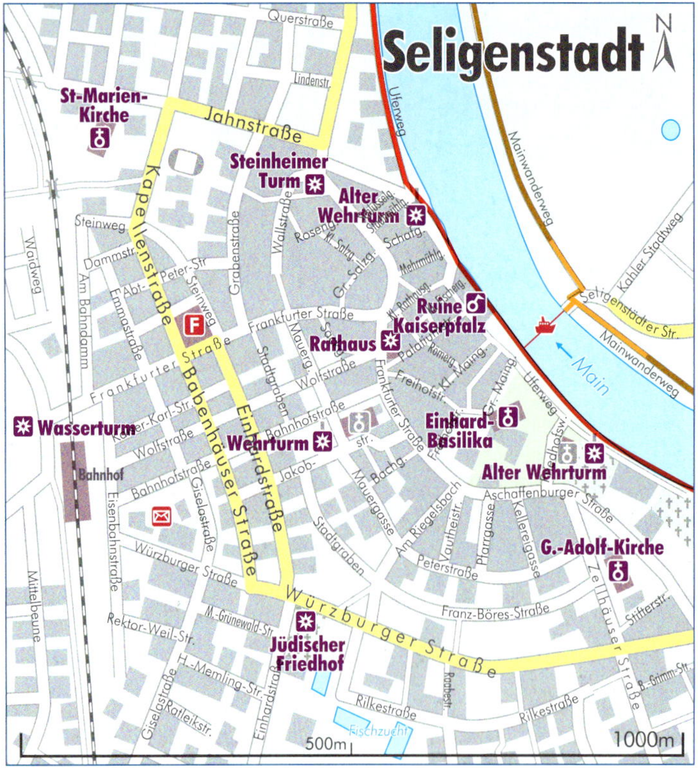

läufigen Talboden nimmt Sie eine Obstbaumallee auf und führt quer durch die Felder nach **Dettingen**, das bereits zu Karlstein gehört.

Karlstein

Im Ort wechseln Sie auf einer Fußgängerbrücke ans linke Ufer und von Bayern nach Hessen.

Tipp: Wenn Sie am rechten Ufer des Mains weiterradeln – immer auf seperatem Radweg am Ufer an **Großwelzheim** vorbei – können Sie später mit einer Fähre nach Seligenstadt übersetzen. Die Fährzeiten: Mo-Fr 5.30-20 Uhr, Sa 7-21 Uhr, So/Fei 9-21 Uhr.

Seligenstadt

PLZ: 63500; Vorwahl: 06182

- **Tourist Info**, Aschaffenburger Str. 1, ✆ 87177, www.seligenstadt.de
- **Landschaftsmuseum**, Klosterhof 2, ✆ 20455, ÖZ: März-Okt., Di-So 10-18 Uhr, Nov.-Feb., Di-So 10-17 Uhr. Das Museum zeigt geschichtliche Dokumente der Stadt sowie der Abtei Seligenstadt.
- **Klostermuseum „Ehemalige Benediktinerabtei"**, Klosterhof 2, ✆ 22640, ÖZ: März-Okt., Di-So 10-12 Uhr u. 13-18 Uhr, Nov., Feb., Di-So10-12 Uhr u. 13-16 Uhr. Der Rundgang gewährt Einblicke in das klösterliche Alltagsleben und in einen großen Teil der Klosteranlage.
- **Fastnachtmuseum**, Frankfurter Str. 13, ✆ 24644, ÖZ: So 14-18 Uhr od. n. tel. V. Besucher können sich über Rosenmontagsumzüge, Galasitzungen und Straßenfastnachtstreiben informieren.
- **Radsport Stein**, Babenhäuser Str. 32-34, ✆ 29292

Ein romantisches Städtchen, das mit verwinkelten Gässchen, freundlichen Fachwerkhäusern und einer roten Sandsteinkirche entzückt.

Von Seligenstadt nach Offenbach — *30 km*

Direkt am linken Mainufer weiter ~ Frankfurt ist nur noch rund 35 Kilometer entfernt ~ am anderen Ufer sehen Sie den letzten bayerischen Ort Kahl am Main weiter nach **Klein-Krotzenburg**.

Kleinkrotzenburg

Weiter direkt am Main entlang an der Kläranlage in den Nachbarort.

Hainstadt

Hier kurzzeitig an der Hauptstraße entlang, doch immer auf einem Fahrradweg in **Klein-Auheim** über den Bahnübergang und danach rechts entlang der Gleise direkt am Main nach links rechts an Sportplätzen vorbei mit einem Schlenker am Altarm vorbei nach der Unterquerung der B 43a an der Kreuzung rechts und weiter am Ufer entlang.

Steinheim

PLZ: 63450; Vorwahl: 06181

- **Tourist-Information**, Hanau, Am Markt 14-18, ✆ 295950, www.hanau.de
- **Museum Schloss Steinheim**, ✆ 659701, ÖZ: Do-So 10-12 Uhr und 14-17 Uhr. Dokumentationen zur Vor- und Frühgeschichte der Region, zur Baugeschichte der Burg Steinheim und zur Ortsgeschichte.
- **Schloss Steinheim**, als Burg Steinheim erstmals im 13. Jh. genannt und im 15. Jh. vom Mainzer Erzbischof zum Schloss ausgebaut.

Nach einem Besuch des Ortsteils Steinheim weiter flussabwärts auf eigenem Radweg am Mainufer nach 2 Kilometern kommen Sie an die Brücke nach Hanau.

Tipp: Über die **Steinheimer Brücke** gelangen Sie ans andere Ufer, dann links über die Straße **Am Steinheimer Tor** in die Altstadt der Brüder-Grimm-Stadt Hanau.

Hanau

PLZ: 63450; Vorwahl: 06181

- **Tourist-Information**, Am Markt 14-18, ✆ 295950, www.hanau.de
- **Historisches Museum Hanau mit Papiertheatermuseum**, Schloss Philippsruhe, Philippsruher Allee 45, ✆ 295564, ÖZ: Di-So 11-18 Uhr. Sammlung der in Hanau geborenen Sprachwissenschaftler und Märchensammler

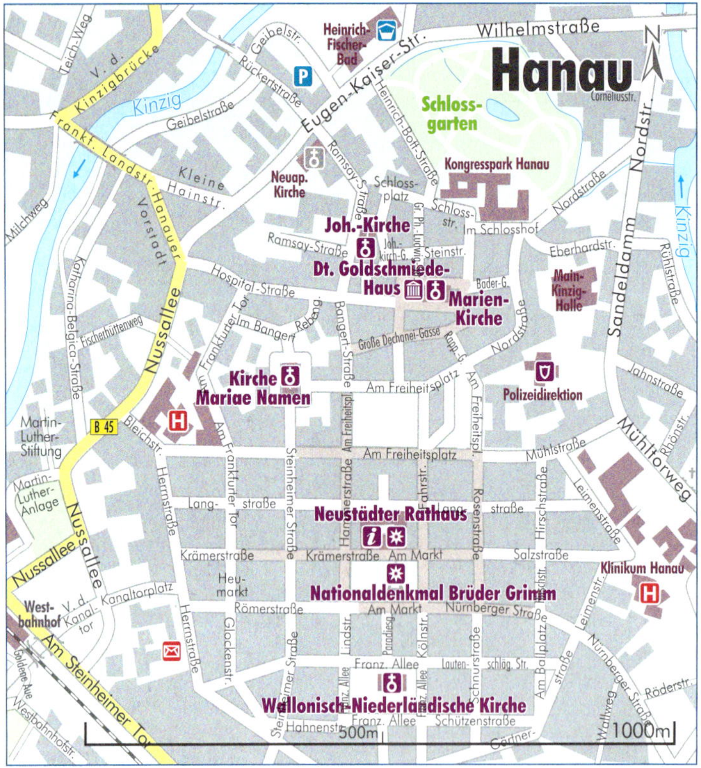

Grimm sowie Exponate der ersten deutschen Fayence-Manufaktur, Sonderausstellungen.

Museum Großauheim, Pfortenwingert 4, 63457 Hanau-Großauheim, ✆ 295564, ÖZ: Do-So 10-12 Uhr und 14-17 Uhr. Thema des Museums ist die Industrialisierung um die Jahrhundertwende.

Deutsches Goldschmiedehaus, Altstädter Markt 6, ✆ 256556, ÖZ: Di-So 11-17 Uhr. Gezeigt wird das Schmuckschaffen in Vergangenheit und Gegenwart, eine historische Goldschmiedewerkstatt sowie Sonderausstellungen.

Hessisches Puppenmuseum, Parkpromenade 4, ✆ 86212, ÖZ: Di-So 10-12 Uhr und 14-17 Uhr. Umfangreiche Puppensammlung von der Antike bis zur Gegenwart.

Hessisches Forstmuseum „Alte Fasanerie", Fasaneriestraße, ✆ 69191, ÖZ: Mo-So 9-18 Uhr. Das Museum gewährt einen Einblick in längst ausgestorbene Berufe, wie den des Köhlers oder des Pechers. Interaktive Ausstellungselemente sprechen besonders Kinder an.

Museumseisenbahn Hanau, Hanauer Hauptbahnhof, ✆ 06152/719483

Schloss Philippsruhe. Zu Beginn des 18. Jhs. von Graf Philipp Reinhard von Hanau errichtet. Es ist das älteste nach französischem Vorbild erbaute Barockschloss östlich des Rheins. Am Schlosspark befindet sich seit

37
Bergen-
-Enkheim
Hochstadt
Bischofsheim
Hessisches Puppenmuseum
Wilhelmsbad
Hohe Tanne
Lamboy
Wilhelmsbad
Dörnigheim
Schlossgarten
Congress-Park Hanau
Kesselstadt
Hanau
Kinzig
Rumpenheim
Biebernsee
Dietesheim
Main
Schloss Philippsruhe
Schlosspark
Wolfgang
Rote Warte
echenheim
Bürgel
Mühlheim am Main
Steinheim am Main
Großauheim
Schloss Steinheim
Museum Großauheim
Deutsches Ledermuseum
Offenbach am Main
Lämmerspiel
Klein-Auheim
Tempelsee
Klein Auheimer See
Erlebniswildpark Alte Fasanerie
Bieber
Waldhof
Hausen
auterborn
115

2002 ein modernes, überdachtes Amphitheater; hier finden jedes Jahr die Brüder-Grimm-Märchenfestspiele statt.

- **Neustädter Rathaus mit „Nationaldenkmal Brüder Grimm"**
- **Staatspark Wilhelmsbad, Historische Kur- und Badeanlagen**, Parkpromenade 7, ✆ 9065090, mit Burgruine und Hessischem Puppenmuseum.

Die Brüder-Grimm-Stadt Hanau wurde im 13. Jahrhundert auf einer Halbinsel zwischen Main und Kinzig gegründet und erhielt schon bald darauf, nämlich im Jahr 1303, die Stadt- und Marktrechte verliehen. Ab 1597 entstand dann die planmäßig angelegte Neustadt, die von flämischen und wallonischen Glaubensflüchtlingen besiedelt wurde. 1785/86 wurden Jacob und Wilhelm Grimm in einem Haus am Paradeplatz, dem heutigen Freiheitsplatz, geboren. Sie wurden als Sprachwissenschafter und Märchensammler weltweit bekannt.

Neustädter Rathaus mit Denkmal Brüder Grimm

Heute ist Hanau der Ausgangspunkt der „Deutschen Märchenstraße", die 600 km weit bis nach Bremen führt und dabei alle märchenhaften Orte besucht.

Hinter der Brücke nach Hanau beginnt ein unbefestigtes Wegstück, das knapp 1,5 Kilometer andauert ~ einen Campingplatz umrunden und auf einem schmalen Weg immer in nächster Nähe zum Main weiter ~ am gegenüberliegenden Ufer ist das Schloss Philippsruhe zu sehen.

Mühlheim

In Mühlheim innerhalb der etwas eigenwilligen runden Mauerkonstruktion am Ortsrand dahinradeln ~ beim Tor wieder zum Main hinunter ~ an der Fähre vorbei, die von Mühlheim nach Dörnigheim dampft ~ weiter am Ufer Richtung Rumpenheim ~ davor verdichtet sich die Mainaue wieder, ein breiter Schilfgürtel umgibt das Wasser ~ von Koppeln und Wiesen flankiert, in den Ort und zur Fähre.

Rumpenheim

Immer geradeaus weiter nach Offenbach.

Tipp: Links zweigt ein Weg ab zum Erholungs- und Naturschutzgebiet Mainbogen.

Wenn Sie auf der Route bleiben, fahren Sie den Mainbogen ganz aus ~ Sie lassen nun auch die Ortschaft Bürgel mit ihrem Naturheilverein hinter sich ~ durch Parkanlagen nach Offenbach ~ die Anlegestelle für Dampfer, Bahngleise, ein Parkplatz und das Isenburger Schloss heißen Sie hier willkommen.

Offenbach

PLZ: 63065; Vorwahl: 069

- **Offenbacher Stadtinformation GmbH**, Salzgässchen 1, ✆ 8065-2052 od. 8065-2946, www.offenbach.de
- **Deutsches Ledermuseum** und **Deutsches Schuhmuseum**, Frankfurter Str. 86, ✆ 8297980, ÖZ: Mo-So 10-17 Uhr. Leder in jeder Form, ob als alltäglich genutztes Produkt oder als künstlerisch gestaltetes Werk.
- **Klingspor Museum**, Herrnstr. 80, ✆ 8065-2954, ÖZ: Di, Do, Fr 10-17 Uhr, Mi 14-19 Uhr, Sa, So 11-16 Uhr. 1953 gegründet. Dr. Karl Klingspor und sein Bruder Wilhelm betrieben in der 1. Hälfte des 20. Jhs. eine Schriftgießerei in Offenbach. Das Museum zeigt Exponate zu Typografie, Kalligrafie, Illustration, Bucheinband, Kalender, Plakate u. v. m.

Offenbach, Isenburger Schloss

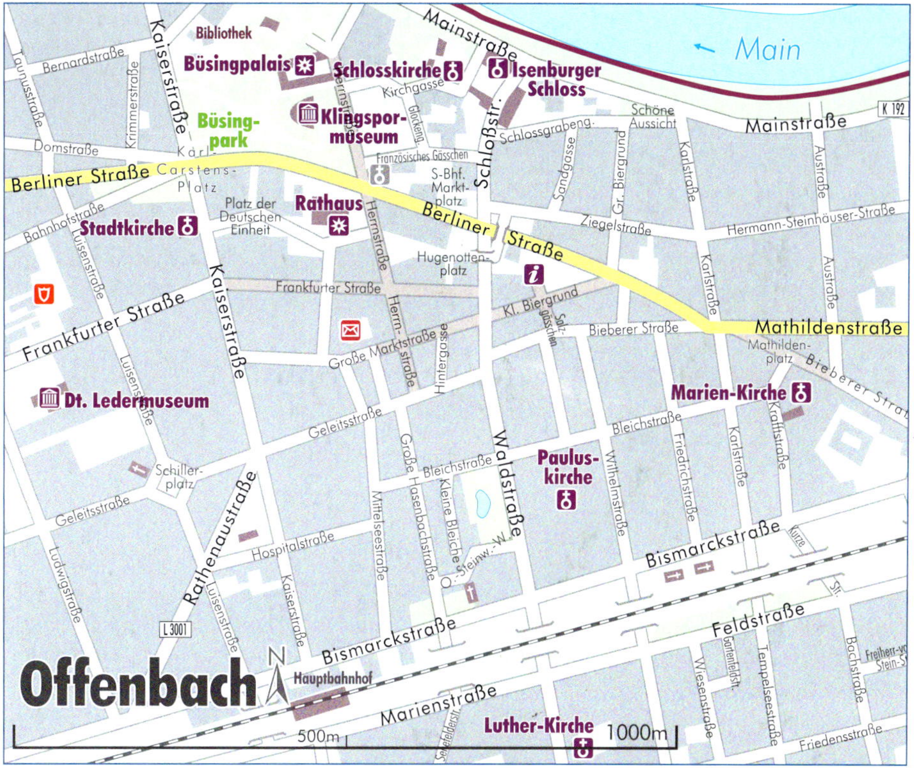

Haus der Stadtgeschichte, Stadtmuseum, Bernardbau, Herrnstr. 61, ✆ 8065-2446 od. 8065-2093, ÖZ: Di, Do-Fr 10-17 Uhr, Mi 14-19 Uhr, Sa, So 11-16 Uhr. Ausgestellt sind Sammlungen zur lokalen Historie.

Isenburger Schloss, Schlossstr. 66. Erbaut als landesherrschaftliche Residenz der Isenburger im 16. Jh.

Büsingpalais, Herrnstr. 82. Im 18. Jh. entstandenes, dreiflügeliges Stadtpalais, zur Jahrhundertwende zu einer neobarocken Schlossanlage umgebaut.

Tausendjährig ist die Geschichte Offenbachs, an dessen Gesicht dieses hohe Alter jedoch nicht mehr abzulesen ist. 977 wurde die Siedlung erstmals erwähnt, erlebte aber keine solch rasante Entwicklung wie die Nachbar-

stadt Frankfurt. Vom 16. bis zum Beginn des 19. Jahrhunderts ist Offenbach als kleine fürstliche Residenz der Grafen und späteren Fürsten von Isenburg bekannt und gilt erst ab der zweiten Hälfte des 18. Jahrhunderts als Stadt. Erhalten sind aus diesen Zeiten leider nur noch wenige Bauwerke, wie das Isenburger Schloss mit seiner schönen Renaissancefassade. Der Krieg hat Offenbach nicht verschont.
Im Zuge der Industrialisierung erlebte die Stadt am Main einen starken Aufschwung, Industrie und Bevölkerung entwickelten sich gleichermaßen. Lederwaren- und Druckindustrie prägen die Stadt noch heute, eine Stadt, die mit rund 118.000 Einwohnern zu den kleinen Großstädten Deutschlands zählt.

Von Offenbach nach Frankfurt 7 km

Direkt am Main fahren Sie weiter auf das nicht ganz 6 Kilometer entfernte Frankfurt zu ~ eher ungemütlich wird es dann auf dem ersten Stück hinter Offenbach, denn Sie müssen hier den Hafen umrunden ~ nach rund einem Kilometer geht es wieder auf einem gesandeten Mainuferweg dahin ~ das Schleusenhaus nach rechts

Frankfurt am Main

umrunden ~ zur Linken befindet sich die Historische Gerbermühle mit Biergarten ~ es geht nun durch die Parkanlagen von Frankfurt.

Tipp: Um vom **Museumsufer** ins Zentrum von Frankfurt jenseits des Flusses zu kommen, haben Sie mehrere Möglichkeiten: Entweder Sie benutzen den Fahrstuhl an der Fussgängerbrücke Eiserner Steg oder einen der straßenbegleitenden Radwege auf der Flößerbrücke oder der Untermainbrücke.

Frankfurt am Main

Vorwahl: 069

- **Tourismus+Congress GmbH Frankfurt am Main**, Kaiserstr. 56, ✆ 21238800, www.frankfurt-tourismus.de
- **Touristinformation Hbf.**, Empfangshalle
- **Touristinformation am Römer**, Römerberg 27
- **Frankfurter Personenschifffahrt**, Mainkai 36, ✆ 1338370. Von kleinen Kreuzfahrten bis zu größeren Touren nach Rüdesheim/Rhein, zur Loreley/Rhein oder nach Seligenstadt/Main.
- **Städel Museum**, Schaumainkai 63, ✆ 605098-0, ÖZ: Di, Fr-So 10-18 Uhr, Mi-Do 10-21 Uhr. In der vom Namensgeber bereits 1816 gegründeten Institution finden sich unzählige Exponate aus den vergangenen sieben Jahrhunderten Kunstgeschichte, dazu wechselnde aktuelle Ausstellungen.
- **Senckenberg Naturmuseum**, Senckenberganlage 25, ✆ 75420, ÖZ: tägl. 9-17 Uhr, Mi 9-20 Uhr, Sa-So/Fei 9-18 Uhr. Eines der größten Naturkundemuseen Deutschlands zeigt die Vielfalt des Lebens und seiner Entwicklung auf der Erde bis heute (Geologie, Paläontologie, Biologie).
- **Goethe-Haus und Museum**, Großer Hirschgraben 23-25, ✆ 138800, ÖZ: Mo-Sa 10-18 Uhr, So/Fei 10-17.30 Uhr. Im Geburtshaus Goethes wird anhand der Innenausstattung aus dem 18. Jh. das Leben und Schaffen des Dichters in Bildern dargestellt.
- **Jüdisches Museum**, Untermainkai 14-15, ✆ 21235000, ÖZ: Di-So 10-17 Uhr, Mi 10-20 Uhr. Die thematischen Schwerpunkte sind die Geschichte der Juden in Deutschland und die religiös soziale Wirklichkeit des Judentums.
- **Deutsches Filmmuseum**, Schaumainkai 41, ✆ 961220220, ÖZ: Di, Do, Fr 10-17 Uhr, Mi, So 10-19 Uhr, Sa 14-19 Uhr.

38
Eschborn
Seckbach
Hausen
Rödelheim
Bockenheim
Bornheim
Riederwald
Sossenheim
Palmengarten
FRANKFURT am Main
Ostend
Fechenheim
Zoo
Main
Nidda
Rebstock
Dom
Museumsufer
Isenburger Schloss
Deutsches Ledermus
Galiusviertel
Gutleutviertel
Nied
Griesheim
Oberrad
Sachsenhausen
Offenbach am Main
Goetheturm
Niederrad
Schwanheim
Goldstein
Lauterborn
3,5
Frankfurter Stadtwald
Jakobiweiher
A66
A648
A5
A661
A3
B3
B8
B40
B43
B44
B46
37
39

Ausstellungen zur deutschen Filmgeschichte, zur Entwicklung der Filmtechnik, zur Geschichte des Kinos und zur Entwicklung der Filmproduktion sowie Informationen zur Sprache des Films.

Deutsches Architekturmuseum, Schaumainkai 43, ✆ 21238844, ÖZ: Di-So 11-18 Uhr, Mi 11-20 Uhr. Die Verflechtung der sozialen und ökologischen Aufgaben des Bauens mit den Möglichkeiten der Bautechnik und den Absichten baukünstlerischen Gestaltens sollen hier öffentlich dargestellt werden; beispielsweise zu Themen wie „Wohnen in der Innenstadt" und „Fußgängerzonen".

Museum für Kommunikation, Schaumainkai 53, ✆ 6060-0, ÖZ: Di-Fr 9-18 Uhr, Sa, So/Fei 11-19 Uhr. Dokumentiert werden die Geschichte der Nachrichtenübermittlung, die Entwicklung des Fernmeldewesens, Ausstellung von Briefmarken und eine alle 2 Monate wechselnde Postwertzeichenausstellung u. a. wechselnde Ausstellungen.

Geldmuseum der Deutschen Bundesbank, Wilhelm-Epstein-Str. 14, ✆ 95663073, ÖZ: So-Fr 10-17 Uhr, Mi bis 21 Uhr. Ein interaktives Museum, das die Währungspolitik mit Hilfe von Filmen und Computerprogrammen erläutert. Historische Geldsammlung der Bundesbank.

Kaiserdom St. Bartholomäus, gotischer Bau aus dem 13.-15. Jh. mit dem eindrucksvollen 95 m hohen Westturm, in der Innenausstattung glänzen vor allem der Maria-Schlaf-Altar und die Kreuzigungsgruppe von Hans Backoffen.

Frankfurt am Main

Paulskirche, sie stammt aus der Zeit um 1800 und war 1848/49 Sitz der Deutschen Nationalversammlung. Heute ist das Gebäude ein Fest- und Ausstellungssaal.

Main Tower, Neue Mainzer Str. 52-58, ✆ 3650/4771. Erstes Hochhaus in Frankfurt mit zweigeschossiger Besucherterrasse (ÖZ Aussichtsplattform: So-Do 10-21 Uhr, Fr, Sa 10-23 Uhr) und öffentlich zugänglichem Restaurant in der 53. Etage.

Römer, das Rathaus, das Wahrzeichen von Frankfurt, das aus drei miteinander verbundenen mittelalterlichen Häusern besteht; hier befindet sich der Kaisersaal.

Stadtrundfahrten, April-Okt., tägl. 10 u. 14 Uhr ab Touristinformation am Römer, 10.15 u. 14.15 Uhr ab Touristinfo Hbf., Nov.-März, tägl. 14 Uhr ab Römer und 14.15 Uhr ab Hbf, Sa, So zusätzlich 10 Uhr ab Römer und 10.15 Uhr ab Hbf.

Palmengarten, ✆ 212-33939 od. -36689, Eingang: Siesmayerstr. 61 u. Palmengartenstraße, ÖZ: Febr.-Okt., tägl. 9-18 Uhr, Nov.-Jan., 9-16 Uhr.

Zoologischer Garten, 60316, Alfred-Brehm-Pl. 16, ✆ 21233735, ÖZ: tägl. 9-19 Uhr, im Winter 9-17 Uhr.

794 wurde Frankfurt im Zusammenhang mit einer von Karl dem Großen dort abgehaltenen Reichsversammlung erwähnt. Die an wichtigen Fernhandelswegen gelegene Siedlung erlebte bald einen enormen wirtschaftlichen Aufschwung. Seit 1240 ist Frankfurt Messestadt, seitdem findet hier alljährlich die Frankfurter Messe statt. 1311 wurde der Messeplatz zur Stadt ernannt und erlangte bald auch besondere politische Bedeutung, als 1356 die Handelsstadt zur traditionellen Wahlstatt der deutschen Könige wurde.

Weitere 16 Jahre später wurde die Stadt am Main Freie Reichsstadt, was gleichbedeutend mit einem selbstverwalteten Stadtstaat ist, der nur dem Kaiser verpflichtet ist. Über die Jahrhunderte entwickelte sich Frankfurt zu einem der wichtigsten Handelsplätze Deutschlands, wo auch die ersten bargeldlosen Finanzgeschäfte getätigt wurden. 1585 entstand die

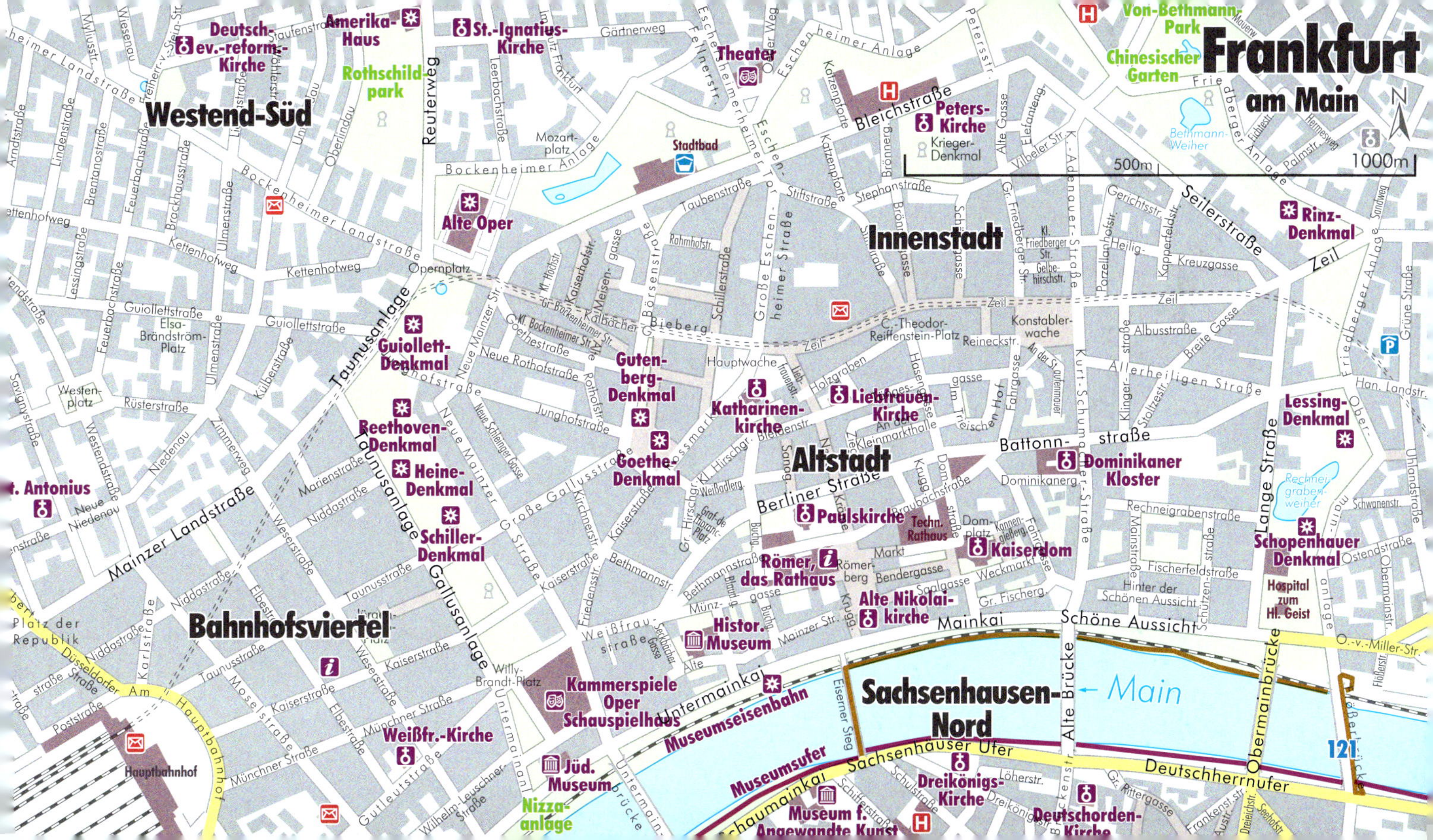
Frankfurt am Main
500m
1000m
Westend-Süd
Innenstadt
Altstadt
Bahnhofsviertel
Sachsenhausen-Nord
Main
Deutsch-ev.-reform.-Kirche
Amerika-Haus
St.-Ignatius-Kirche
Rothschildpark
Theater
Von-Bethmann-Park
Chinesischer Garten
Bethmann-Weiher
Peters-Kirche
Krieger-Denkmal
Stadtbad
Alte Oper
Opernplatz
Rinz-Denkmal
Guiollett-Denkmal
Gutenberg-Denkmal
Katharinenkirche
Liebfrauen-Kirche
Konstablerwache
C.-Theodor-Reiffenstein-Platz
Hauptwache
Beethoven-Denkmal
Heine-Denkmal
Schiller-Denkmal
Goethe-Denkmal
Lessing-Denkmal
Dominikaner Kloster
Paulskirche
Techn. Rathaus
Kaiserdom
Römer, das Rathaus
Alte Nikolaikirche
Histor. Museum
Schopenhauer Denkmal
Hospital zum Hl. Geist
Rechneigrabenweiher
St. Antonius
Westenplatz
Elsa-Brändström-Platz
Platz der Republik
Willy-Brandt-Platz
Kammerspiele Oper Schauspielhaus
Weißfr.-Kirche
Hauptbahnhof
Jüd. Museum
Nizzaanlage
Museumseisenbahn
Museumsufer
Museum f. Angewandte Kunst
Dreikönigs-Kirche
Deutschorden-Kirche
Bleichstraße
Bockenheimer Anlage
Bockenheimer Landstraße
Kettenhofweg
Guiollettstraße
Taunusanlage
Gallusanlage
Mainzer Landstraße
Zeil
Seilerstraße
Berliner Straße
Battonnstraße
Allerheiligen Straße
Lange Straße
Kurt-Schumacher-Straße
Konrad-Adenauer-Straße
Mainkai
Schöne Aussicht
Untermainkai
Sachsenhäuser Ufer
Deutschherrnufer
Schaumainkai
Eiserner Steg
Alte Brücke
Obermainbrücke
Flößerbrücke
Untermainbrücke
Friedberger Anlage
Obermainanlage
Düsseldorfer Straße
Am Hauptbahnhof
Kaiserstraße
Münchner Straße
Taunusstraße
Niddastraße
Gutleutstraße
Weißfrauenstraße
Neue Mainzer Straße
Große Eschenheimer Straße
Eschenheimer Anlage
Stephanstraße
Stiftstraße
Taubenstraße
Reuterweg
Gärtnerweg
Mozartplatz
Westendstraße
Ulmenstraße
Savignystraße
Rüsterstraße
Wilhelm-Leuschner-Straße
O.-v.-Miller-Str.
Hanauer Landstr.

Börse und damit erstmals ein behördlich kontrollierter Geldwechsel. Martin Luther meinte über die Stadt, sie sei ein „Silber- und Goldloch".

Auch im 19. Jahrhundert hatte Frankfurt eine bewegte Geschichte und große Bedeutung in Deutschland. 1816-66 war die Reichsstadt Sitz des Deutschen Bundes, 1848 versammelte sich hier in der Paulskirche, nach der Märzrevolution, das erste freigewählte Parlament.

Im 20. Jahrhundert entwickelte sich Frankfurt immer weiter zu einer Groß- und Industriestadt, zu einem Banken-, Handels- und Messezentrum sowie zu einem kulturellen Mittelpunkt. Die Stadt, die 1949 beinahe Bundeshauptstadt geworden wäre, hat heute 660.000 Einwohner.

Heute ist die Mainmetropole eines der bedeutendsten Finanz- und Dienstleistungszentren in Europa. Wie die Silhouette der Stadt vermuten lässt, ist Frankfurt von Bank- und Geldinstituten übersät. Über 400 solcher Einrichtungen sind hier anzutreffen. Aber nicht nur von Geldinstituten ist das wirtschaftliche Spektrum abgedeckt. Im Besonderen sei die Vielzahl der Verlage genannt, die Zahl liegt bei knapp 300, die sich hier niedergelassen haben. Die Tradition der Buchmessen in Frankfurt stammt noch aus dem 16. Jahrhundert.

Aber auch das kulturelle Angebot lässt keine Wünsche offen: Wenn Sie mit dem Fahrrad auf dem Main-Radweg Frankfurt durchstreifen, kommen Sie direkt an das bekannte Museumsufer, das nicht nur durch seine Vielfalt, sondern auch durch seine Qualität besticht. Zahlreiche berühmte Museen wie zum Beispiel das Städel Museum oder das Liebieghaus sind hier angesiedelt. Machen Sie Halt und schauen Sie sich eine der zahlreichen Ausstellungen an oder genießen Sie eine Rast in einem der schönen Parks.

Von Frankfurt nach Eddersheim 20,5 km

Am linken Ufer weiter und vorbei am Campingplatz auf zweifarbigem Radweg nachdem dieser Weg ganz und gar zur roten Farbe übergegangen ist, führt ein kleiner asphaltierter Weg nach rechts zum Main hinunter ab und zu nähern Sie sich der Verkehrsstraße, aber meistens geht's recht gemütlich direkt am Main dahin. Nach der Unterführung unter der B 40 links.

Tipp: Wenn Sie auf der Nebenroute weiter gerade am Mainufer entlang fahren, kommen Sie mit der Fähre bequem ans andere Ufer und direkt nach Höchst.

Höchst

Vorwahl: 069

- **Ev. Stadtkirche**, Ecke Leverkuser Straße/Melchiorstraße, ✆ 313085, ÖZ: Di, Do, Fr 9-12 Uhr.
- **Kath. St. Josefskirche**, Ecke Hostatostr./Justinuskirchstraße, ✆ 3399960, ÖZ: Mo-Fr, So 8-19 Uhr, Sa 8-17.30 Uhr u. n. V.
- **Justinuskirche**, Justinusplatz, ✆ 3399960, ÖZ: Mo-Mi 12-14 Uhr, Do-So 15-17 Uhr u. n. V.
- **Museum im Alten Höchster Schloss**, Höchster Schlosspl. 16, ✆ 305-6988, ÖZ: Mi-So 10-16 Uhr
- **Porzellan-Museum**, Bolongarostr. 152, ✆ 21230702, ÖZ: Sa, So, Fei, Brückentage 11-18 Uhr
- **Porzellan-Manufaktur**, Palleskestr. 32, ✆ 3009020, ÖZ: Mo-Fr 9.30-18 Uhr, Sa 9.30-14 Uhr, Führungen: Di 10 u. 15 Uhr
- **Bolongaropalast**, Bolongarostr. 109, ✆ 21245521, ÖZ: Mo-Fr 9-16 Uhr. Porzellanausstellung.

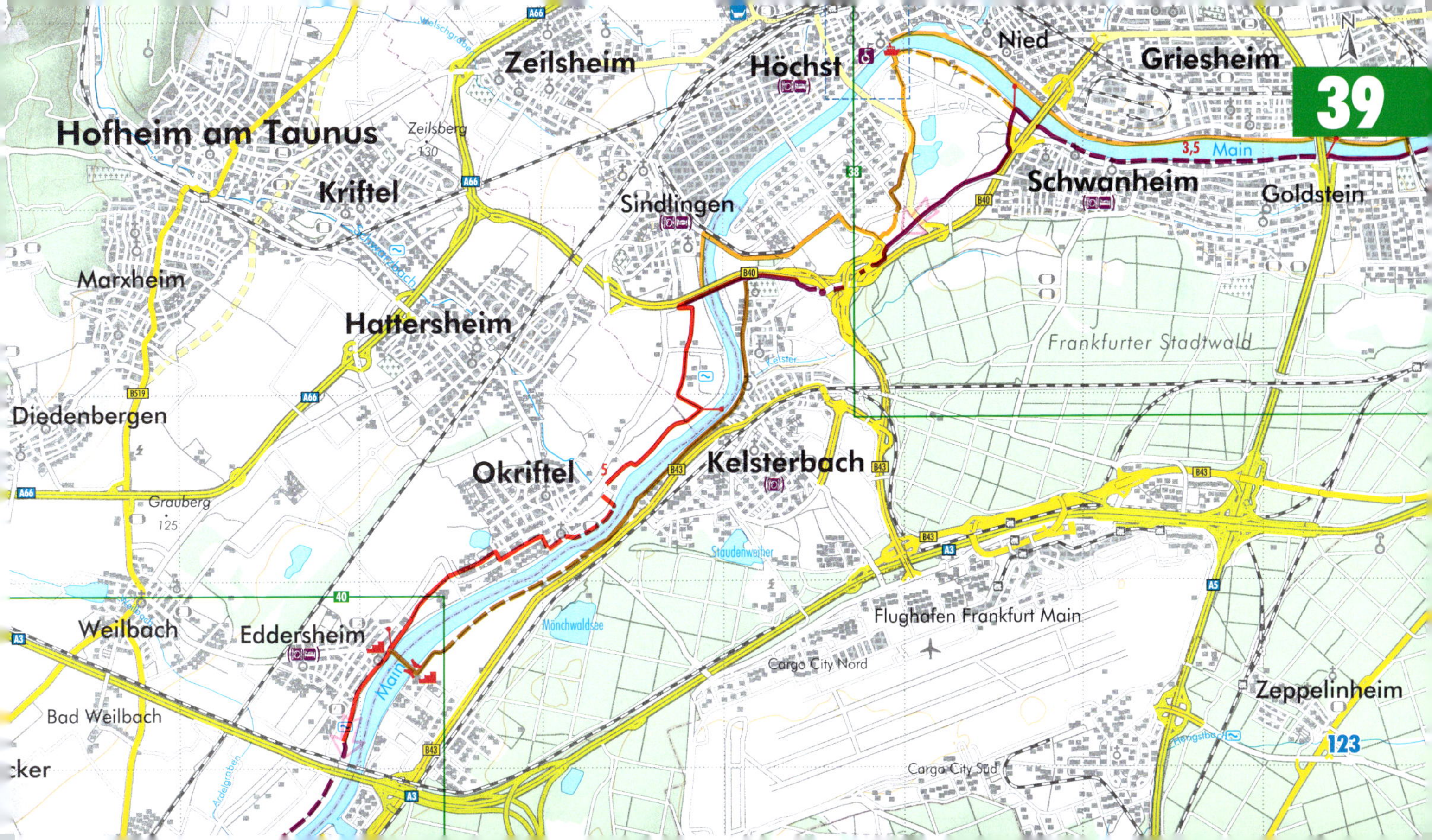

39
Zeilsheim
Höchst
Nied
Griesheim
Hofheim am Taunus
Zeilsberg
130
Kriftel
Sindlingen
Schwanheim
Goldstein
Main
3,5
Marxheim
Hattersheim
Frankfurter Stadtwald
Diedenbergen
Okriftel
Kelsterbach
5
Grauberg
125
Staudenweiher
Weilbach
Eddersheim
Mönchwaldsee
Flughafen Frankfurt Main
Cargo City Nord
Zeppelinheim
Bad Weilbach
Cargo City Süd
123
Main
A66
A3
A5
B40
B43
B519
33
40

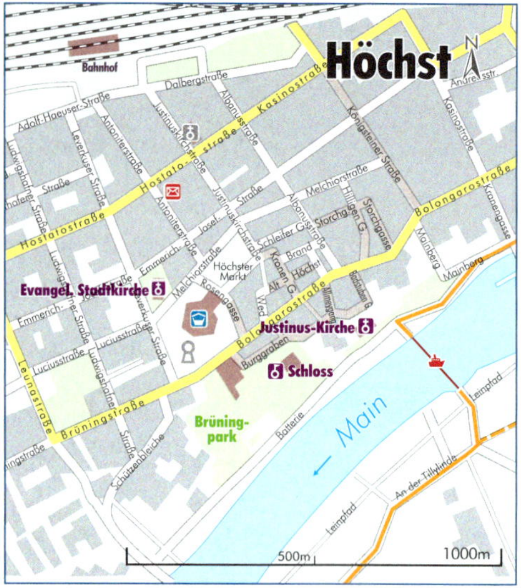

Auf der Hauptroute nach der B 40 links und die K 807 queren ⁓ am Radweg entlang der B 40 ⁓ rechts ab in den **Kelsterbacher Weg** ⁓ links abbiegen in einen schmalen Weg und an der T-Kreuzung rechts zu K 813 ⁓ auf dem Radweg entlang der K 813 weiter ⁓ über eine Brücke und später durch zwei kurze Unterführungen ⁓ geradeaus über die Schwanheimer Straße ⁓ nach der Kreuzung rechts und sofort wieder links ⁓ am Radweg entlang der B 40 über den Main.

Sindlingen

Im spitzen Winkel links in die **Okrifteler Straße** ⁓ nach rund 100 Metern rechts in südlicher Richtung ⁓ den Roten Weg kreuzen und vorbei an der Kläranlage ⁓ Linksbogen am Rand der Kläranlage und schließlich rechts am Main entlang ⁓ nach einer Links- und Rechtskurve geradeaus bis zu einer Kreuzung, dort links abbiegen ⁓ am Uferweg an einem Fußballplatz vorbei ⁓ an der Straße **Zur Fähre** rechts und sofort wieder links in die **Jahnallee** ⁓ am Ende der Straße rechts ⁓ links in die **Rheinstraße** ⁓ rechts in die **Diedenberger Straße** und an der nächsten Kreuzung links in die **Stettiner Straße** ⁓ über die Gleise ⁓ beim Pumpwerk halbrechts in die **Siemensstraße** ⁓ gerade aus weiter in den **Fasanenweg** und an zwei Sportplätzen vorbei zur Wehranlage.

Eddersheim

Von Eddersheim nach Mainz — *19,5 km*

Gegen Ortsende in einem Schlenker nach links auf einen Damm hinauf ⁓ etwas erhöht Eisen- und Autobahn unterqueren ⁓ nach rund 2,5 Kilometern links hinunter ans Ufer.

Tipp: Wenn Sie vor der Unterführung unter der B 519 rechts abbiegen und sich an der Hauptstraße links halten, kommen Sie unmittelbar nach der Unterführung zu einer Abzweigung nach rechts. Nach einer scharfen Rechtskurve führt der Radweg über die Mainbrücke und nach Rüsselsheim.

Flörsheim

Immer in Sichtweite des Mains vorbei ⁓ bei den Altglascontainern der asphaltierten Straße nach rechts folgen ⁓ von der **Hafenstraße** leicht links halten, die Straße ist mit einem Sackgassenschild gekennzeichnet ⁓ nach der Bahnunterführung in die erste Straße nach links ⁓ 400 Meter später wiederum nach links ⁓ gleich noch einmal unter der Bahn hindurch ⁓ vorn bei der Brücke dann nach rechts ⁓ ab

40
Mechtildshausen
Delkenheim
Massenhein
Weilbach
Eddersheim
Petersberg
150
140
Bad Weilbach
Wicker
Amöneburg
Rhein-Radweg
A671
B40
Platte
120
Geißberg
130
A3
39
5
Kastel
Hochheim am Main
Flörsheim am Main
Raunheim
B455
Kurfürstliches Schloss
Theodor-Heuss-Brücke
Kostheim
Falkenberg
B43
Main
7,5
7
Gustavsburg
Festung
Opelvillen
Verna-Park
Opel Forum
Opel-Werk
Rüsselsheim
Haßloch
Mainz
St. Martin
Bischofsheim
B486
B519
Weisenau
Rhein
Silbersee
A60
Horlachgraben
125
Ginsheim
Königstädten

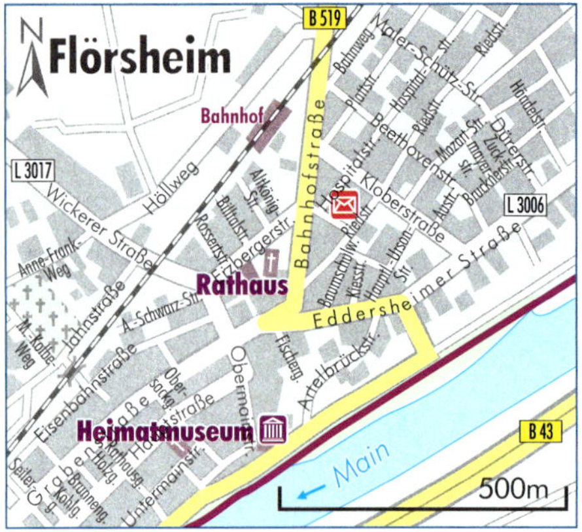

hier einfach dem Straßenverlauf folgen, dieser führt erneut auf einen Uferweg.

Zum letzten Mal auf dieser Reise macht Ihnen der Weinbau noch einmal seine Aufwartung: Die ganze Strecke bis nach Hochheim ist gesäumt von Weingärten.

Hochheim

Ein Stück unterhalb des Ortes geht's auf einem gepflasterten, recht gut befahrbaren Weg auf einem kleinen Damm dahin ~ dann auf einem schmalen Pfad bis kurz vor Kostheim.

Kostheim

Nach Unterquerung der B 43 links auf der Brücke der **Floßhafenstraße** weiter ~ dieses Sträßchen führt am Ufer zur Mündung des Mains ~ den schmalen Leinpfad am Rhein entlang ~ hinter dem **Floßhafen** in einer Schleife rechtsherum wieder unter der Brücke hindurch links ans Ufer.

Tipp: Wenn Sie rechts direkt zum Bahnhof Kastel und dann im Linksbogen auf die Rheinbrücke radeln, können Sie sich die Treppen der Hauptroute hinauf auf die Brücke ersparen.

Mainz-Kastel

Mit Treppen auf die **Theodor-Heuss-Brücke** hinauf, auf dieser den Rhein linker Hand queren ~ am anderen Ufer treffen Sie unten auf den Rhein-Radweg – womit der Main-Radweg endgültig endet.

Tipp: Zum Hauptbahnhof gelangen Sie am bequemsten durch die Fußgängerzonen (bitte schieben!) von **Ludwigstraße** und **Schillerstraße**, die etwas weiter rheinaufwärts am **Fischtorplatz** beginnen (siehe Stadtplan).

Mainzer Altstadt

Mainz

PLZ: 55001-55131; Vorwahl: 06131

- **Touristik-Centrale Mainz**, Brückenturm am Rathaus, ✆ 286210, www.tourist.mainz.de
- **Gutenberg-Museum**, Liebfrauenpl. 5, ✆ 122640-44, ÖZ: Di-Sa 9-17 Uhr, So 11-15 Uhr. Hauptattraktionen des Museums sind die rekonstruierte Gutenberg-Werkstatt und Exemplare der berühmten, 1452-55 gedruckten, 42-zeiligen Gutenbergbibel.
- **Landesmuseum Mainz**, Große Bleiche 49-51, ✆ 285725, ÖZ: Di 10-20 Uhr, Mi-So 10-17 Uhr. Das älteste Museum in Rheinland-Pfalz wartet u. a. mit einer seltenen Zusammenschau römischer Denkmäler und Skulpturen, Kunstwerken der deutschen Kaiserzeit auf und Arbeiten moderner Künstler wie Andy Warhol, Marc Chagall u. ä.

Naturhistorisches Museum, Mitternacht/Reichklarastr. 1, ✆ 122646, ÖZ: Di 10-20 Uhr, Mi 10-14 Uhr, Do 10-20 Uhr Fr-So 10-17 Uhr. Die Naturräume der Region Rheinland-Pfalz, ihre Entstehung und ihre charakteristische Tier- und Pflanzenwelt werden anhand von Gesteinen, Mineralien und Fossilien dokumentiert.

Römisch-Germanisches Zentralmuseum, Kurfürstliches Schloss, ✆ 91240, ÖZ: Di-So 10-18 Uhr. Sammlungen zur kulturgeschichtlichen Entwicklung von der Altsteinzeit bis ins frühe Mittelalter (etwa 9. Jh.). Exponate der Bronze-, Hallstatt- oder Römerzeit sowie Gebrauchsgegenstände der Goten und Franken.

Museum für antike Schifffahrt, ehemalige Markthalle am Südbahnhof, ✆ 286630, ÖZ: Di-So 10-18 Uhr. Die 1981 entdeckten und berühmt gewordenen römischen Ruderboote aus dem 4. Jh. n. Chr. werden ausgestellt, die Restaurierungsarbeiten können live miterlebt werden.

Mainzer Dom

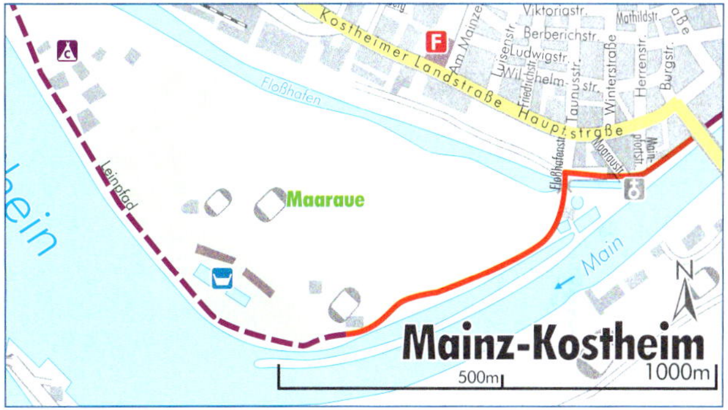

Dom St. Martin, Haupteingang am Markt, ÖZ: März-Okt., Mo-Fr 9-18.30 Uhr, Sa 9-16 Uhr, So 12.45-15 Uhr und 16-18.30 Uhr, Nov.-Febr., Mo-Fr 9-17 Uhr, Sa 9-16 Uhr, So 12.45-15 Uhr und 16-17 Uhr. Eine der frühesten monumentalen Gewölbebauten im romanischen Stil ist die 1000-jährige Kathedrale, bekannt als einer der drei deutschen Kaiserdome.

Stiftskirche St. Stephan, Stephansplatz/Kleine Weißgasse, ÖZ: März-Okt., Mo-Sa 10-17 Uhr, So 12-17 Uhr, Nov.-Feb, Mo-Do 10-12 Uhr und 14-16.30 Uhr, Fr, Sa 10-16.30 Uhr, So 12-16.30 Uhr. Die gotische Hallenkirche aus dem 13. Jh. mit beachtenswertem, spätgotischem Kreuzgang beherbergt neun Glasfenster aus der Hand Marc Chagalls mit Szenen aus dem Alten Testament.

Kurfürstliches Schloss, Ecke Große Bleiche und Rheinallee. Als Residenz und Nachfolgebau der gotischen Martinsburg (von 1481) in mehreren Phasen von der Mitte des 17. bis Mitte des 18. Jhs. errichtet, reichlich geschmückter Renaissancebau.

Schönborner Hof, Schillerstraße, Spätrenaissance-Palais der Familie des Kurfürsten Johann Philipp von Schönborn aus dem 17. Jh.

Alte Universität, Alte Universitätsstraße. Vorläuferin der heutigen Johannes-Gutenberg-Universität, 1615-18 errichtet, mit besonders sehenswertem Portal.

Frankfurter Hof, Augustinerstr. 55, ✆ 220438. Kulturzentrum der Stadt mit Veranstaltungen zu klassischer und moderner Musik, sowie Theateraufführungen und Ausstellungen.

Druckladen, Seilergasse 1, ✆ 122686, ÖZ: Mo-Fr 9-17 Uhr, Sa 10-15 Uhr. In dieser museumspädagogischen Werkstatt gibt es die Gelegenheit, Wort und Bild, Schrift- und Druckvorlagen in eigener Montage zu setzen und zu drucken.

Heute leben rund 200.000 Menschen in Mainz, einer Stadt, die eine lange und bewegte Geschichte zu verzeichnen hat. Schon die Kelten hatten sich an dem Zusammenfluss der beiden Ströme Rhein und Main niedergelassen. In dieser Siedlung wurde der Sonnengott Mogon verehrt, und die Römer, denen der Ort als strategischer Stützpunkt diente, leiteten davon den lateinischen Namen Mogontiacum ab. Schon im 2. und 3. Jahrhundert erlebte die Stadt eine erste Blütezeit.

Im 8. Jahrhundert begann dann die Herrschaft der Bischöfe in Mainz. Bonifatius machte die Stadt zum kirchlichen Zentrum Deutschlands. Das bedeutete, dass der Mainzer Erzbischof der ranghöchste Vertreter des Papstes nördlich der Alpen war. Zeuge dieser christlichen Zeit ist der Kaiserdom, mit dessen Bau um das Jahr 1.000 begonnen worden war.

Im 13. Jahrhundert gelang es den Bürgern der Stadt, die bischöfliche Herrschaft abzuschütteln, was anfangs durch eine wirtschaftliche und kulturelle Blütezeit gekennzeichnet war. Damals lebten rund 25.000 Menschen im „Goldenen Mainz".

Diese Stadtfreiheit dauerte jedoch nur 200 Jahre an. Im 15. Jahrhundert begann dann der Niedergang der bis dahin so florierenden Stadt. Mehrere unterschiedliche Ereignisse führten dazu, dass die Bevölkerung auf 6.000 Einwohner absank. Das 15. Jahrhundert in Mainz war geprägt von der „Mainzer Stiftsfehde", bei der um die Nachfolge auf dem erzbischöflichen Stuhl gerungen wurde. Hinzu kamen wachsende Schulden und die Ausbreitung von Seuchen.

Zu dieser Zeit lebte auch Johann Gensfleisch von Gutenberg in Mainz, wohl einer der bekanntesten Bürger der Stadt. Mitte des 15. Jahrhunderts erfand er den Buchdruck mit beweglichen Lettern.

Mit dem Ende der Stadtfreiheit wurde Mainz zur kurfürstlichen Residenzstadt. Während dieser Zeit erhielt die Stadt ihre barocke Prägung.

Im 19. Jahrhundert wurde Mainz dann rheinhessische Provinzhauptstadt. Ein starkes Bevölkerungswachstum von rund 70 Prozent und ein gleichzeitiges wirtschaftliches Wachstum verlangten nach einer Stadterweiterung. Mit dem Wachstum der Stadt entwickelte sich auch ein reges kulturelles Treiben, als Beispiel hierfür sei die politisch-literarische Fastnacht genannt. Fastnacht bedeutete damals Freiheit; Freiheit der Gedanken und der Rede, Narrenfreiheit also.

Sie haben nun das Ende Ihrer Radreise erreicht. Wir hoffen, Sie hatten einen erlebnisreichen und interessanten Radurlaub und freuen uns, dass Sie ein *bikeline*-Radtourenbuch als Begleiter gewählt haben.

Das gesamte *bikeline*-Team wünscht Ihnen eine gute Heimreise!

Mainz
Mainz-Kastel
Rhein-Radweg (Teil 3)
Rhein-Radweg (Teil 2)
Theodor-Heuss-Brücke
Rhein
Floßhafen
Maaraue
Christus-kirche
Kurfürstliches Schloss
Stadt-bibliothek
Landtag
Naturhist. Museum
Landes-museum
Karmeliter Kirche
Rathaus
Gutenberg-Museum
Emmerans-Kirche
Dom St. Martin
Joh.-Kirche
Altmünster Kapelle
Kloster
Haupt-bahnhof
Bahnhof Mainz-Kastel
Neuap. Kirche
Kaiserstraße
Rheinstraße
Boppstraße
Parcusstraße
Bahnhofstraße
Schillerstraße
Ludwigsstraße
Binger Straße
Philippsring
Hochheimer Str.
Eisenbahnstr.
Rheinufer
Stresemannufer
B 9
B 40
B 43
129
500m
1000m

Übernachtungsverzeichnis

Dieses Verzeichnis beinhaltet folgende Übernachtungskategorien:

- H Hotel
- Hg Hotel garni
- Gh Gasthof, Gasthaus
- P Pension, Gästehaus
- Pz Privatzimmer
- BB Bed and Breakfast
- Fw Ferienwohnung (Auswahl)

Bett & Bike

Bett & Bike

Alle mit dem Bett & Bike-Logo gekennzeichneten Betriebe erfüllen die vom ADFC vorgeschriebenen Mindestkriterien als „Fahrradfreundliche Gastbetriebe" und bieten darüber hinaus so manche Annehmlichkeit für Radfahrer. Detaillierte Informationen finden Sie unter *www.bettundbike.de.*

ADFC Allgemeiner Deutscher Fahrrad-Club

- Bh Bauernhof
- Hh Heuhotel
- Jugendherberge, -gästehaus
- Campingplatz
- Zeltplatz (Naturlagerplatz)

Es erhebt keinen Anspruch auf Vollständigkeit und stellt keine Empfehlung der einzelnen Betriebe dar.

Die römische Zahl (I–VII) nach der Telefonnummer gibt die Preisgruppe des betreffenden Betriebes an. Folgende Unterteilung liegt der Zuordnung zugrunde:

- I unter € 15,–
- II € 15,– bis € 23,–
- III € 23,– bis € 30,–
- IV € 30,– bis € 35,–
- V € 35,– bis € 50,–
- VI € 50,– bis € 70,–
- VII über € 70,–

Die Preisgruppen beziehen sich auf den Preis pro Person in einem Doppelzimmer mit Dusche oder Bad inkl. Frühstück. Übernachtungsbetriebe mit Zimmern ohne Bad oder Dusche, aber mit Etagenbad, sind durch das Symbol nach der Preisgruppe gekennzeichnet.

Da wir das Verzeichnis stets erweitern, sind wir für Ihre Anregungen dankbar. Die Eintragung erfolgt für die Betriebe natürlich kostenfrei.

Creußen

PLZ: 95473; Vorwahl: 09270

Gh Im Gärtlein, Im Gärtlein 1-3, ✆ 650, III

Thiergarten

PLZ: 95448 Wolfsbach; Vorwahl: 09209

H Schlosshotel Thiergarten, Oberthiergärtner Str. 36, ✆ 9840, VI-VII

Bayreuth

PLZ: 95444; Vorwahl: 0921

i Kongress- und Tourismus-Zentrale, Luitpoldplatz 9, ✆ 88588

H Add On Kolping Hotel, Kolpingstr. 5, ✆ 151238-0, V-VII

H Bayerischer Hof, Bahnhofstr. 14, ✆ 78600, VI-VII,

H Arvena Kongress Hotel, 95445, Eduard-Bayerlein-Str. 5a, ✆ 727-0, V-VI

H Bürgerreuth, 95445, An der Bürgerreuth 20, ✆ 78400, V

H Bayreuther Hof, Rathenaustr. 28, ✆ 50704560, V

H Goldener Anker, Opernstr. 6, ✆ 65051, V-VII

H Goldener Hirsch, Bahnhofstr. 13, ✆ 23046, V-VI

H Spiegelmühle, 95445, Kulmbacher Str. 28, ✆ 41091, IV-V

H Ramada Residenzschloss, Erlanger Str. 37, ✆ 7585-0, V-VI

H Weihenstephan, Bahnhofstr. 5, ✆ 20203, III-IV

H Lohmühle, Badstr. 37, ✆ 5306-0, V-VI

H Grunau, 95448, Kemnather Str. 27, ✆ 79800, V-VI

H Schlemmerland, 95445, Kulmbacher, Str. 3, ✆ 75939-0, V

Gh Goldener Löwe, Kulmbacher Str. 30, ✆ 74606-0, V

Gh Grüner Baum, 95448, Bernecker Str. 1, ✆ 13113, III

Gh Zum Herzog, 95445, Herzog 2, ✆ 41334, II-III

P Zum Edlen Hirschen, Richard-Wagner-Str. 75, ✆ 764430, III

P Elbel, Oberkonnersreuther Str. 18, ✆ 66856, II

P Seulbitzer Alm, Lenzstr. 15, ✆ 99106, III-IV

Jugendherberge, Universitätsstr. 28, ✆ 251262

St. Georgen

Gh Zum Brandenburger, 95448 St. Georgen 9, ✆ 789060, II-V

Gh Hirsch, 95448 St. Georgen 26, ✆ 26714, II

Wendelhöfen

Gh Kolb, 95445 Wendelhöfen 8, ✆ 24216, IV-V

Heinersreuth

PLZ: 95500; Vorwahl: 0921

Gh Opel, Bayreuther Str. 1, ✆ 41884, III

Neudrossenfeld

PLZ: 95512; Vorwahl: 09203

H Cafe Mühle, Bergmühlg. 2, ✆ 6644, IV-V

Pechgraben

Gh Pension Frankenwald, Pechgraben, ✆ 6223 od. 0170/1239154, II

Altdrossenfeld

Gh Brauerei Schnupp, Altdrossenfeld 8, ✆ 9920, IV-V

Muckenreuth

Gh Werner, Muckenreuth 11, ✆ 272, II

Windischenhaig

PLZ: 95326 Kulmbach; Vorwahl: 09221

Gh Hereth, Windischenhaig 8, ✆ 74581, III

Kulmbach

PLZ: 95326; Vorwahl: 09221

i Tourismus & Veranstaltungsservice der Stadt Kulmbach, Sutte 2, ✆ 95880

H Achat Hotel Kulmbach, Luitpoldstr. 2, ✆ 6030, VI

H An der Eiche, Pörbitscher Platz 9, ✆ 8780950, IV

H Christl, Bayreuther Str. 7, ✆ 7955, IV

H Ertl, Hardenbergstr. 3, ✆ 974000, V-VI

H Flair Hotel Dobrachtal, Höferänger 10, ✆ 9420, V

H Hansa, Weltrichstr. 2a, ✆ 60090, VI

H Kronprinz, Fischerg. 4-6, ✆ 92180, V

H Purucker, Melkendorfer Str. 4, ✆ 90200, IV-V

H Weißes Roß, Marktpl. 12, ✆ 95650, IV-V

Gh Schramm, Forstlahmer Str. 31, ✆ 74241, III

Gh Schweizerhof, Ziegelhüttener Str. 38, ✆ 92830, IV

Gh Weinbrücke, An der Weinbrücke 5, ✆ 4277, IV

P Doris, Leuchauer Siedlung 9, ✆ 908728, II

P Edelherbklause, Bayreutherstr. 70, ✆ 97520, III

P Hilde, Mangersreuther Str. 37, ✆ 7244, II-III

Pz Marckmann, Ziegelhüttener Str. 5, ✆ 81907, II

Pz Petersen-Zanner, Kalte Marter 2, ✆ 2986, II

Metzdorf

Gh Schwärzhof, An der Leithen 1, ✆ 877315, III

Bad Berneck i.F. (am Weißen Main)

PLZ: 95460; Vorwahl: 09273

i Kur und Tourismus GmbH, Bahnhofstr. 77, ✆ 574374

H Heissinger, An der Ölschnitz 51, ✆ 331, III-IV

H Merkel, Marktpl. 13, ✆ 9930, III-IV,

H Am Kurpark, Heinersreuther Weg 1, ✆ 7618, III

H Goldener Hirsch, Hofer Str. 12, ✆ 7689, IV
H Reinl, Kolonnadenweg 11, ✆ 413, III-IV
H Blüchersruh, Maintalstr. 50, ✆ 417, III
H Zur Mühle, Kolonnadenweg 1, ✆ 500650, V
Gh Alte Post, Bahnhofstr. 83, ✆ 478, II-III
Gh Friedrich, Hofer Str. 3, ✆ 477, III
Gh Drei Linden, Kolonnadenweg 26, ✆ 7506, III
Gh Kutscherstuben, Rimlasgrund 2, ✆ 1757, III
Gh Schwarzes Ross, Goldmühl 11, ✆ 364, III-V
P Haus Bauer, An der Ölschnitz 91, ✆ 345, III
P Francesco, Hofer Str. 23, ✆ 1050, III
Pz Adam, Buchwaldweg 2a, ✆ 6785, II
Fw Engelhardt, Heinersreuther Weg 10, ✆ 6888

Bärnreuth

Gh Zimmermann, Bärnreuth 5, ✆ 6296, I

Himmelkron

PLZ: 95502; Vorwahl: 09273
H Fichtelgebirgshof, Frankenring 1, ✆ 9900
H Galeriehotel, Bayreuther Str. 3, ✆ 9880
Gh Opel, Lindig 2, ✆ 5143

Gössenreuth

Gh Hartmann, Hauptstr. 23, ✆ 281
P Hartmann, Hauptstr. 24, ✆ 1461

Lanzendorf

Gh Zum Roten Ochsen, Laitscher Weg 4, ✆ 7622

Wirsberg

PLZ: 95339; Vorwahl: 09227
H Herrmanns Romantik, Marktpl. 11, ✆ 2080, VI-VII
H Reiterhof, Sessenreuther Str. 50, ✆ 2040, VII
H Terrasenhotel Wirsberg, Sessenreuther STr. 7-9, ✆ 371, III
Gh Hereth, Hauptstr. 15, ✆ 94190, IV
Jugendtagungshaus, Sessenreuther Str. 31, ✆ 6432

Ludwigschorgast

Gh Schicker, Am Endelsbach 7, ✆ 09227/5337, II

Mainleus

PLZ: 95336, Vorwahl: 09229
Gh Fränkischer Hof, Hauptstr. 32, ✆ 979224, III
Gh Passenheim, Konrad Popp Platz 1, ✆ 979220, II
P Maintal, Kirchweg 33a, ✆ 973750
P Öhrlein, Eichberger Str. 9, ✆ 7197

Willmersreuth

PLZ: 95336 Mainleus; Vorwahl: 09229
H Waldhotel, Willmersreuth 10a, ✆ 9410, IV
Gh Zur Linde, Willmersreuth 10, ✆ 322, II

Burgkunstadt

PLZ: 96224; Vorwahl: 09572
H Drei Kronen, Lichtenfelser Str. 24, ✆ 386050, III

Altenkunstadt

PLZ: 96264; Vorwahl: 09572
H Gondel, Marktpl. 7, ✆ 3661, III-IV

Strössendorf

P Zur Linde, Zeublitzer Str. 2, ✆ 6715, III

Weismain

PLZ: 96260; Vorwahl: 09575

H Alte Post, Markt 14-16, ✆ 254, IV
Gh Hotel Zur Krone, Am Markt 13, ✆ 92220

Marktzeuln

PLZ: 96275; Vorwahl: 09574
Gh Landhaus Bätz, Schwürbitzer Str. 25, ✆ 3033, III

Michelau

PLZ: 96247; Vorwahl: 09571
H In der Au, Schneyer Str. 15, ✆ 98230, III
Gh Goldene Krone, Kirchpl. 14, ✆ 97050, III
Gh Spitzenpfeil, Alte Poststr. 4, ✆ 88081, III-IV

Lichtenfels

PLZ: 96215; Vorwahl: 09571

Tourist-Information, Marktpl. 10, ✆ 795101
H Krone, Robert-Koch-Str. 11, ✆ 7850, V
H Preußischer Hof, Bamberger Str. 30, ✆ 5015, IV-V
H „Markt 17", Marktpl. 17, ✆ 9479060, V
Hg City-Hotel, Bahnhofspl. 5, ✆ 92430, IV
P Kreuzbühl, Kreuzbühlstr. 2, ✆ 4216, II,
P Ökonomiehof Gieger, Abteistr. 18, ✆ 09576/720, II

Trieb

Gh Schardt, Karolinenstr. 8, ✆ 09574/9206, II-III

Oberwallenstein

Main-Campingplatz, Krößwehrstr. 52, ✆ 71729, 0175/2975751

Schney

H Mainlust, Lichtenfelser Weg 26, ✆ 946969, IV
P Am Schilf, An der Leite 11, ✆ 980200, III-IV
Pz Werner, Hammer 2, ✆ 88683, II

Mistelfeld

Gh Fischer, Mistelweg 17, ✆ 2718, II
P Pfadenhauer, Waltersbach 9, ✆ 6789, I-III
Pz Am Höhenweg, Höhenweg 11, ✆ 757240, II-III
Pz Waldblick, Waltersbach 9, ✆ 6789, II-III
Bh Bio-Hof Talblick, Talweg 51, ✆ 5254, II

Klosterlangheim

Bh Ökonomiehof Gieger, Abteistr. 18, ✆ 09576/720, II
Gh Landgasthof Klosterhof, Rother Str. 2, ✆ 09576/1033, III

Oberlangheim

Gh Juraschänke, Ützinger Str. 2, ✆ 09576/920200, II
Gh Zum Löwen, Ützinger Str. 1, ✆ 09576/378, II

Grundfeld

PLZ: 96231 Bad Staffelstein; Vorwahl: 09571
Gh Maintal, Alte Bundesstr. 5, ✆ 3166

Reundorf

PLZ: 96215; Vorwahl: 09571
Gh Haugeneder, Christ-König-Pl. 9, ✆ 2774, II-III
Gh Müller, Kloster-Banz-Str. 4, ✆ 95780, III-IV
P Braun, Flussweg 2, ✆ 5866, I
P Fuchs, Hofstr. 3, ✆ 71387, I
Bh Vollhof, Kloster-Banz-Str. 8, ✆ 2221, II-III
Bh Dinkel, Hofstr. 2, ✆ 5723, II-III
Bh Herold, Kastanienweg 7, ✆ 6123, I

Unnersdorf

PLZ: 96231; Vorwahl: 09573
P Sonnenleite, Abt-Düring-Str. 2, ✆ 92230, II

Bad Staffelstein

PLZ: 96231; Vorwahl: 09573
H Kurhotel a. d. Obermain-Therme, Am Kurpark 7, ✆ 3330, V-VI
H Rödiger, Zur Herrgottsmühle 2, ✆ 926-0, V
H Landferienhotel Augustin, Schwabthal 3, ✆ 96970, IV-V
H Zum Löwen, OT Schwabthal, Hauptstr. 5, ✆ 9280, V
P St. Veit, Ivo-Hennemann-Str. 12, ✆ 22270, III

Ebensfeld

PLZ: 96250; Vorwahl: 09573

Gh Neuner, Hauptstr. 51, ✆ 6449
P Veitsberg, Prächtinger Str. 14, ✆ 6400, III
P Hummel, Prächtinger Hauptstr. 6, ✆ 7109, II
Pz Marianne, Untere Str. 38, ✆ 6870
Naturfreundehaus Am Dornig, Sträublingshof 6, ✆ 6555

Rattelsdorf

PLZ: 96179; Vorwahl: 09547
Gh Goldener Stern, Bromberg 15, ✆ 94540, II
Gh Zur Sonne, Zaugendorfer Str. 4, ✆ 981017, III

Baunach

PLZ: 96148; Vorwahl: 09544
Gh Sippel, Burgstr. 20, ✆ 2488, II-III
Gh Obleyhof, Marktpl. 1, ✆ 6729, IV

Breitengüßbach

PLZ: 96149; Vorwahl: 09544
H Vierjahreszeiten, Sportplatz 6, ✆ 9290,
P Karin, Bühlstr. 35, ✆ 94880, III

Kemmern

PLZ: 96164; Vorwahl: 09544
H Rosenhof, Hauptstr. 68, ✆ 9240, V
Gh Leicht, Mittelstr. 2, ✆ 5030, II-III
Pz Görtler, Mittelstr. 4, ✆ 20347, II

Hallstadt-Bamberg

PLZ: 96103; Vorwahl: 0951
H Frankenland, Bamberger Str. 76, ✆ 71222, IV-V
H Country Inn & Suites by Carlson, Lichtenfelser Str. 35, ✆ 97270, V-VI

Bamberg

PLZ: 96047 - 96052; Vorwahl: 0951
Bamberg Tourismus & Kongress Service, Geyerswörthstr. 3, ✆ 2976200 od. Buchungsnr. 2976310

96047

H Bamberger Hof Bellevue, Schönleinspl. 4, ✆ 98550, VI
H Romantikhotel Messerschmitt, Lange Str. 41, ✆ 297800, VI
H Wilde Rose, Kesslerstr. 7, ✆ 981820, V-VI
H Villa Geyerswörth, Geyerswörthstr. 15-21a, ✆ 2978970, VI
H Central, Promenadestr. 3, ✆ 981260, III-IV
Hg Alt Bamberg, Haberg. 11, ✆ 986150, IV
Hg Hotel am Hain, Schützenstr. 10, ✆ 208690, V-VI
Hg Ibis, Theatergassen 10, ✆ 980480, IV-V
Pz Blumeninsel im Hain, Balthasar-Neumann-Str. 2, ✆ 202793

96049

H Alt-Ringlein, Dominikanerstr. 9, ✆ 95320, V-VI
H Am Jakobusweg, Wldesberger Str. 63, ✆ 5193115
H Brudermühle, Schranne 1, ✆ 955220, VI
H DomHerrenHof, Karolinenstr. 24, ✆ 955880, V
H Welcome Hotel Residenzschloss, Untere Sandstr. 32, ✆ 60910, VI
H Palais Schrottenberg, Kasernstr. 1, ✆ 955880, VI
H Sankt Nepomuk, Obere Mühlbrücke 9, ✆ 98420, VI
H Zum Dominikaner, Dominikanerstr. 3, ✆ 57530, IV-V
Hg Altenburgblick, Panzerleite 59, ✆ 95310, V
Hg Barockhotel am Dom, Vorderer Bach 4, ✆ 54031, V
Hg Bergschlösschen, Am Bundleshof 2, ✆ 20858890, IV-V
Hg Tandem, Untere Sandstr. 20, ✆ 51935855
Hg Weierich, Lugbank 5, ✆ 955660, IV-V
Gh Buger Hof, Am Regnitzufer 1, ✆ 56054
Gh Alter Anker, Untere Sandstr. 73, ✆ 66505, II-IV

Pz Urbani, Würzburger Str. 13, ✆ 52232

96050

Hg Berliner Ring, Pödeldorfer Str. 146, ✆ 915050, V

Hg Alt Wunderburg, Kapellenstr. 26, ✆ 916400, IV

96052

H Ring-Hotel National, Luitpoldstr. 37, ✆ 509980, V

H Die Alte Post, Heiliggrabstr. 1, ✆ 9802610, III-V

Gh Drei Linden, Memmelsdorfer Str. 87, ✆ 31847, III

Gh Brauereigasthof Fässla, Obere Königstr. 19-21, ✆ 26516, V

Gh Bamberger Weißbierhaus Zum Maiselbräu, Obere Königstr. 38, ✆ 25503, II

Gh Brauereigasthof Spezial, Obere Königstr. 10, ✆ 24304, II-III

Pz Neumann, Luitpoldstr. 32, ✆ 26161,

Jugendherberge Wolfsschlucht, südlich der Stadt im Ortsteil Bug, Oberer Leinritt 70, ✆ 56002

Campingplatz Insel, 5 Kilometer südlich der Stadt, Am Campingpl. 1, ✆ 56320

Wildensorg

Gh Heerlein, 96049, Wildensorger Hauptstr. 57, ✆ 53137, III

Gaustadt

PLZ: 96049; Vorwahl: 0951

H Kaiserdom-Brauereigasthof, Gaustadter Hauptstr. 26, ✆ 965140, IV-V

Pz Villa Cara, Heßlerg. 20, ✆ 66370 od. 0175/8950067, III

Bischberg

PLZ: 96120; Vorwahl: 0951

P „Radl-Pension" Gründel, Lindenstr. 7, ✆ 62620, ab III

Gh Brauereigasthof Zur Sonne, Regnitzstr. 2, ✆ 62571, II

Fw Rattenberger, Nußbaumweg 10, ✆ 69684

Viereth-Trunstadt

PLZ: 96191; Vorwahl: 09503

Gh Kundmüller, OT Weiher, ✆ 4338, II-III

Rossstadt

PLZ: 97483; Vorwahl: 09522

Gh Landgasthof Schramm, Frankenstr. 24, ✆ 399, II-III

Eltmann

PLZ: 97483; Vorwahl: 09522

H Haus am Wald, Georg-Göpfert-Str. 31, ✆ 231, ab III

H Wallburg, Wallburgstr. 1, ✆ 601112, II-III

Gh Weißes Kreuz, Zinkenstr. 2, ✆ 397, ab II

P Maintal, Steinertspl. 2, ✆ 950350, III

P Reitz, Mainlände 17, ✆ 80295, II

Sand am Main

PLZ: 97522; Vorwahl: 09524

H Weingut Goger, Hauptstr. 28, ✆ 227, III

P Winzerhof Popp, Friedhofstr. 5, ✆ 7448, II

P Hofmann, Eichedorffstr. 2, ✆ 1855, II

Pz Weinhold, Mozartstr. 4, ✆ 6912, II

Campingplatz Sand am Main, ✆ 822270

Zeil am Main

PLZ: 97475; Vorwahl: 09524

Stadtverwaltung, Rathaus, ✆ 9490

H Kolb, Krumer Str. 1, ✆ 9011, III-IV,

Pz Leisentritt, Mittelsetzring 11, ✆ 6555, I

Pz Strätz, Ziegelanger 24, ✆ 7900, II

Pz Budau, Uhlandstr. 9, ✆ 7091, I

Pz Krumschmidt, Brühlweg 1a, ✆ 9624, II

Augsfeld

PLZ: 97437; Vorwahl: 09521

H Goger, Bamberger Str. 22, ✆ 9250, III-IV

Haßfurt

PLZ: 97437; Vorwahl: 09521

Verkehrsamt, Hauptstr. 5, ✆ 688227

H Goger, Bamberger Str. 22, ✆ 9250, III

H Meister Bär Hotel, Pfarrg. 2, ✆ 9280, V-VI

H Mathes, Industriestr. 57, ✆ 7090, III

H Walfisch, Obere Vorstadt 8, ✆ 92270, III

Gh „Mainaussicht", Fischerrain 8, ✆ 1409, II

Gh Zur schönen Aussicht, Amonshöhe 6, ✆ 5664, II

Obertheres

PLZ: 97531; Vorwahl: 09521

H Schafhof, Schafhofweg 12, ✆ 94480, II

Gh Amanda, Pfarrg. 4 u. Sailershäuser Str. 6, ✆ 8467, III

P Pfeifer, Kahlberg. 1, ✆ 618045, III

Untertheres

PLZ: 97531; Vorwahl: 09521

Gh Lammbräu, Bahnstr. 3-4, Untertheres, ✆ 8232, I

Pz Werthmann, Im Weinberg 3, ✆ 64655

Ottendorf

PLZ: 97503; Vorwahl: 09727

Gh Zur Linde, Lindenpl. 1, ✆ 91010, IV

Gädheim

Pz Gräf, Bergstr. 9, ✆ 09727/422, II

Schonungen/Mainberg

PLZ: 97453; Vorwahl: 09721

Gh Zum Schwarzen Adler, Mainleite 6, ✆ 59230, II

Naturfreundehaus Mainblick, Galgenberg 4, ✆ 59365

Schweinfurt

PLZ: 97421; Vorwahl: 09721

Tourist-Information Schweinfurt, Brückenstr. 20, ✆ 51-498

H Mercure, Maininsel 10-12, ✆ 73060, V

H Kolping, Moritz-Fischer-Str. 3, ✆ 78830, V

H Ross, Hohe Brückeng. 4, ✆ 20010, V-VI

H Panorama, Am oberen Marienbach 1, ✆ 2040

H Primula, 97424, Friedrich-Rätzer-Str. 11, ✆ 7790, V

H Ebracher Hof, Ritterg. 2, ✆ 730230, V

H Central, Zehntstr. 20, ✆ 20090, IV

H Zum Grafen Zeppelin, Cramerstr. 7, ✆ 22173, III-IV

Hg Luitpold, Luitpoldstr. 45, ✆ 796700, V

Hg Am Bergl, Berliner Pl 1, ✆ 9360, V

Hg Parkhotel, Jägersbrunnen 6a, ✆ 1277, V-VI

Gh Mangold, Kornmarkt 13/15, ✆ 16096, V

Gh Erdinger Weißbräu, Obere Str. 21, ✆ 533094, III-IV

Gh Zur Hölle, Höllental 28, ✆ 22351, III

P Zech, 97424, Würzburger Str. 4, ✆ 84136, III

P Schulz, Graben 5, ✆ 201394

Pz Bäckerei Götz, Ernst-Sachs-Str. 110, ✆ 89990, III

Pz Hopfauer, Liutpoldstr. 45, ✆ 89044, III

Fw Götz, Babenbergerstr. 12, ✆ 32453

Fw Kram-Götz, Nussbergstr. 7, ✆ 304832

Fw Wozengi, Friedenstr. 19, ✆ 21492

Jugendgästehaus der Stadt Schweinfurt, Am unteren Marienbach 3, ✆ 6469284, II-V

DJK Schweinfurt, 97424, Josef-Reuß-Str. 7, ✆ 81357

Ortsteil Oberndorf:

Hg Götz, 97424, Ernst-Sachs-Str. 110, ✆ 89990

Bergrheinfeld (R)

PLZ: 97493; Vorwahl: 09721

H Astoria, Schweinfurter Str. 117, ✆ 97010, III-V 🚲

Gh Weißes Ross, Hauptstr. 65-67, ✆ 789700, IV-V 🚲

Grafenrheinfeld (L)

PLZ: 97506; Vorwahl: 09723

P Alte Amtsvogtei, Kirchpl. 4, ✆ 2025, IV 🚲

Pz Oster, Kirchplatz 1, ✆ 3554 🚲

Hirschfeld (L)

PLZ: 97520; Vorwahl: 09723

P Bauer, St. Kilian-Str. 4, ✆ 1621, II

P Karins Hütte, Herzenberg 34, ✆ 7660

Kolitzheim

PLZ: 97509; Vorwahl: 09381

Pz Karbacher, Bacchusstr. 7, ✆ 9366, II

Pz Beuerlein, Maintalstr. 63, ✆ 9985 und 0175/1172064, II

Wipfeld (R)

PLZ: 97537; Vorwahl: 09384

Gh Anker-Stube, Mainstr. 3, ✆ 903790, III-IV 🚲

Gh Zehntgraf, Zur Mainfähre 2, ✆ 97130, III 🚲

P Weinlaube, Obereisenheimer Str. 12, ✆ 505, II 🚲

Stammheim (L)

PLZ: 97509 Kolitzheim; Vorwahl: 09381

P Karbacher,Bacchusstr. 7, ✆ 9366, II

Pz Wieland, Am Weiher 7, ✆ 3314, II

Pz Beuerlein, Maintalstr. 63, ✆ 9985 od. 0175/ 1172064; II

Fahr am Main (L)

PLZ: 97332; Vorwahl: 09381

Gh Weingut Braun, Blütenstr. 22, ✆ 80730, III

Gh Zur Mainschleife, ✆ 9303, II

Gh Zur Mainfähre, Maing. 2, ✆ 3385, III

Pz Falge, Am Kaulberg 1, ✆ 6433, II

Volkach (L)

PLZ: 97332; Vorwahl: 09381

Tourist-Information Volkacher Mainschleife, Rathaus, Marktpl. 1, ✆ 40112

Gh Zum Storchen, Hauptstr. 54, ✆ 2355, V

H Behringer, Marktpl. 5, ✆ 8140, V

H Café Breitenbach, Hauptstr. 2, ✆ 803533, V

H Rose, Am Oberen Markt, ✆ 8400, V

H Romantik-Hotel Zur Schwane, Hauptstr. 12, ✆ 80660, VI

Hg Vier Jahreszeiten, Hauptstr. 31, ✆ 84840, VI

Hg Am Torturm, Hauptstr. 41, ✆ 80670, V

Hg Kreuzer, Hauptstr. 33, ✆ 80720, V

Gh Zum Löwen, Hauptstr. 25, ✆ 2406

P Leipold, Hauptstr. 19, ✆ 2474, III

P Haus Petra, Am Model 4, ✆ 716621, III

P Haus Behringer, Grabeng. 3, ✆ 6928, II

Fw Scharf, Hauptstr. 22, ✆ 716091

Campingplatz Ankergrund, Fahrer Str., ✆ 6713

Gaibach

Gh Goldener Löwe, Schönbornstr. 1, ✆ 3595, III

Nordheim (L)

PLZ: 97334; Vorwahl: 09381

Gh Markert, Am Rain 22, ✆ 4700, IV

Gh Zur Sonne, Hauptstr. 18, ✆ 80710, V

Gh Weininsel, ✆ 803690, III

Escherndorf (R)

PLZ: 97332; Vorwahl: 09381

Gh Zum Engel, Bocksbeutelstr. 18, ✆ 2447, II

Gh Zur Mainaussicht Gifthütte, ✆ 1266, IV

P Zum Rebstock, Bocksbeutelstr. 9,, ✆ 846833, III

Pz Sauer, Bocksbeutelstr. 14, ✆ 4621, II

Pz Weingut Voll, Pfarrg. 9, ✆ 1484, II

Zum Campingplatz, ✆ 2889

Sommerach (L)

PLZ: 97332; Vorwahl: 09381

Gh Winzerhof, Volkacher Str. 11, ✆ 9560, III

H Am Engelsberg, Weinstr. 20, ✆ 9817, II-IV

H Bocksbeutelherberge, Weinstr. 22, ✆ 84850, IV

Gh Zum weißen Lamm, Hauptstr. 2, ✆ 9377, V

Campingplatz Katzenkopf, ✆ 9215

Schwarzach am Main (L)

PLZ: 97359; Vorwahl: 09324

H Zum Benediktiner, Weideweg 7, Münster-schwarzach, ✆ 851, III

Gh Schwab's Landgasthof, Bamberger Str. 4, ✆ 1251, III

Hörblach
Gh Schwarzes Ross, Kitzinger Str. 4, ✆ 707, II
Pz Riegel, Kitzinger Str. 36, ✆ 99849, I-II
Campingplatz Mainblick, Mainstr. 2, ✆ 605

Schwarzenau (R)
Gh Schwarzer Adler, Dettelbacher Str. 6, ✆ 09324/5360
Pz Winter, Friedrich-Ebert-Str. 4, ✆ 99597

Dettelbach (R)
PLZ: 97337; Vorwahl: 09324
H Franziskaner, Wallfahrtsweg 14, ✆ 4191, V
H Am Bach, Eichg. 5, ✆ 97300, IV-V
H Alte Schmiede, Am Bach 5-7, ✆ 98110, IV
Hg Achtmann, Falterstr. 24, ✆ 1498, II
Hg Motel 24, Mainfrankenpark 18, ✆ 09302/932424
Gh Zum Engel, Erbsengasse 1, ✆ 2452, I
Gh Grüner Baum, Falterstr. 2, ✆ 97230, III
Pz Heinlein, Konrad-Triltsch-Str. 17, ✆ 550
Pz Ungemach, Bamberger Str. 6, ✆ 1579
Pz Winzerhof Nagl, Raiffeisenstr. 1, ✆ 2963
Camping Steigmühle, ✆ 660

Mainstockheim (R)
PLZ: 97318 Kitzingen; Vorwahl: 09321
Gh Goldener Löwe, Hauptstr. 113, ✆ 5559, I

Albertshofen (L)
PLZ: 97318 Kitzingen; Vorwahl: 09321
P Goldener Stern, Hindenburgstr. 5, ✆ 31614, III

Kitzingen
PLZ: 97318; Vorwahl: 09321
Tourist-Information Kitzingen, ✆ 920019
H Bayerischer Hof, Herrnstr. 2, ✆ 1440, IV
H Deutsches Haus, Bismarckstr. 8-10, ✆ 91690, II
H Esbach-Hof, Repperndorfer Str. 3, ✆ 220900, III
H Fränkischer Hof, Königspl. 4, ✆ 91710, III
H Kitzinger Hof, Hindenburgring Süd 1, ✆ 23050, IV-V
H Würzburger Hof, Falterstr. 18, ✆ 22080, III-IV
Hg Pelikan, Schwarzacher Str. 39, ✆ 31783
Gh Mainlust, Floßhafenstr. 7, ✆ 7400, II
Gh Goldene Gans, Balthasar Neumannstr. 2, ✆ 32322,
P Radlernest, Talstr. 18, ✆ 4251
P Rotes Ross, Kraußstr. 10, ✆ 31718

Sulzfeld (R):
Gh Zum Hirschen, Zehntg. 1, ✆ 6049, II
Gh Zum Stern, Peuntg. 5, ✆ 09321/13350, III
Pz Bernhard, Maing. 16, Sulzfeld, ✆ 4260, I
Campingplatz Schiefer Turm, Am Hallenbad, ✆ 33125

Marktsteft
PLZ: 97342; Vorwahl: 09332
Gh Zum Goldenen Hirschen, Hauptstr. 35, ✆ 591145
Pz Geißlinger, Neubaustr. 20, ✆ 9592
Pz Lucas, Untere Maing. 2, ✆ 3561
Pz Schneider, Gartenstr. 27, ✆ 1008

Pz Wendel, Im Spargel 15, ✆ 1065

Marktbreit (L)

PLZ: 97340; Vorwahl: 09332

H Löwen, Marktstr. 8, ✆ 50540, V

H Hotel Michels Stern, Bahnhofstr. 9, ✆ 1316, III-V

Gh Zum goldenen Schiff, Mainstr. 8, ✆ 1481, IV-V

Segnitz

PLZ: 97340; Vorwahl: 09332

Gh Goldener Anker, Mainstr. 8, ✆ 3079, III

Gh Zum Schiff, Hans-Kesenbrod-Str. 10, ✆ 1309, III

Frickenhausen (R)

PLZ: 97252; Vorwahl: 09331

H Meintzinger, ✆ 87210, IV

Knaus Campingpark, Ochsenfurter Str. 49, ✆ 3171

Ochsenfurt (L)

PLZ: 97199; Vorwahl: 09331

Tourist-Information, Hauptstr. 36, ✆ 5855

H Wald- und Sporthotel Polisina, Marktbreiter Str. 265, ✆ 8440, VI

H Bären, Hauptstr. 74, ✆ 8660, V

H Zum Schmied, Hauptstr. 26, ✆ 2438, III-IV

H Zum Weißen Ross, Rechte Bachgasse 5, ✆ 2614

Gh Kauzen, Hauptstr. 37, ✆ 2237, IV

Gh Fröhlich, Badg. 5, ✆ 2618, III

Gh Krone, Spitalg. 1, ✆ 2809, III

Gh Zum Anker, Brückenstr. 10, ✆ 7409, III

P Gh Lindhard, Lindhardstr. 39, ✆ 980448, II

P Gästehaus Sieber, Brunnenstr. 5a, ✆ 2666, I

P „Dick & Doris", Obere Klingeg. 3, ✆ 7430, III

Pz Junglas, Lindhardstr. 39, ✆ 980448, II

Pz Schwander, Sudetenstr. 3, ✆ 1588, I

Jugendherberge, Hauptstr. 1, ✆ 80620

Campingplatz Polisina, Marktbreiter Straße

Klein-Ochsenfurt (R)

Gh Weißes Lamm, Würzburger Str. 70, ✆ 3565, II

Winterhausen (L)

PLZ: 97286; Vorwahl: 09333

H Schiff, Fährweg 14, ✆ 1785, IV-V

Sommerhausen (R)

PLZ: 97286; Vorwahl: 09333

H Anker, Maing. 2, ✆ 232, IV

Hg Zum Weinkrug, Steingraben 5, ✆ 90470, VI-VII

Gh Zum Goldenen Ochsen, ✆ 97130, III

H Weinhaus Unkel, ✆ 97220, III

Hg Mönchshof, ✆ 97470, III

Pz Furkel, Reifensteinweg 14, ✆ 760, II

Pz Blechschmidt, Kirschberghof, ✆ 799, II

Pz Kleinschroth, Schleifweg 9, ✆ 359, I-II

Pz Jambrovic, Ulrich-Gast-Weg 3, ✆ 389, II

Eibelstadt (R)

PLZ: 97246; Vorwahl: 09303

Hg Gasthof Zum Ross, Hauptstr. 14, ✆ 2214, IV

Pz Hupp, Hauptstr. 18, ✆ 99700

Randersacker (R)

PLZ: 97236; Vorwahl: 0931

H Krönlein, Gerbrunner Str., Krönlein 5, ✆ 702820, IV

H Zum Löwen, Ochsenfurter Str. 4, ✆ 70550, IV-V

Gh Bären, Würzburger Str. 6, ✆ 70510, V

Gh Krone, Würzburger Str. 16, ✆ 70540, III

Heidingsfeld (L)

PLZ: 97084 Würzburg; Vorwahl: 0931

H Brehm, 97084, Stengerstr. 18, ✆ 619950, V

H Post Hotel, Mergentheimerstr. 162-166, ✆ 61510, V-VII

Gh Altdeutsche Weinstube, 97084, Klingenstr. 3, ✆ 619900, III

Pz Hupp, Sandgrubenweg 21, ✆ 65100, II

Würzburg

PLZ: 97070 - 97084; Vorwahl: 0931

Tourist Information u. Ticketservice, Falkenhaus am Markt, ✆ 372398

H Altstadt, Theaterstr. 7, ✆ 4654621, VI

H Babelfish-Hostel, Haugerring 2, ✆ 3040430, II

H Franziskaner, Franziskanerpl. 2, ✆ 35630, VI

H Goldenes Fass, Semmelstr. 13, ✆ 45256810, V

H Greifensteiner Hof, Dettelbacherg. 2, ✆ 35170, VI-VII

H Rebstock, Neubaustr. 7, ✆ 30930, VII

H Residence, Juliuspromenade 1, ✆ 53546, V-VI

H Schönleber, Theaterstr. 5, ✆ 3048900, IV-V

H St. Josef, Semmelstr. 28, ✆ 308680, VI
H Strauss, Juliuspromenade 5, ✆ 30570, VI
H Walfisch, Am Pleidenturm 5, ✆ 35200, V-VII
H/Gh Zur Stadt Mainz, Semmelstr. 39, ✆ 53155, VI
Hg Alter Kranen, Kärrnerg. 11, ✆ 35180, V
Hg Ambassador am Europastern, Urlaubstr. 6, ✆ 250400, VI
Hg Barbarossa, Theaterstr. 2, ✆ 321370, V
Hg Central, Koellikerstr. 1, ✆ 4608840, V
Hg Dortmunder Hof, Innerer Graben 22, ✆ 56163, V
Hg Hotel am Congress Centrum, Pleichertorstr. 26, ✆ 50244, VII
Hg Meesenburg, Pleichertorstr. 8, ✆ 53304, IV-V
Hg Regina, Bahnhofplatz, ✆ 322390, VI
Hg Till Eulenspiegel, Sanderstr. 1a, ✆ 355840, V-VI
Hg Urlaub, Bronnbacherg. 4, ✆ 352780, V-VI
Hg Würzburger Hof, Barbarossapl. 2, ✆ 53814, VI-VII
Hg Zum Winzermännle, Domstr. 32, ✆ 54156 od. 322850, V-VI
P Siegel, 97070, Reisgrubeng. 7, ✆ 52941, III-IV
P Spehnkuch, Röntgenring 7, ✆ 54752, IV

97072

P Groene, Scheffelstr. 2, ✆ 74449, II, o. Frühst.

97078

H Mühlenhof-Daxbaude, 97078, Frankenstr. 205, ✆ 250470, V

97080

H Ibis, 97080, Veitshöchheimer Str. 5b, ✆ 45220, V-VI
H Steinburg, 97080, Auf dem Steinberg, ✆ 97020, VII

97082

H Grüner Baum, 97082, Zellerstr. 35-37, ✆ 450680, V-VI
H Mercure Würzburg am Mainufer, 97082, Dreikronenstr. 27, ✆ 41930, VII
H Wittelsbacher Höh, 97082, Hexenbruchweg 10, ✆ 453040, V-VI
DJH-Jugendherberge, Burkarderstr. 44, ✆ 42590, II-III

97084

H Brehm, 97084, Stengerstr. 18, ✆ 619950, V
H Fischzucht, 97084, Julius-Echter-Str. 15, ✆ 619870, V
Campingplatz Kalte Quelle, Winterhäuserstr. 160, ✆ 65598

Höchheim

H Minotel Zum Lamm, Hauptstr. 76, ✆ 3045630, V

Zell am Main (L)

PLZ: 97299; Vorwahl: 0931
Gh Schnatterloch, ✆ 463200, III-IV
Gh Rose, Hauptstr. 34, ✆ 4676938

Margetshöchheim (L)

PLZ: 97276; Vorwahl: 0931
H Eckert, ✆ 46850, V
Gh Zum Kreutzer, Mainstr. 16, ✆ 4675355, IV
Pz Haus Senftinger, Neubergstr. 17, ✆ 462233, II
Pz Diemer-Held, Thomas-Rieder-Str. 33,

✆ 464454, II-III
Pz Freiraum pur natur, Bachweise 56b, ✆ 4045030, III
Fw Zimmermann, Mainstr. 25/27, ✆ 463938, III, ohne Frühstück

Veitshöchheim (R)

PLZ: 97209; Vorwahl: 0931
H Gemütlichkeit, ✆ 91816, III
H Ratskeller Veitshöchheim, ✆ 980940, V
H Spundloch, Kirchstr. 19, ✆ 900840, V
H Weißes Lamm, Kirchstr. 24, ✆ 9802300, V
H Am Main, Untere Maing. 35 ✆ 98040, V

Hg Müller, ✆ 980600, V
Hg Gästehaus am Rokokogarten, Würzburger Str. 77, ✆ 908280, III-V

Erlabrunn (L)

PLZ: 97250; Vorwahl: 09364
H Flach, Würzburger Str. 14-16, ✆ 812550, IV-V
H Zum Löwen, Würzburger Str. 5, ✆ 1327, IV-V
H Meisnerhof, Mainleite 1, ✆ 80870, III-IV
P Tenne, Würzburger Str. 4, ✆ 9384, II-III
Pz Herbert, Volkenbergstr. 8, ✆ 1318, II
Pz Blaß, Zellinger Str. 8, ✆ 2612, III

Thüngersheim (R)

PLZ: 97291; Vorwahl: 09364
H Winzerhof, Veitshöchheimerstr. 29, ✆ 5838, III-IV
P Wein-Träume, Schulstr. 25, ✆ 4177

Zellingen (L)

PLZ: 97225; Vorwahl: 09364
H Vogelsang, Untere Hauptstr. 9-11, ✆ 8050, III-IV
P Härth, Ringstr. 14, ✆ 9302
Pz Engel, Erthalstr. 9, ✆ 1862

Himmelstadt

PLZ: 97267; Vorwahl: 09364
Pz Elfriede Führer, Triebstr. 33, ✆ 5447, II
Pz Harald Führer, Mainstr. 7, ✆ 3841, II

Mühlbach (L)

PLZ: 97753 Karlstadt; Vorwahl: 09353
H Weinstube „Schwalbennest“, Am Mühlbach 1, ✆ 9090100, III
Pz Kraft, Karlburger Str. 6, ✆ 8286, I-II

Karlstadt (R)

PLZ: 97753; Vorwahl: 09353
i Städtisches Fremdenverkehrsbüro, Hauptstr. 56, ✆ 9813-47
H Mainpromenade, Mainkaistr. 6, ✆ 90650, V
H Alte Brauerei, Hauptstr. 58, ✆ 97710, IV-V

H Eisenbahn, Neue Bahnhofstr. 19, ✆ 974660, V
Gh Schricker, Von-Hohenlohe-Str. 8, ✆ 2453, III
Gh Oberes Tor, Hauptstr. 79, ✆ 2325, IV
Gh Zum Fehmelbauer, Hauptstr. 22, ✆ 3320, III
Pz Brach, Kärrnerg. 38-40, ✆ 1454, II
Pz Heim, Goethestr. 2, ✆ 7658, III
Pz Schneider, Mainpromenade 4, ✆ 7740, III
Pz Liebstückel, Joh.-v.-Korb-Str. 18, ✆ 8262, III
Pz Metzger, Obere Viehmarktstr. 16, ✆ 2172, II-III
Pz Ringelmann, Hofriethg. 5, ✆ 4568, III
Pz Kilian, Heldstr. 66, Laudenbach, ✆ 4488, II
Campingplatz am Freibad, Baggertsweg, ✆ 996107

Gambach (R)

PLZ: 97753; Vorwahl: 09353
Pz Pfister, Oberer Kirchweg 6, ✆ 3199, II

Wernfeld (R)

PLZ: 97737; Vorwahl: 09351
Gh Dirmbacher Hof, Dirmbachstr. 43, ✆ 602395, III
Pz Lampert, Dirmbachstr. 20, ✆ 8498

Gemünden am Main (R)

PLZ: 97737; Vorwahl: 09351
Touristinformation, Frankfurter Str. 2, ✆ 3830
H Atlantis, Hofweg 11, ✆ 604686, IV
H Schäffer, Bahnhofstr. 28, ✆ 50820, V
H Zum Koppen, Obertorstr. 22, ✆ 97500, V
Gh Schubert, Mühltorstr. 15, ✆ 3335, III
Gh Zur Linde, Hafenstr. 1, ✆ 3357, III
Pz Haas, Amselweg 8, ✆ 1886, II
Pz Haus am Teich, Sudetenstr. 30, ✆ 3638, IV
Pz Kleiner, Neuer Weg 32, ✆ 2392, II
Pz Lampert, Dirmbachstr. 20, ✆ 8498, II
Pz Werner, Oberdorfstr. 32, ✆ 8216, II
Pz Schipper, Röderweg 43, ✆ 1413, II
Pz Treutner, Sudetenstr. 28, ✆ 1581, II
Pz Weigand, Sudetenstr. 30, ✆ 3638, II
Pz Zötzl, Mainblickstr. 21, ✆ 3773, II
Fw Schipper, Rödenweg 13, ✆ 3557
Campingplatz Saaleinsel, ✆ 8574

Langenprozelten (R)

H Imhof/Zum letzten Hieb, Frankenstr. 1, ✆ 97110, IV
Gh Betz, Mainuferstr. 11, ✆ 3486, III

Massenbuch (L)

Gh Klingenhof, Massenbuch 32, ✆ 8732, III

Hofstetten (L)

PLZ: 97737; Vorwahl: 09351
Pz Haus Haas, Amselweg 8, ✆ 1886, II
Spessart-Camping Schönrain, bei Hofstetten, ✆ 8645

Steinbach (L)

PLZ: 97816; Vorwahl: 09352
Pz Haus Bald, Eichhornstr. 12, ✆ 3752, II
Pz Haus Roth, Ringstr. 26, ✆ 3732, II

Mariabuchen (L)

PLZ: 97816 Lohr/Main; Vorwahl: 09352
Gh Buchenmühle, ✆ 87990, III-V
Gh Waldrast, ✆ 800400, IV

Lohr a. Main (R)

PLZ: 97816; Vorwahl: 09352
Tourist-Information, Schlosspl. 5, ✆ 5152
H Spessarttor, Wombacher Str. 140, ✆ 87330, IV-V
H Bundschuh, Am Kaibach 7, ✆ 87610, V-VI
H Franziskushöhe, Ruppertshüttener Str. 70, ✆ 6040, VI
H Akzent Parkhotel Leiss, Jahnstr. 2, ✆ 6090, IV-VI
H Krone, Lohrtorstr. 2, ✆ 2529, IV-VI
Gh Küferstube, Bahnhofstr. 14, ✆ 1334, IV-V

Gh Metzgerei Adler, Steinbacher Str. 14, ✆ 87500, III-IV

Pz Wienicke, Fischerg. 48, ✆ 3125, I-II

Pz Café Rosenkranz, Hauptstr. 6, ✆ 2438, IV

Jugendherberge, Brunnenwiesenweg 13, ✆ 2444

Campingplatz Mainufer, Jahnstr. 12, ✆ 89392

Campingplatz Forellenhof, Brunnenwiesenweg 38, ✆ 2865

Sendelbach (L)

H Zur Alten Post, Steinfelder Str. 1, ✆ 87520, V

P Wack, Müller-Thurgau-Weg 4, ✆ 89616, II

P Mantel, Sendelbacher Str. 86B, ✆ 5772, II

Neustadt-Erlach

PLZ: 97845; Vorwahl: 09393

P Maintalhof, Ansbacherstr. 1, ✆ 584, II

Pz Haus Braun, Bogenstr. 9, Neustadt, ✆ 262, II

Rothenfels (R)

PLZ: 97851; Vorwahl: 09393

Gh Anker, Hauptstr. 60, ✆ 401, I-II

Gh Bräustüble, Hauptstr. 77, ✆ 408, II

Pz Schneider-Ammura, Hauptstr. 60, I

P Weiß, Hauptstr. 18, ✆ 455, II

Jugendherberge Burg Rothenfels, ✆ 1015

Bergrothenfels (R)

Gh Burggasthof, Bergrothenfelser Str. 36, ✆ 209, I-II

P Am Weiher, Zum Schlangenbrunn 9, ✆ 215, I

Zimmern (L)

PLZ: 97828; Vorwahl: 09391

Gh Zur Sonne, Untere Au-Str. 26, ✆ 2665, II

Campingpl. Cafe-Mainland, Mainstr. 9, ✆ 2558

Marktheidenfeld (L)

PLZ: 97828; Vorwahl: 09391

Touristinformation, Luitpoldstr. 17, ✆ 500441

H Anker, Obertorstr. 6, ✆ 60040, V-VI

H Zur Schönen Aussicht, Brückenstr. 8, ✆ 98550, V

H Baumhof-Tenne, Baumhofstr. 147, ✆ 3549, III-IV

H Mainblick, Mainkai 11, ✆ 98650, IV

H Zum Löwen, Marktplatz 3, ✆ 1571, IV-V

Gh Hospes, Würzburger Str. 20, ✆ 2343, III

P Fischerhof, Mainkai 15, ✆ 915303, III-IV

P Pension am Marktplatz, Fahrgasse 2a, ✆ 938036, II

Pz Stahlberg, Frankenstr. 24, ✆ 2626, II

Pz Döller, W.-A.-Mozart-Str. 24, ✆ 4445, II
Pz Heilgenthal, Bahnhofstr. 7a, ✆ 4473, II
Pz Nusser, Kreuzbergstr. 50, ✆ 2230, II
Pz Brod, An der Mainleite 1, ✆ 1810, II
Pz Zinßer, W.-A.-Mozart-Straße 25, ✆ 3501, II
Pz Monika, Eduard-Deubert-Str. 12, ✆ 5035227
Campingpl., Hospes GmbH, Würzburger Str. 20, ✆ 2343

Glasofen

Gh Sonne, Schulstr. 2, ✆ 3337, II

Altfeld

Hg Spessarttor garni, Michelriether Str. 38, ✆ 60030, V
Gh Löwensteiner Haus, Wertheimer Str. 2, ✆ 98020, IV
Pz Freudenberger, Rodg. 4, ✆ 3594, II

Markt Triefenstein

PLZ: 97855; Vorwahl: 09395
Gemeindeverwaltung Triefenstein, Rathausstr. 2, Lengfurt, ✆ 97010
Main-Spessart-Park, Lengfurt, ✆ 09395/1079

Lengfurt (L)

P Popp, über dem Dorf 4, ✆ 1306, V
Main-Spessart Park, Spessartstr. 30, ✆ 1079

Homburg (L)

Gh Winzerhof Blank, Maintalstr. 33, ✆ 99319, II
Gh Zum Güldenen Rösslein, Burkarduspl. 1, ✆ 997864, II
Gh Zum Ritter, Ritterg. 2, ✆ 1506, III
Gh Weinstube Kallmuthblick, Am Zeller Tor 11, ✆ 878210, III
P Zum Weinkrug, Maintalstr. 19, ✆ 1029, II
Pz Kuhn, Steige 8, ✆ 790
Pz Kurz, Neubaustr. 15, ✆ 283, I
Pz Schäfer, Zeller Tor 14, ✆ 8680, I
Pz Baunach, Neubaustr. 19, ✆ 1507, I

Pz Baunach, Am Wolpenberg 5, ✆ 525, I
Pz Klier, Maintalstr. 23, ✆ 8653, II
Pz Geis, Würzburger Str. 33, ✆ 8088, I-II
Pz Klehm, Steige 7, ✆ 517, I

Trennfeld

Gh Zur Sonne, Hauptstr. 26, ✆ 347, III

Bettingen (L)

PLZ: 97877; Vorwahl: 09342
Pz Arnold, Kaiseräckerstr. 6, ✆ 3284, I-II
Pz Knittel, Hotelstr. 7, ✆ 1617, II
Pz Diehm, Hauptstr. 33, ✆ 4057, I
Pz Wolz, Hauptstr. 22, ✆ 3660, I
Campingpark Bettingen, Geiselbrunnweg 31, ✆ 7077

Wertheim (L)

PLZ: 97877; Vorwahl: 09342
Fremdenverkehrs GmbH „Romantisches Wertheim", Gerbergasse 16, ✆ 935090
H Bronnbacher Hof, Mainpl. 10, ✆ 92540, V-VI
H Kette, Lindenstr. 14, ✆ 91800, III-IV
H Am Malerwinkel, Neuplatz 1, ✆ 9060, IV
H Schwan, Mainplatz 8, ✆ 92330, IV
H Löwensteiner Hof, Bahnhofstr. 11, ✆ 1259, III
H Pension Hofgarten, Diehm, Untere Heeg 1, ✆ 6426
Gh Zum Ross, Nassiger Str. 7, ✆ 92320

Pz Herr, Steigäckerstr. 1, ✆ 4656, I-II

Johanniter Bildungszentrum, Frankensteiner Str. 4a, ✆ 911020, II

Jugendherberge Frankenland, Alte Steige 16, ✆ 6451

Campingplatz Wertheim, In den Christwiesen, ✆ 83111

Kreuzwertheim (R)

PLZ: 97892; Vorwahl: 09342

H Lindenhof, Lindenstr. 41, ✆ 91594-0, V

H In den Herrnwiesen, In den Herrnwiesen 2-4, ✆ 93130, IV-V

Gh Franz, Hauptstr. 18, ✆ 6600, III

Pz Baethke, Kaffelsteinweg 3, ✆ 1878, II

Pz Feil, Am Gänsrain 4, ✆ 37928, II

Pz Lutz, Peter Herrschaftstr. 6, ✆ 37286, I

Pz Reinhardt, Sommerhansenweg 2, ✆ 38098, II

Pz Schemat, Ringstr. 16, ✆ 3541, I-II

Pz Streibich, Ahornweg 3, ✆ 6531, I

Bestenheid (L)

PLZ: 97892; Vorwahl: 09342

H Bestenheider Stuben, Breslauer Str. 1, ✆ 96540, V

H Mainperle, Robert-Bunsen-Weg 39, ✆ 84160, III

Hasloch (R)

PLZ: 97907; Vorwahl: 09342

Gh Goldener Stern, Faulbacher Str. 1, ✆ 5177, II

Pz Dreßler, Kreuzwertheimer Str. 36, ✆ 59573, III

Pz Suhr, Im Leinenhansen 6, ✆ 85098, II,

Faulbach-Breitenbrunn (R)

PLZ: 97906; Vorwahl: 09392

Gh Zum Lamm, Dorfstr. 30, ✆ 1203, II

Gh Schwarzer Adler, Hauptstr. 125

Pz Hegmann, Mühlenstr. 18, ✆ 1354, I

Stadtprozelten (R)

PLZ: 97909; Vorwahl: 09392

P Haus Erika, Odenwaldstr. 5, ✆ 6363, III

Pz Haus Hanne, Ringstr. 17, ✆ 6468

Dorfprozelten (R)

PLZ: 97904; Vorwahl: 09392

Gh Pension Zur goldenen Krone, Hauptstr. 61, ✆ 7528, III

Gh Goldener Stern, Maing. 5, ✆ 7295

P Haus Zimmermann, Hauptstr. 105, ✆ 7350, II

Collenberg (R)

PLZ: 97903; Vorwahl: 09376

H Kleines Hotel Turmcafe, Bildstr. 24, ✆ 1334 od. 1254, V

Pz Mettner, Carl-Zelter-Str. 24, ✆ 706

Fw Ludwig, Mainstr. 4, ✆ 664, II

Kirschfurt (R)

PLZ: 97896; Vorwahl: 09375

Gh Mainblick, Am alten Fahr 1, ✆ 8004, II

Freudenberg am Main (L)

PLZ: 97896; Vorwahl: 09375

H Goldenes Fass, Fassg. 3, ✆ 651, IV

H Rose, Hauptstr. 230, ✆ 653, II-IV

Pz Dick, Unter Siedlungsstr. 18, ✆ 697, I

Pz Hofmann, Am Steiggraben 2, ✆ 682, II

Pz Kern, Im Hüttenrain 1, ✆ 387, II

Pz Müssig, Halleng. 5, ✆ 282, II

Pz Furtner, Hüttenrain 2, ✆ 724, II

Bürgstadt (L)

PLZ: 63927; Vorwahl: 09371

H Weinhaus Stern, Hauptstr. 23-25, ✆ 40350, V-VI

H Adler, Hauptstr. 30, ✆ 97880, V-VI

H Centgraf & P Anker, Josef-Ullrich-Str. 11, ✆ 2129 od. 66265, IV-VI

Pz Balles, St.-Urbanus-Str. 34, ✆ 5206, I-II

Pz Brand, Lönsstr. 8, ✆ 1484, II

Pz D. Münch, Odenwaldstr. 9, ✆ 3582, II

Pz Frosch, Steinerne Gasse 7, ✆ 1619, II-III

Pz G. Münch, Kolpingstr. 23, ✆ 80531, II-III

Pz Helmstetter, Steinerne Gasse 4, ✆ 5882, I-II

Pz Rock, Hangweg 8, ✆ 8343, III

Pz Schieszl, St.-Urbanus-Str. 37, ✆ 8336, II

Pz Winkler, Odenwaldstr. 5, ✆ 5805, I-II

Miltenberg

PLZ: 63897; Vorwahl: 09371

i Tourist-Information, Engelpl. 69, ✆ 404119

H Hopfengarten, Ankerg. 16, ✆ 9737-0, V-VI

H Altes Bannhaus, Hauptstr. 211, ✆ 3061, V-VI

H Brauerei Keller, Hauptstr. 66, ✆ 5080, V

H Fränkische Weinstube, Hauptstr. 111, ✆ 2166, IV

H Rose, Hauptstr. 280, ✆ 40060, V-VI

H Mildenburg, Mainstr. 77, ✆ 2733, III-IV

H Weinhaus am Alten Markt, Marktpl. 185, ✆ 5500 od. 65511, IV-V

Hg Riesen, Hauptstr. 97, ✆ 3644, V-VI

H Steuern, Hauptstr. 42, ✆ 7286, V

Gh Anker, Hauptstr. 31, ✆ 2424 od. 69853, V

Gh Zur Goldenen Krone, Hauptstr. 191, ✆ 67197

Pz Bakos, Engelpl. 63, ✆ 2737, II

Pz Gästehaus Tatjana, Finkenhain 21, ✆ 68813, II-III

Pz Hauck-Valenta, Meister-Hermann-Str. 2a, ✆ 1776, II

Pz Haus Dux, Duxer Str. 10, ✆ 3557, II-III

Pz Hofmann, Burgweg 25, ✆ 3691, II
Pz Jachtschütz, Friedhofstr. 49, ✆ 3820, II-III
Pz Kaufmann, Bischoffstr. 26, ✆ 80050, III
Pz Stütz, Im Rainlein 28, ✆ 69672, III
Pz Wolf, Obere Walldürner Str. 41, ✆ 3942, II-III
Campingplatz Mainwiese, ✆ 3985

Kleinheubach

PLZ: 63924; Vorwahl: 09371
Gh Gasthof Metzgerei Zum Stern, Hauptstr. 41, OT Rüdenau, ✆ 2834
Pz Gehrig, Odenwaldstr. 22, ✆ 4493, II-III
Pz Jäger, Mainstr. 15, ✆ 4805, II-III
Pz Kretschmann, Baugasse 18a, ✆ 4829, II-III
Pz Thümlein, Bachg. 6, ✆ 660041, II

Großheubach (R)

PLZ: 63920; Vorwahl: 09371
H Rosenbusch, Engelbergweg 6, ✆ 650400, IV-V
Gh Bretzel, Kirchstr. 1, ✆ 2824, IV-V
Gh Zur Krone, Miltenberger Str. 1, ✆ 2663, IV-V
Gh Weißes Ross, Kirchstr. 25, ✆ 8387
P Haus Carmen, Eichenstr. 14, ✆ 1353
Pz Haus Anna, Beim Trieb 49, ✆ 1402
Pz Herkert, Pfarrg. 5, ✆ 68810
Pz Knapp, Beim Trieb 32, ✆ 7763
Pz König, Schafg. 24, ✆ 67821
Pz Zipf, Schafg. 26, ✆ 7750

Laudenbach (L)

PLZ: 63925; Vorwahl: 09372
H Goldener Engel, Miltenberger Str. 5, ✆ 99930, III-IV
Gh Zum Anker, Maing. 10, ✆ 99900, III

Trennfurt (L)

PLZ: 63911 Klingenberg/Main; Vorwahl: 09372
H Schöne Aussicht, Bahnhofstr. 18, ✆ 930300, V
Pz Grimm, Neue Gasse 12, ✆ 2158, II

Röllfeld (R)

PLZ: 63911 Klingenberg/Main; Vorwahl: 09372

H Paradeismühle, Paradeismühle 1, Röllfeld, ✆ 4080, V
H Katharinenhof, Langg. 35, ✆ 99890, V
Gh Anker, Rosenbergstr. 24, ✆ 2351, IV
Pz Lüft, Urbanusstr. 1, ✆ 3743, II
Pz Berberich Rosenbergstr. 4a, ✆ 3299, II
Pz Richter, Ringstr. 29, ✆ 3729, II
Pz Schwarzer, Untere Bergstr. 24, ✆ 2549, I
Campingplatz Mainwiese, ✆ 947601
Aqua-Campingplatz, ✆ 0175/8537848

Klingenberg am Main

PLZ: 63911; Vorwahl: 09372
Tourist-Info, Hauptstr. 26a, ✆ 921259
H Fränkischer Hof, Lindenstr. 13, ✆ 94050, V
Gh Kalinka, Bergwerkstr. 10-12, ✆ 948718, IV
Gh Rebstock, Bergwerkstr. 2-6, ✆ 2685, II
Pz Abb, Ludwigstr. 58, ✆ 2833, II
Pz „Altstadtzauber“, Hauptstr. 31, ✆ 948549, II, ohne Frühstück
Pz „Haus Mainblick“, Johannesweg 23, ✆ 1488 od. 0172/2676452, II
Pz Lux, Sudetenstr. 7, ✆ 3825, I-II, , ohne Frühstück
Pz Julien, Weingartenstr. 2, ✆ 3634, II

Wörth am Main (L)

PLZ: 63939; Vorwahl: 09372
Stadtverwaltung, Luxburgstr. 10, ✆ 98930
H Goldene Krone, Landstr. 12, ✆ 72300
Gh Anker, Rathausstr. 5, ✆ 948350, IV
Pz Waigand, Weberstr. 22, ✆ 4639
Pz Gernhart, Limesstr. 5, ✆ 4413, II
Pz Ühlein, Kurmainzer Str. 4, ✆ 71887
Pz Bürkner, Adalbert-Stifter Str. 5, ✆ 5275, II
Pz Wolf, Erlenstr. 5, ✆ 5115, II
Pz Bahr, Rathausstr. 70, ✆ 8972
Campinplatz Mainruh, ✆ 73359
Campingplatz Mainaue, ✆ 5165

Erlenbach am Main (R)

PLZ: 63906; Vorwahl: 09372

H Fränkische Weinstuben, Mechenharder Str. 5, ✆ 94540, IV-V

H Tannenhof, Am Stadtwald 66, ✆ 4440

H Cityhotel, Elsenfelderstr. 30a, ✆ 944760, III

P Bacchus, Seeweg 29, ✆ 134092

Pz Dörthe Vanek, Kirchpl. 1, ✆ 73341

Sulzbach

PLZ: 63834; Vorwahl: 06028

P Bauer, Spessartstr. 80, ✆ 1724

P Bergfried, Am Berg 8, ✆ 996600

Fw Am Höhewald, Kurmainzer RIng 30, ✆ 991158

Obernburg

PLZ: 63785; Vorwahl: 06022

H Zum Anker, Mainstr. 3, ✆ 61670, IV-V

H Zum Karpfen, Mainstr. 8-13, ✆ 208960, V-VI

H Römerhof, Römerstr. 83, ✆ 6155-0

P Boarding House Obernburg, Römerstr. 30, ✆ 5614

Pz Gebhardt, Sudetenstr. 8, ✆ 8598, II

Aschaffenburg

PLZ: 63739; Vorwahl: 06021

i Tourist-Information, Kongress u. Touristikbetriebe, Schlosspl. 1, ✆ 395-800 od. -801

i Bed&Breakfast Aschaffenburg, Privatzimmervermittlung,Kaiserstr. 6, ✆ 0931/4045609

H Wilder Mann, Löherstr. 51, ✆ 3020, V-VII

H Goldener Karpfen, Löherstr. 20, ✆ 459090-0, V

H Mainperle, Weißenburger Str. 42, ✆ 386540, V

H Post, Goldbacher Str. 19-21, ✆ 3340, VI-VII

H Aschaffenburger Hof, Frohsinnstr. 11, ✆ 386810, V-VI

H Zum Goldenen Ochsen, Karlstr. 16, ✆ 23132, V

H Pfaffenmühle, Glattbacher Str. 44a, ✆ 34660, V

H Dalberg, Pfaffengasse 12-14, ✆ 3560, V-VI

H BenuPhoenix, Löherstr. 35, ✆ 449990, VI-VII

H Fischer, Weißenburger Str. 32, ✆ 34250, V

Hg Classico, Geschw.-Scholl-Platz 10, ✆ 84900, V

Hg Central, Steing. 5, ✆ 22939, IV

Hg City-Hotel, Frohsinnstr. 23, ✆ 21515, V-VI

Hg Pape, Würzburger Str. 16, ✆ 22673, III

Hg Hofgartenapartments, Würzburgerstr. 46, ✆ 371701

Mainaschaff (R)

PLZ: 63814; Vorwahl: 06021

Pz Lotz, Bahnhofstr. 43, ✆ 76580

Pz Merget, Goethestr. 43, ✆ 75563

Stockstadt am Main

PLZ: 63811; Vorwahl: 06027

H Schierstein, Feuerwehrstr. 12, ✆ 41800, IV

H Brößler, Obernburger Str. 2, ✆ 422-0

P Café Debor, Obernburger Str. 26, ✆ 7241

P Haus Maria, Schulstr. 44a, ✆ 41840, III

Gh Goldener Engel, Hauptstr. 20, ✆ 7432

Kleinostheim (R)

PLZ: 63801; Vorwahl: 06027

Hg Weißes Ross, Hanauer Str. 1, ✆ 46880, V

Hg Marienhof, Aschaffenburger Str. 24, ✆ 4697-0, III-IV

Gh Zum Schwanen, Schwaneng. 15, ✆ 8145, III

Karlstein am Main (R)

PLZ: 63791; Vorwahl: 06188

H Mainperle, Obergartenweg 5, ✆ 5098, III

H Mediterran Juwel, Am Sportplatz 23, ✆ 4460

Gh Zur Krone, Mainplatz 4, ✆ 9580-0

Pz Grün, Karolingerring 69, ✆ 990955

Pz Sittinger, Hauptstr. 32, ✆ 5569

Seligenstadt

PLZ: 63500; Vorwahl: 06182

H Frankfurter Hof, Marktpl. 3, ✆ 3315, V

H Parkhotel, Wolfstr. 14, ✆ 3447, III-IV

H Zum Ritter, Würzburger Str. 31, ✆ 26034, V

H Elysee, Ellenseestr. 45, ✆ 22835, V

H Mainterrasse La Gondola, An der Fähre, ✆ 27056, V

Fw Grönewald, Gerbergasse 12, ✆ 26892, III

Froschhausen (L)

H Lamm, Seligenstädter Str. 36, ✆ 7064, V

Kahl am Main (R)

PLZ: 63796; Vorwahl: 06188

Hg Leinritt, Leinrittstr. 2, ✆ 91188-0, V

Hg Mainlust, Aschaffenburger Str. 12, ✆ 2007

Gh Dörfler, Westring 10, ✆ 9101-0

Gh Zeller, Aschaffenburger Str. 2, ✆ 918-0

PrivatCamp Ritter, Königsberger Straße, ✆ 94467

Klein-Auheim (L)

PLZ: 63456; Vorwahl: 06181

H Grüner Baum, Oberg. 4, ✆ 60363, V

Steinheim (L)

PLZ: 63456; Vorwahl: 06181

Tourist-Information, Hanau, Am Markt 14-18, ✆ 295950

H Villa Stokkum, Steinheimer Vorstadt 70, ✆ 664-0, V-VI

H Birkenhof, Von-Eiff-Str. 37 u. 41, ✆ 6488-0, V

H Brunnenhof, Pfaffenbrunnenstr. 125, ✆ 964020, IV

H Zur Linde, Steinheimer Vorstadt 31, ✆ 9643210, IV-V

Hanau (R)

PLZ: 63450-63454; Vorwahl: 06181

Tourist-Information, Am Markt 14, ✆ 295950

H Tulip Inn, Kurt-Plaum-Pl. 6, ✆ 30550, V-VI

H Zum Riesen, Heumarkt 8, ✆ 250250, VII

H Domino, Heumarkt 1, ✆ 9230340, IV

H Grahn, Landwehr 1, ✆ 93310, V

H Café Menges, Hirschstr. 16, ✆ 920500, V

H Nies, Hirschstr. 5, ✆ 18011880

H Residence, Krämerstr. 30-34, ✆ 428780, VII

H Römerhof, Römerstr. 20, ✆ 92780, V

H Turm Hotel, Donaustr. 40, ✆ 91880, VI

H Sonnenhof, Alte Rathaus Str. 6, ✆ 97990, V

H Zum Elefant, Am Freiheitsplatz 8, ✆ 20746

Hg Zum Riesen junior, Heumarkt 8, ✆ 250250, V

Hg Waldschlösschen, Hochstädter Landstr. 131, ✆ 98670

Pz Schröder, Ludwigstr. 81, ✆ 63036, III

Maintal-Dörnigheim (R)

PLZ: 63477; Vorwahl: 06181

H Doorm, Westendstr. 77, ✆ 948-0

H Zum Schiffchen, Unterg. 23, ✆ 9406-0

H Zur Mainlust, Fischergasse, ✆ 9493-0

Bürgel (L)

PLZ: 63065 Offenbach; Vorwahl: 069

H Die Post, Offenbacher Str. 33, ✆ 868033, V

Campingplatz Offenbach-Bürgel, Gerhard-Becker-Str. 104

Offenbach (L)

PLZ: 63065; Vorwahl: 069

Offenbacher Stadtinformation, Salzgässchen 1, ✆ 80652052

H Graf, Ziegelstr. 6, ✆ 8008510, IV-VI

H Sheraton Offenbach Hotel am Büsing Palais, Berliner Str. 111, ✆ 82999-0, VII

H Achat Plaza Frankfurt/Offenbach, Ernst-Griesheimer-Pl. 7, ✆ 809050, VII

H Europa, Speyerstr. 2, ✆ 8008470, IV-VI

H Hansa, Bernardstr. 101, ✆ 829850, IV-VI

H Kaiserhof, Kaiserstr. 8a, ✆ 9824910, IV-V

H Golden Tulip Frankfurt/Offenbach, Kaiserleistr. 45, ✆ 8061-0, VII

H Lindenhof, Mecklenburger Str. 8-10, ✆ 9864500, VI

H Best Western Macrander Hotel, Strahlenberger Str. 12, ✆ 820040, VII

H Motel One Schweinfurt, Strassburgstr. 2, ✆ 675460, IV

H Ravel International, Ludwigstr. 91, ✆ 8004524

H Winter´s Eurotel Boardinghouse, Friedhofstr. 8, ✆ 982420, VI

H Winter´s Hotel Offenbacher Hof, Ludwigstr. 33-37, ✆ 82982-0, VII

H Monte Christo, Bieberer Str. 61, #§ 981957-32, V

H Zum Weißen Rössl, Spessartring 2, ✆ 98566676, V

H Matthäus, Aschaffenburger Str. 64, ✆ 894466, IV

H Ibis Offenbach, Kaiserleistr. 4, ✆ 829040, V

H Etap Sprendlinger Str. 175, ✆ 83074420, VI

H Mainbogen, Altkönigstr. 4, ✆ 86080, VII

H Nello, Wingertstr. 1+3, ✆ 892929, IV

H Arona Offenbach City, Bismarckstr. 99-101, ✆ 850930, VI

H Löwen, Ludwigstr. 95, ✆ 812650-58, V

Hg Djaran, Bismarckstr. 147, ✆ 82364422, V

Am Mainufer, ✆ 862949

Frankfurt am Main

PLZ: 60311 - 65929; Vorwahl: 069

Tourist Information Hbf, Empfangshalle

Tourist Information Römer, Römerberg 27, ✆ 21230808

60311

H Kolpinghaus, Lange Str. 26, ✆ 299060, III-V

H Luxor, Allerheiligentor 2-4, ✆ 293067-9, III-VI

Hg Am Dom, Kannengießerg. 3, ✆ 283237, VII

Hg Neue Kräme, Neue Kräme 23, ✆ 284046, V-VI

60313

H Hilton, Hochstr. 4, ✆ 1338000, VI

Hg Best Western Hotel Scala, Schäfergasse 31, ✆ 1381110, IV-VI

60314

H Diplomat, Ostendstr. 24, ✆ 4304040, IV-VI

60316

H Best Western Hotel Alexander Am Zoo, Waldschmidtstr. 59-61, ✆ 949600

H Mercator, Mercatorstr. 38, ✆ 9434070, IV-VI

Hg Admiral, Hölderlinstr. 25, ✆ 448021, V-VI

60318

H Aria, Eckenheimer Landstr. 28, ✆ 550823, IV-VI

60322

H Turm, Eschersheimer Landstr. 20, ✆ 154050, VI

P Stella, Frauensteinstr. 8, ✆ 554026, IV-V

60325

H Backer, Mendelssohnstr. 92, ✆ 747992, V

H Gölz, Beethovenstr. 44, ✆ 746735, V

H Hessischer Hof, Friedrich-Ebert-Anlage 40, ✆ 75400, VI

H Sofitel Frankfurt Savigny, Savignystr. 14-16, ✆ 75330, VI

Hg Sattler, Beethovenstr. 46, ✆ 746091, V

60326

H An der Galluswarte, Hufnagelstr. 4, ✆ 730300, V-VII

Hg Arosa, Mainzer Landstr. 316, ✆ 732031, III-VI

60327

Hg Consul, Mainzer Landstr. 118, ✆ 9757000, V-VI

Hg Glockshuber, Mainzer Landstr. 120, ✆ 742628, III-IV

Hg Bristol Hotel, Ludwigstr. 13-17, ✆ 242390, IV-VI

Hg Rhein-Main, Heidelberger Str. 3, ✆ 250035, V-VI

60329

H Adler, Niddastr. 65, ✆ 50504380, V-VII

H Carlton, Karlstr. 11, ✆ 232093, V-VI

H Continental, Baseler Str. 56, ✆ 230341, V-VI

H Cristall, Ottostr. 3, ✆ 230351, V-VI

H Europa, Baseler Str. 17, ✆ 236013, IV-VI

H Aller, Gutleutstr. 94, ✆ 252596, V-VI

H Excelsior, Mannheimer Str. 7-9, ✆ 256080, IV-VI

H InterCity, Poststr. 8, ✆ 37003130, V-VI

H Le Meridien, Wiesenhüttenpl. 28-38, ✆ 26970, VI

H Monopol, Mannheimer Str. 11-13, ✆ 227370, VI

H Topas, Niddastr. 88, ✆ 230852, V-VI

H Tourist, Baseler Str. 23-25, ✆ 233095, IV-VI

H Union, Münchener Str. 52, ✆ 242880, V-VI

Hg Concorde, Karlstr. 9, ✆ 2424220,V-VI

Hg Ambassador, Moselstr. 12, ✆ 256110, III-VI

Hg Hamburger Hof, Poststr. 10-12, ✆ 27139690, IV-VI

Hg Kaiserhof, Kaiserstr. 62, ✆ 235155, III-V

Hg Münchner Hof, Münchener Str. 46, ✆ 230066, IV-VI

Hg Paris, Karlsruher Str. 8, ✆ 2739963, III-VI

Hg Terminus, Münchener Str. 59, ✆ 242320, III-VI

Hg Wiesbaden, Baseler Str. 52, ✆ 232347, V-VI

P Breesen, Varrentrappstr. 73, ✆ 9706160, IV-VI

P Fennischfuchser, Mainzer Landstr. 95, ✆ 253855, V

60386

H Mainkur-Stuben, Hanauer Landstr. 563, ✆ 425232, IV-V

60486

H The Breesen Hotel, Varrentrappstr. 73, ✆ 9706160, VI-VII

Hg A Casa, Varrentrappstr. 49, ✆ 97988821, V-VI

60528

H Dorint Hotel Frankfurt, Hahnstr. 9, ✆ 663060, V-VI

H Niederräder Hof, Triftstr. 33, ✆ 6787012, VI

H ArabellaSheraton Congress Hotel, Lyoner Str. 44-48, ✆ 66330 VI-VII

60529

Hg Ladage, Geisenheimer Str. 61, ✆ 93998560, V

Pz Berleth, Sonnenweg 47, ✆ 6611422, IV

60594

H Maingau, Schifferstr. 38-40, ✆ 609140, V-VI

H Ritter-Hof, Große Ritterg. 79, V-VI

Hg Primus, Große Ritterg. 19-21, ✆ 623020, III-VI

Haus der Jugend, Deutschherrnufer 12, ✆ 6100150

60599

H Waldhotel Hensels Felsenkeller, Buchrainstraße 95, ✆ 652086

65929

H Hotelschiff Peter Schlott, Mainberg, ✆ 3004643, IV

H Höchster Hof, Mainberg 3-11, ✆ 30040, V-VI

65936

Gh Zum Löwen, Alt-Sossenheim 74, ✆ 341357, V

Sindlingen (R)

H Post, 65931, Sindlinger Bahnstr. 12-16, V-VI

Kelsterbach (L)

PLZ: 65451; Vorwahl: 06107

P Kelstergrund, Feldstr. 15, ✆ 90570, III

H Darmstädter Hof, Rüsselheimerstr. 31, ✆ 2323, VII

Eddersheim (R)

PLZ: 65795 Hattersheim; Vorwahl: 06145

Hg Steinbrech, Bahnhofstr. 44a, ✆ 9341-0, IV

H Hotel am Schwimmbad, Staufenstr. 35, ✆ 99050, V-VI

Rüsselsheim (L)

PLZ: 65428; Vorwahl: 06142

H Best Western Hotel Atrium, Marktstr. 2-4, ✆ 9150, VII

H Columbia, Stahlstr. 2-4, ✆ 8760, VI-VII

H Europa, Marktpl. 1, ✆ 87010, ab V

H Gloria, Marktstr. 22, ✆ 69080, V

H Roter Hahn, Hessenring 61, ✆ 95540, VII

H Achat Hotel, Eisenstr. 28, ✆ 8580, VI-VII

H Adler, Frankurter Str. 6, ✆ 942810, VII

H domicil, Karlsbader Str. 37, ✆ 9434, VI

H Golden Tulip; Eisenstr. 6-8, ✆ 8940, VI-VII

H Residenz, Am Weinfaß 133, ✆ 97410, VI-VII

H Mikado, Karlsbader Str. 52/53, ✆ 9230, V-VII

Hg Mainlust, Mainstr. 17, ✆ 62337, V

P Katharina, Brunnenstr. 8, ✆ 97420, IV

P Philipp, Darmstädter Str. 63, ✆ 68015, III-IV

P Schildge, Eisenstr. 16, ✆ 61544, II-III

P Siedlerheim, Paul-Hessemer-Str. 8, ✆ 64813, III

P JYL, Brunnenstr. 43, ✆ 73088, III

Flörsheim

PLZ: 65439; Vorwahl: 06145

H Karthäuser Hof, Karthäuser Str. 1, ✆ 8649, IV-V

Hochheim am Main (R)

PLZ: 65239; Vorwahl: 06146

H Rheingauer Tor, Taunusstr. 9, ✆ 82620, IV-V

H Weingut Duchmann, Mainzer Str. 5-9, ✆ 9050, IV-V

H Zur Rebe, Frankfurter Str. 11a, ✆ 8210, V-VI

Kostheim (R)

PLZ: 55246 Mainz; Vorwahl: 06134

H Zum Engel, Mainufer 22, ✆ 18180, IV-V

H Zum Rosengarten, Hochheimer Str. 156, ✆ 3367, II-IV

Kastel (am Rhein)

PLZ: 55252 Mainz; Vorwahl: 06134

H Alina, Wiesbadener Str. 124, ✆ 93424-0, V-VI

H Zum Schnackel, Boelckestr. 5, ✆ 62017, IV-V

Mainz (am Rhein)

PLZ: 55116-55131; Vorwahl: 06131

i Touristik-Centrale Mainz, Brückenturm, ✆ 286210

55116

H advena Europa Hotel, Kaiserstr. 7, ✆ 971070, V-VI

H City-Hotel Neubrunnenhof, Große Bleiche 26, ✆ 232237, V-VI

H Hammer, Bahnhofspl. 6, ✆ 965280, V-VI

H Hof Ehrenfels, Grebenstr. 5-7, ✆ 9712340, V-VI

H Hyatt Regency, Malakoff-Terrasse 1, ✆ 731234, VII

H Ibis, Holzhofstr. 2, ✆ 2470, V-VI

H Königshof, Schottstr. 1-5, ✆ 960110, V-VI

H Mainzer Hof, Kaiserstr. 98, ✆ 288990, VI

H Mainz Hilton, Rheinstr. 68, ✆ 2450, VII

H Moguntia, Nackstr. 48, ✆ 961240, V-VI

H Schottenhof, Schottstr. 6, ✆ 232968, V-VI

H Soibelmann Hotel Mainz, Bahnhofspl. 8, ✆ 2760, V-VI

H Stadt Coblenz, Rheinstr. 47-49, ✆ 6290444, III-V

H Terminus, Alicenstr. 4, ✆ 229876, V

Jugendgästehaus Mainz, Otto-Brunfels-Schneise 4, ✆ 85332

55120

H Zum Brünnchen, Turnerstr. 1, ✆ 9716665, V-VI

55122

P Gutenberg-Residenz, Saarstr. 2, ✆ 9067100, III-IV

55124

H Zur Ludwigsbahn, Mainzer Str. 62, ✆ 9065650, IV-V

55126

H Atrium Hotel Mainz, Flugplatzstr. 44, ✆ 4910, VI-VII

H Zum Babbelnit, Kurmainzstr. 22, ✆ 40000, V

55127

H Draiser Hof, Daniel-Brendel-Str. 2a, ✆ 6109875, IV-V

55128

H Römerstein, Draiser Str. 136f, ✆ 936660, V-VI

H Park Inn, Haifa Allee 8, ✆ 72080, VI-VII

55130

H Burg Weisenau, Mönchstr. 13, ✆ 9719860, IV

H Design Hotel Quartier 65, Wormser Str. 65, ✆ 277600, VI

55131

H Am Römerwall, Am Römerwall 51-55, ✆ 232135, V-VI

H Favorite Parkhotel, Karl-Weiser-Str. 1, ✆ 80150, VI-VII

H InterCityHotel, Binger Str. 21, ✆ 588510, VI-VII

H Stiftswingert, Am Stiftswingert 4, ✆ 982640, V-VI

Dank

Danke an alle, die uns bei der Erstellung dieses Buches tatkräftig unterstützt haben. Besonderen Dank für die Informationen an:
J. u. H. Thelen; E. Thimm, Waldbronn; H. Sandner, Fürth; B. Sprenger, Mannheim; A. Freier, Bad Münder; P. Popall; H. Jaschka; H. Riedel, Hattersheim; H. Bross; Fam. Wagner; S. Bürk; M. Demandt, Bad Homburg; S. Dismer; A. Hübner-Barghoorn; G. Vogel; D. Hausmann, Berlin; C. Kellerhals; H. Loser, Jona (CH); T. Grabbe; Dr. H. Wrede, Prien; K. H. Back, Frankfurt/Main; T. Breymann, Mönchengladbach; J. Meusel, Dresden; G. Heka, Marl; K-H Rikeit, Tecklenburg; H. Schellenberger, Bamberg; J. Kreuz, Aidlingen-Dachtel; M. Karrer, Treuchtlingen; M. Meier, Augsburg; H. Klingel, Leonberg; D. Freund, Nußloch; V. Kempf, Neustadt; O. Tröppner, Wachenroth; G. Krause, Ketsch; G. Schwarze, Köln; M. Eisenbarth, Zweibrücken; H. Schieche, Berlin; M. Bärenz, Heidelberg; G. v. Velsen, Hennef/Sieg; G. Steidl u. M. Eichler, Haag; A. Schäfer, Ostfildern; K. Herbig, Bayreuth; E. Diemer, Hofstetten; E. u. K. Antl, Friedrichsdorf; W. Uchtenhagen, Hamburg; P. Schwitz, Kulmbach; L. Heckel, Kelheim; J. Hollmann, Emmendingen; H. Weissmann, Unterhaching; M. Bieling, Petersberg; A. u. W. Weidner, Stuttgart; M. Paul, Braunschweig; P. u. U. Fröhlich, Saulheim; H. Ulbricht, Budenheim; K. u. H-A Kluth, Mülheim; U. Maass; P. u. H. Bormann; M. u. E. Gerken, Bomlitz; H. Hepp-Faulhaber, Tauberbischofsheim; H-J Harbecke, Neuss; K-H Schmitz; H. Seiler, Hamburg; C. Schulze-Thesing, Siegburg; F. Illenberger, Frankfurt/Main; A-T Geerdes, Geleen; T. Ceynova; M. Bock; H. Radl; D. Schad, Rodenbach; K. Koeppen, Dornhan; A. Wiemann; P. Linhuber, Münsing; M. Hesselbach, Großeibstadt; C-D Ludwig, Mainz; K. Hollitscher, Salzburg; A. Zapf, Oberstdorf; E. Mitchell, Farnham Common, England; K. Höneß & T. Wagner, Mainz; R. u. H. Grimm, Aschaffenburg; R. Kulla; R-H Pfeiffer, München; G. Kosak, Bobingen; W. Popp, Bruchköbel; L. Hein, Speyer; B. Kloep, Erftstadt; Wunner, Zapfendorf; O. Burkard, Zimmern o. R.; G. Dörfel, Rheinbach; H. Utz, Amberg; K-H Eisenbach, Bingen/Rhein; W. Niegl; J. Westkamp, Köln; R. Hornung, Reutlingen; L. Blatz-Gentges, Mülheim/Ruhr; E. Weiß, Frankfurt/Main; G. Lipps; D. Klein, Ditzingen; H. Späth, Benningen/Neckar; M. Löffler; R. Henne, Beverungen; H. Gahn, Lichtenfels; K. Wieland, Stammheim; D. Krause, Offenbach/Main; H. Kuhn; G. Grosch; H. Veit; C. Seipel, Bad Soden-Salmünster/Kath. Willenroth; W. Zimmermann, Düsseldorf; E. Diemer, Hofstetten; L. Schmiedhofer, Köln; K. Kuhn, Hamburg; M. Oder u. V. Jung, Dieburg; K. Schröder, Gehrden; A. u. D. Arzt, Stuttgart; E. Kurth, Bremen; G. Sander, Taufkirchen;Ch. Schwarzer u. T. Boll; D. Faust, Leverkusen; A. Bruns, Wardenburg; J. Zimmet; J. Winarske; V. Rainer, Collenberg; H. Baur-Weber, Rafz; A. Flurer, Neunkirchen; C. Wirthgen, Vellmar; G. Hermani; H. Voigt, Siegen; C. Goerke, Dortmund; A. Dürkes; T. Hartenstein, Ainring; H.J. Wirtz; I. u. M. Bayer; M. Haupt, Brunn; K. Pohl, Teichland; K.-H. Bäumer, Freudenberg; H.-H. Schmidt, Friedrichsdorf, H. Müller, Lichtenfels-Reundorf; D. Kretschmann; Kruse C. Josten, Bottrop-Kirchhellen; O. Riedel, Bad Zwischenahn; B. Hellberg; U. Mühleib, Köln; P. Haaf; S. Lang, Rehagen; H.-J. Werner, Wiesbaden; B. Lekauskas; H. Frentzen; L. und M. Grenz, Eichenzell; J. Beuerlein, Stammheim; H. Geier, Burgau; M. Leichtwies, Wiesbaden; E. Bauer, Hanau; M. Eberle; R. Aden, Hamburg; N. Ritter; A. Redelbach; B. Behrens-Schäfer, Trebgast; J. Weibrecht; V. Munker; H. Driesel, Werneck; A. u. R. Gesell, Kirchenlamitz

Ortsindex

Einträge in *grüner Schrift* beziehen sich aufs Übernachtungsverzeichnis.

Ihre Reisenotizen

Ihre Reisenotizen

Radatlas Wienerwald
Radatlas Stuttgart
Aller-Radweg
Radfernweg Tour Brandenburg
Mecklenburgischer Seen-Radweg
Radatlas Osttirol
Weser-Radweg
Enz-Nagold-Radweg
Wümme-Radweg
Jakobs-Radweg
Ostseeküste Baltikum
Radatlas Südeifel
Radatlas Neuseeland
Kocher-Jagst-Radweg
Lahntal-Radweg
Ostseeküsten-Radweg
Radatlas Pfalz
Loire-Radweg
Drei Täler-Radweg
Radatlas Berchtesgadener Land
Radatlas Bretagne
Radatlas Elsass
Deutsche Fehnroute
Rund ums IJsselmeer
Kamp-Thaya-March-Radweg
Limfjord-Route
Radfernweg Hamburg-Berlin
Radweg Fünf-Flüsse
Niederlausitzer Bergbautour
Deutsche Burgenstraße
Ems-Radweg
Frosch-Radweg
Iller-Radweg
Radatlas Kärnten
Radatlas Mallorca
Radatlas Istrien
100 Schlösser Route
Radatlas Burgenland
Radatlas Donau-Allgäu
Enns-Radweg
Fulda-Radweg
Inn-Radweg
Leine-Radweg
Radatlas Masuren
Romantische Straße
Aare-Radweg
Nahe-Radweg
Radfernweg Berlin-Usedom
Radatlas Provence
Rhone-Radweg
Saar-Radweg
Spree-Radweg
Radatlas Waldviertel
Ederauen-Radweg
Radatlas Brandenburg
Nordseeküsten-Radweg
Oder-Neiße-Radweg
Europa-Radweg R1
Radatlas Berlin
Schwäbische-Alb-Radweg
Tour de Baroque
Radatlas Weinviertel
Radatlas Limburg
Radatlas Brandenburg
Nordseeküsten-Radweg
Radatlas Ost-Friesland
Main-Tauber-Fränkischer Rad-Achter
Ruhrtal-Radweg
San Francisco Bay Trail
Radatlas Toscana
Werratal-Radweg
Boxenstopp-Route
Radkarte Weinviertel
Radkarte Salzkammergut Salzburger Seenland
Radkarte Mostviertel
Radkarte Burgenland Nord
Radkarte Vorarlberg
Radkarte Kärnten West
Radkarte Kärnten Ost
Radkarte Elsass Nord
Mallorca
Radkarte Mecklenburgische Seen
Radkarte Münsterland
Radkarte Kamptal
Radwanderkarte Retzer Land
Radkarte Oberbayerisches Alpenvorland
Radkarte Waldviertel Wachau
Radkarte Mühlviertel
Radkarte Burgenland Süd